最新混动汽车经典维修实例

刘宏南　张海峰　张　艳　主编

辽宁科学技术出版社
·沈　阳·

图书在版编目（CIP）数据

最新混动汽车经典维修实例 ／ 刘宏南，张海峰，张艳主编 . —沈阳：辽宁科学技术出版社，2024.3
ISBN 978−7−5591−3364−9

Ⅰ．①最… Ⅱ．①刘… ②张… ③张… Ⅲ．①新能源−混合动力汽车−维修−案例 Ⅳ．①U469.7

中国国家版本馆CIP数据核字(2024)第013930号

出版发行：辽宁科学技术出版社
　　　　　（地址：沈阳市和平区十一纬路25号　邮编：110003）
印　刷　者：辽宁新华印务有限公司
经　销　者：各地新华书店
幅面尺寸：184mm×260mm
印　　张：24.75
字　　数：480千字
出版时间：2024年3月第1版
印刷时间：2024年3月第1次印刷
责任编辑：吕焕亮
封面设计：谷玉杰
责任校对：张　永
书　　号：ISBN 978−7−5591−3364−9
定　　价：128.00元

联系电话：024−23284373
E−mail：atauto@vip.sina.com
邮购热线：024−23284626

前　言

　　2022年全球新能源乘用车市场保有量首次突破1000万辆大关，达到10091164辆，同比增长56.4%，渗透率提升至14%。其中，中国新能源汽车销量为649.8万辆，市占率提升至65%。

　　2022年纯电动汽车销量为536.5万辆，同比增长81.6%；插电式混动汽车销量为151.8万辆，同比增长1.5倍。混动汽车在中国持续热销，给广大汽车服务企业带来了巨大商机。目前，混动汽车的维修属于汽修行业的盲点，很多维修技师不知如何着手，我们特意邀请国内混动汽车维修精英技师把自己记录的经典维修实例分享给将要从事混动汽车维修的人员，为他们提供故障排除的思路，让没有接触过混动汽车的维修技师融会贯通、举一反三。为使广大汽车维修从业人员熟练掌握混动汽车的维修技术，对混动汽车故障的解决提供原理支持，我们编写了《最新混动汽车经典维修实例》，书中涉及很多混动车型，实例丰富、经典、实用，对混动汽车维修的从业人员有一定的帮助。

　　本书具有如下特点：

　　（1）内容新颖。本书汇集了北京奔驰C350eL、奔驰GLE350e、揽胜运动PHEV、一汽奥迪A6L（C8）PHEV、华晨宝马530Le、保时捷Panamera 4 E-Hybrid、比亚迪汉、上汽通用别克VELITE 6、一汽丰田RAV4荣放双擎E+、问界M5、一汽大众迈腾GTE、上汽大众新帕萨特插电式混动版430 PHEV和宾利添越混动版等新车型的维修实例。

　　（2）实例经典。书中的一些实例为4S店和大型新能源汽车维修企业实际维修过的故障，具有很好的代表性。很多故障在各个车型中经常出现，遇到同类故障可以参考此书，对混动汽车维修的从业人员来说实用性和指

导性均很强。

　　本书由刘宏南、张海峰、张艳主编，参与编写的技术人员有刘勤中、梁上玉米、蔡永福、张明、高宇、董玉江、任泽利、程绍勤、孙广前、程振、姜彬、张永刚和路国强等。由于编者水平有限，书中不当之处在所难免，欢迎广大热心读者批评指正，以促进我们的工作。

编　者

CONTENTS

目　录

第一章

奔驰车系

一、2023年北京奔驰C350eL轿车短时间停驶锁车后，无法启动，仪表多个故障灯亮起，仪表显示高压蓄电池电量0

车型： C350eL（长轴距）。

发动机型号： 254920。

行驶里程： 425km。

生产日期： 2022年9月1日。

年款： 2023年（CODE803）。

故障现象： 车辆短时间停驶锁车后，无法启动，仪表多个故障灯亮起，仪表显示高压蓄电池电量0。

故障诊断： 锁车0.5h，车辆休眠后仍然无法重新启动，故障持续存在，只能拖车到店检查；查询车籍卡，此车代码M254（R4汽油发动机M254）、M013（功率降低发动机）、M20（排量2.0L）、ME10（混合动力车辆Plug-In、PHEV）；该款C级车型W206的新一代插电式混合动力车型C350eL于2021年9月上市，第4代插电式混合动力系统，P2结构；火花点火型发动机2.0T M254，其可提供150kW的功率且最大扭矩为320N·m；高效永磁同步电机的最大输出功率为95kW，峰值扭矩440N·m，峰值总功率230kW；25.4kW·h电池组（96颗电芯，74A·h）纯电续航里程105km（WLTC）；支持直流快充，10%~80%只需21min。

连接诊断仪进行快速测试，蓄电池管理（BMS）控制单元N82/2设置了当前状态的故障码"P0C7800高电压车载电气系统蓄电池A组预充电时间过长。A+S"。

前部信号采集及促动控制模块N10/6设置了当前状态的故障码"B10BC11高电压正温度系数（PTC）辅助加热器功能故障。存在对地短路。A+S"。

高电压正温度系数（PTC）辅助加热器N33/5设置了当前状态的故障码"B10BC49高电压正温度系数（PTC）辅助加热器功能故障。存在一个内部电气故障。A+S"。

还有存储状态的故障码"B10BC1C高电压正温度系数（PTC）辅助加热器功能故障。

电压实际值在允许范围以外。S"。

此车没有独立的智能气候控制单元，前部信号采集及促动控制模块控制单元N10/6（前SAM），集成了智能气候控制单元，需要加热时，N10/6通过LIN促动高电压正温度系数（PTC）辅助加热器N33/5通过通电的方式加热流经的冷却液。冷却液循环泵M13将冷却液输送至高电压正温度系数（PTC）辅助加热器N33/5，经过电加热后最终输送至加热器芯子，用于为车内加热。高电压正温度系数（PTC）辅助加热器N33/5在车型W206上的位置如图1-1所示。

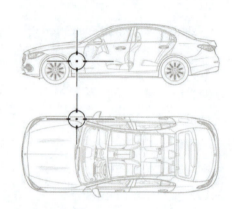

a. 高电压正温度系数（PTC）辅助加热器N33/5

图1-1

高电压正温度系数（PTC）辅助加热器N33/5功能图如图1-2所示。

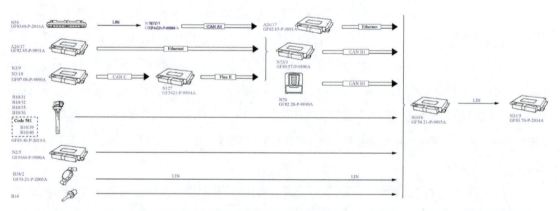

A26/17.主机　B10/31.左侧侧出风口温度传感器　B10/32.右侧侧出风口温度传感器　B10/35.左侧脚部位置出风口温度传感器　B10/36.右侧脚部位置出风口温度传感器　B10/39.左侧后排出风口温度传感器　B10/40.右侧后排出风口温度传感器　B14.车外温度传感器　B38/2.带附加功能的雨量和光线传感器　CAN A1.车载智能信息系统CAN 1　CAN B1.车内空间CAN 1　CAN C.发动机CAN　N10/6.前部信号采集及促动控制模块控制单元

图1-2

高电压正温度系数（PTC）辅助加热器N33/5电路图如图1-3所示。

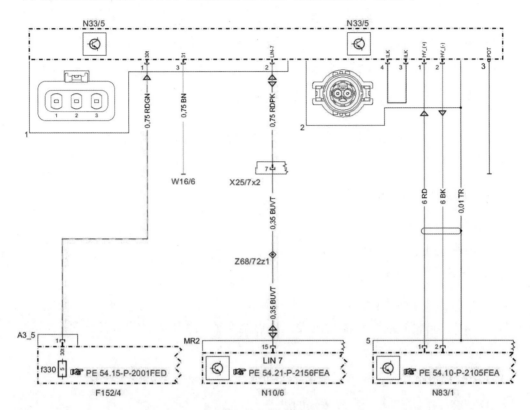

N10/6.前部信号采集及促动控制模块控制单元　N33/5.高电压正温度系数（PTC）辅助加热器　N83/1.
DC/DC转换器控制单元　W16/6.机舱右侧接地点　F152/4.保险丝和继电器模块　LIN 7.局域互联网络

图1-3（部分图注省略）

根据故障码和系统的工作原理分析，BMS控制单元N82/2设置的预充电时间过长故障码（P0C7800高压车载电气系统蓄电池A组预充电时间过长）是一个高压系统中较常见但不易确定原因的故障码，而PTC辅助加热器N33/5设置了当前状态存在一个内部电气故障的故障码B10BC49，所以决定以此为线索，重点检查N33/5，可能的故障原因有：

（1）高压车载电气系统蓄电池管理（BMS）控制单元N82/2软件问题。

（2）前部信号采集及促动控制模块控制单元N10/6软件问题。

（3）高电压正温度系数（PTC）辅助加热器N33/5电气故障。

尝试进行N82/2软件升级，无新软件；做SCN设码后故障依旧。尝试进行前部信号采集及促动控制模块控制单元N10/6软件升级，无新软件；做SCN设码后故障依旧。尝试进行整车断电处理，清除故障码，故障仍然不能排除。

用诊断仪执行高压电断电，断开高电压正温度系数（PTC）辅助加热器N33/5高压和低压的插头，用Fluke1587C绝缘电阻测试仪（兆欧表）测量加热器N33/5的HV-对地绝缘电阻为550MΩ，HV+对地绝缘电阻为550MΩ，标准值为550MΩ，均正常；测量加热器

N33/5的内阻，结果为381Ω，标准值为319~326kΩ，不正常。综合分析故障原因是高电压正温度系数（PTC）辅助加热器N33/5内部电气故障，内阻过低。

故障排除：更换高电压正温度系数（PTC）辅助加热器N33/5，故障排除。

故障总结：高压系统中某一部件内阻过低，会触发预充电时间过长的故障码，在检查时应考虑到各个高压部件均有引发此故障的可能性。

二、2023年北京奔驰C350eL启动后发动机故障灯偶尔亮

车型：C350eL。

发动机型号：254920。

行驶里程：1356km。

生产日期：2022年9月24日。

年款：2023年（CODE803）。

故障现象：启动后发动机故障灯偶尔亮。

故障诊断：车辆到店，功能检查发现，启动车辆仪表上发动机故障灯亮，但发动机工作平稳；纯电动行驶功能和充电功能均正常。

连接诊断仪进行快速测试，传动系统控制单元N127设置了2个故障码：

· P000000目前没有关于此故障码的进一步信息

· P181087控制单元"高压蓄电池"检测到热失控，信息缺失

高压蓄电池管理控制单元N82/2设置了3个故障码：

· U016800电子点火开关通信故障

· P0B3F00混合动力/高压蓄电池电压传感器A存在1个偶发故障

· P0B4400混合动力/高压蓄电池电压传感器B存在1个偶发故障

高压蓄电池管理控制单元N82/2确定并持续监测以下数据：

· 互锁电路

· 高压蓄电池电压

· 高压蓄电池电流

· 高压蓄电池温度

· 接触器的状态

· 高压车载电气系统绝缘监测状态

根据故障码和高压系统工作原理分析可能的故障原因有：

（1）高压蓄电池管理控制单元N82/2软件问题。

（2）高压蓄电池管理控制单元N82/2电气故障。

（3）电子点火开关控制单元（EIS）N73软件或电气故障。

尝试进行高压蓄电池管理控制单元N82/2、传动系统控制单元N127、DC/DC转换器N83/1、电子点火开关控制单元（EIS）N73、发动机控制单元N3/10软件升级，结果均没有新软件；检查仪表控制单元N133/1实际值事件记录，确认仪表上出现过发动机故障灯亮起的事件；检查测量高压蓄电池管理控制单元N82/2（BMS）供电（30/30c电压）和搭铁均未见异常；BMS低压插头未见腐蚀、松旷等异常情况。

故障原因：综合分析故障原因是高压蓄电池管理控制单元N82/2内部电气故障。

故障排除：因为此车采用奔驰第4代插电混动技术，可以单独更换高压蓄电池管理控制单元N82/2，更换后故障排除。

故障总结：更换高压蓄电池管理控制单元N82/2后，必须根据WIS文件指导进行泄漏测试，使用专用工具，设定压力，校准设备，预设压力（233~235mbar），在230mbar（1bar=100kPa）时启动计时器，等待20min的测量时间，最终压力不得低于195mbar，否则就会泄漏。专用工具如图1-4所示。

图1-4

更换过程中需要注意：

（1）测量过程中不能有热量传导至新的蓄电池管理控制单元上（不得触摸，以及有温暖的物体放置在高压蓄电池管理控制单元上，确保温度恒定）。

（2）进入异物则可能会导致短路。

三、2023年北京奔驰C350eL轿车使用奔驰交流充电墙盒，发现车辆无法充电，充电桩指示灯闪烁

车型：C350eL。

发动机型号：254920。

行驶里程：2716km。

生产日期：2022年11月1日。

年款：2023年（CODE803）。

故障现象：车辆使用奔驰交流充电墙盒，发现车辆无法充电，充电桩指示灯闪烁，充电枪无法拔下，使用应急机械拉线解锁充电枪后，仪表上出现红色"高压蓄电池故障""不允许拖车，参见用户手册"（图1-5）以及"充电电缆已连接"的提示，充电枪拔不掉，车辆无法启动。

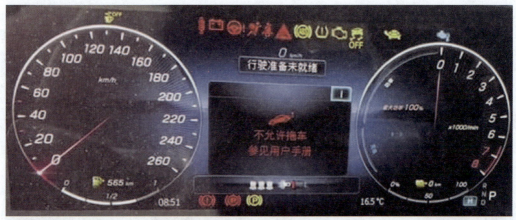

图1-5

故障诊断：该车未选装直流快充选装包，只有9.6kW充电功率的交流压充电功能（代码81B）。去现场救援，发现救援车辆GLB可以在该充电桩正常充电，排除奔驰交流充电墙盒故障。

连接诊断仪进行快速测试发现高压蓄电池的交流电充电器N83检测不到，无法通信。

传动系统控制单元N127设置了4个故障码：

·U019B00与车辆集成式蓄电池充电器的通信存在功能故障

·U019B87与车辆集成式蓄电池充电器的通信存在功能故障。信息缺失

·U02A608与"通信模块"控制单元的通信存在功能故障。存在一个信号故障或信息有错误

·P154700由于在互锁回路中识别到故障而存在警告

高压蓄电池管理控制单元N82/2设置了故障码为U019B00与车辆集成式蓄电池充电器的通信存在功能故障。

查看蓄电池管理控制单元N82/2内实际值、绝缘电阻、互锁回路等均未发现异常。根据高压系统的工作原理和故障码综合分析，高压蓄电池的交流充电器N83无法通信可能的原因有：

（1）交流充电器N83的软件问题。

（2）交流充电器N83自身故障。

（3）交流充电器N83的线路故障。

尝试断开高压蓄电池的交流充电器N83的30T电源保险丝F152/2-f433（15A）10min以上，结果交流充电器N83恢复正常通信，车辆也可以启动了，仪表上也不再出现故障提示。

将车辆开回服务站，尝试进行高压蓄电池的交流充电器N83软件升级，结果未发现新软件，执行SCN重新编码。检查交流充电器N83的插头，无松动、腐蚀情况。测量交流充电器N83供电30T电压12.9V，正常；31搭铁到车身电阻0.2Ω，正常；CAN ED2信号电压CAN L：2.44V，CAN H：2.64V，均正常。

进行N83供电检查：交流充电器N83的插头无松动、无腐蚀情况；测量30T电压14.5V，测量31至搭铁点电阻1.1Ω，均正常；检查供电线束和针脚，无进水腐蚀，无松动接触不良等明显异常。进行交流充电器N83通信检查：测量来自N82/10的CAN ED2信号电压，CAN L：2.45V，CAN H：2.64V，均正常；检查CAN线束和针脚，无明显破损、挤压痕迹，针脚无松动、无腐蚀痕迹等异常情况。综合分析故障原因可能是高压蓄电池的交流充电器N83存在软件故障或内部电气故障，导致有时出现无法被唤醒的故障。

故障排除：更换高压蓄电池的交流充电器N83后故障不再出现，如图1-6所示。

故障总结：更换高压蓄电池的交流充电器N83时应抬起高压蓄电池（笨重且昂贵），建议使用专用工具更加安全、高效。根据厂家的技术信息，此故障的根本原因是高压蓄电池的交流充电器N83软件故障。车辆休眠后，交流充电器控制单元无法被唤醒，目前该

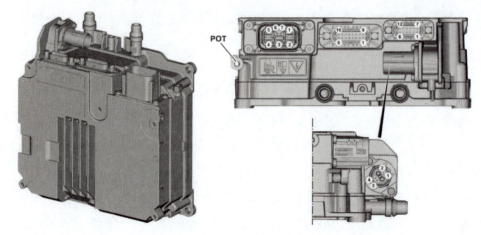

图1-6

故障码可以通过软件来升级排除。请按照以下步骤，执行软件升级（前提条件：XENTRY为2022年12月版本，安装好插件25383）。

（1）进入交流充电器的特殊功能，然后选择Update of Boot-Software（更新控制单元引导程序软件）。

（2）如果升级成功，检查控制单元版本，Boot software（引导程序软件）的版本会变成22/14000，Control unit variant（控制单元型号）变为OBL223 GEN4 D Sample Bootloader Star3。

（3）做一次正常的软件升级。如果正常升级时出现了通信故障，重启XENTRY，再次做正常的软件升级；如果重启XENTRY后仍出现故障，为车辆断12V电后重新接通，再次做正常的软件升级。

（4）升级成功后，检查控制单元版本，Boot software（引导程序软件）的版本应为22/14000，Control unit variant（控制单元型号）应为OBL223 GEN4 VC12R15 Application Star3。

（5）清除现有故障码，做一次SCN设码。

四、奔驰C350e车辆无法启动

故障现象： 车辆在高速服务区内客户上厕所回来后发现无法启动。

故障诊断： 车辆拖至店里检查发现仪表多个故障灯提示，仪表高压蓄电池电量0%。此车刚提车，行驶332km，没有加装和改装过。用XENTRY诊断仪检测动力电池、前SAM、PTC加热器有相关故障码，都是当前的。N82/2报多个故障码：P0C7800高压车载电气系统蓄电池A上的预充电时间过长。N10/6信号采集及促动控制模块报故障码：B10BC11高电压正温度系数（PTC）辅助加热器功能故障，存在对地短路。N33/5高电压正温度系数（PTC）辅助加热器报故障码：B10BC49高电压正温度系数（PTC）辅助加热器功能故障，存在一个内部电气故障，故障码如图1-7所示。

N82/2 - Battery management system (BMS)			-F-

Model	Part number	Supplier	Version
Hardware	789 901 38 01	Hella	21/36 000
Software	789 902 22 04	Daimler	22/06 032
Software	789 903 13 04	Daimler	22/06 032
Boot software	789 904 93 00	Daimler	21/19 000

Diagnosis identifier	009039	Control unit variant	BMS40__22A_39

Fault	Text		Status
POC7800	The precharging time at battery string A of the high-voltage on-board electrical system is too long.		A+S ☼

Name	First occurrence	Last occurrence
Development data (BMS_BatCutFast_Opn_Rq_ST3)	TRUE	TRUE
Development data (BMS_BatCutImm_Opn_Rq_ST3)	FALSE	FALSE
Development data (BatCutSw_Stat)	PRECHRG	PRECHRG
Development data (Bat_Curr)	-4.57A	-2.95A
Development data (Bat_Volt)	335V	335V
Development data (Energy_Rq)	close	close
Development data (HVC1_CircVal_CurAct_PhysVal)	-4.57A	-2.95A
Development data (HVC1_CircVal_VoltAct_PhysVal)	335.20V	335.75V
Development data (HVC1_CntctrStuckMeas_AcvnReq)	DEACVT_REQ	DEACVT_REQ
Development data (HVC1_EnetCnctSt_CnctSt_CnctSt)	PREC	PREC
Development data (HVC1_ExtIsolVolt_VoltNeg_PhysVal)	-152.00V	-165.00V
Development data (HVC1_ExtIsolVolt_VoltPos_PhysVal)	95.00V	115.00V
Development data (HVC1_HvMinusHSDrvrOutpVolt)	2.183V	2.184V
Development data (HVC1_RefVolt_T30CVolt_PhysVal)	10.15V	10.15V
Development data (HVC2_CircVal_CurAct_PhysVal)	signal not available	signal not available
Development data (HVC2_CntctrStuckMeas_AcvnReq)	DEACVT_REQ	DEACVT_REQ
Development data (HVC2_EnetCnctSt_CnctSt_CnctSt)	SNA	SNA
Development data (HVC2_HvMinusHSDrvrOutpVolt)	800mV	800mV
Development data (HVC2_RefVolt_T30CVolt_PhysVal)	signal not available	signal not available
Development data (ISw_Stat)	ignition start	ignition on
Development data (LVC_IsolCtlHvc1_ModeCtl_Ctl)	2	2
Development data (LVC_LineCntctrReqHvc1_HvReqd)	0	0
Development data (LVC_LineCntctrReqHvc2_HvReqd)	0	0
Development data (LinkVolt_BMS)	247.10V	279.30V
Frequency counter		33
Main odometer reading	320.00km	320.00km
Number of ignition cycles since the last occurrence of the fault	----	0
Fault type	----	Fault
Diagnostic mode	----	NOT ACTIVE

图1-7

针对以上故障码及现象，分析车辆无法启动原因，看看部件有没有高压电，这需要通过XENTRY诊断仪查看实际值。C350e插电高压部件网络供给图，如图1-8所示。

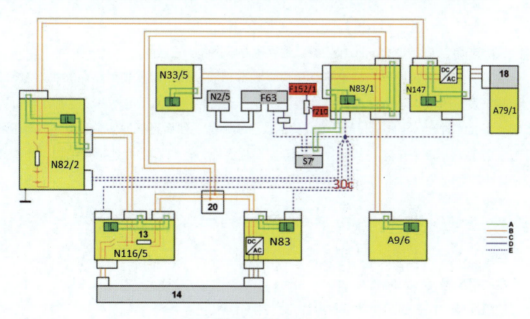

图1-8（图注省略）

电机不启动，先查看电力电子装置N147的高压电输入是否正常，观察实际值是没有高压电的，紧跟着再查看上游动力电池，在查看N82/2实际值时发现动力电池内部接触器显示断开。这显然是不正常的，至于接触器断开的原因有很多，比如事故碰撞，30C断开，互锁回路断开，绝缘电阻故障等。观察实际值30C和互锁回路都没有问题，咨询客户得知该车是新车，没有发生过事故。下面准备着重检查绝缘电阻是否正常，于是手动断开高压电，检查各高压部件动力电池、空调泵、DC/DC、电力电子装置、PTC是否存在短路。最后检查PTC（图1-9）的HV−、HV+对地绝缘电阻，测量绝缘阻值：HV−为550MΩ、HV+为550MΩ，标准值为550MΩ，检查结果正常。检查PTC HV−、HV+相互绝缘电阻，测量PTC内阻值，测量结果为380.9Ω，标准值为550MΩ，检测结果不正常。N33/5 PTC加热器HV−、HV+相互短路。

图1-9

故障排除： 更换N33/5 PTC加热器，此故障得以排除。

故障总结： 奔驰纯电与插电车高压逻辑基本相同，当出现互锁回路、30C、绝缘故障，甚至发生事故，动力电池内接触器会断开，不会再输出高压电。基于这种逻辑，当车辆发生故障时，一定要通过XENTRY诊断仪看实际值，然后再根据功能图去分析高压部件上下游关系，逐个排除，从而找到故障点在什么地方。只有掌握理论知识点，才能高效地解决问题。

五、奔驰GLE350e空调不制冷，无法纯电行驶

车型： GLE350e。

发动机型号： 167354。

故障现象： 仪表提示发动机故障灯亮，空调不制冷。

故障诊断： 启动车辆后，无法纯电行驶。车辆上有时会显示红色高压蓄电池，有时仅亮发动机故障灯，故障现象是持续的。查询相关的维修历史，没有在店里维修记录。

接入XENTRY诊断仪，有故障码P1D2800（图1-10）/P057FFA/P1D7800。

从HERMES中故障码判断，该车应该还发生过事故。

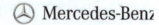

Name	First occurrence	Last occurrence
Voltage of high-voltage battery	260.00V	260.00V
Voltage of high-voltage on-board electrical system at component 'N82/2 (Battery management system control unit)'	1.60V	1.60V
Battery current	0.00A	0.00A
Status of contactors	OPEN	OPEN
Remaining switching cycles of contactors	0	0
Voltage at circuit 30	14.19V	14.19V
Voltage at circuit 30c	14.29V	14.29V
Isolation resistance	Signal NOT AVAILABLE	Signal NOT AVAILABLE
Interlock circuit	NO FAULT	NO FAULT
Cell voltages MAXIMUM	Signal NOT AVAILABLE	Signal NOT AVAILABLE
Cell voltages MINIMUM	Signal NOT AVAILABLE	Signal NOT AVAILABLE
Charge level of high-voltage battery	15.60%	15.60%
Temperature in component 'A100 (High-voltage battery module)' Moderate temperature	Signal NOT AVAILABLE	Signal NOT AVAILABLE
Temperature in component 'A100 (High-voltage battery module)' (Maximum value)	Signal NOT AVAILABLE	Signal NOT AVAILABLE
Temperature in component 'A100 (High-voltage	Signal NOT AVAILABLE	Signal NOT AVAILABLE

P1D2800 The frequency counter 'Switching cycles of contactors' of the high-voltage battery module has reached its final value.　CURRENT and STORED

Control unit-specific environmental data

图1-10

读取高压蓄电池实际值（图1-11），高压蓄电池的电压260.08V（标准值300~420V），不正常；接触器状态为"OPEN"（打开）。

No.		Name	Actual value	Specified value
319		Voltage of high-voltage battery	260.08V	[300.00 .. 420.00]
710	ⓘ	Current status of contactors in high-voltage battery	OPEN	
849	ⓘ	Current value of high-voltage battery	0.00A	[-325.00 .. 145.00]
769	ⓘ	Voltage of high-voltage on-board electrical system at component 'A100 (High-voltage battery module)'	1.92V	
690	ⓘ	Voltage of high-voltage on-board electrical system at component 'N83/11 (Alternating current charger for high-voltage battery)'	2.20V	
063	ⓘ	Voltage of high-voltage on-board electrical system at component 'N129/1 (Power electronics control unit)'	5.00V	
202	ⓘ	Voltage of DC/DC converter in high-voltage on-board electrical system	0.00V	

图1-11

所有蓄电池单元格电压显示"Signal NOT AVAIABLE"，标准为2.0~4.2V，不正常。剩余的接触器次数为0，不正常，如图1-12所示。

再观察高压元件互锁，无论上锁还是解锁，接触器均显示"OPEN"（打开），如图1-13所示。

测量绝缘电阻：

①A100绝缘电阻37.5MΩ，正常。

②高压车载电气系统（车辆）绝缘电阻11.09MΩ，正常。

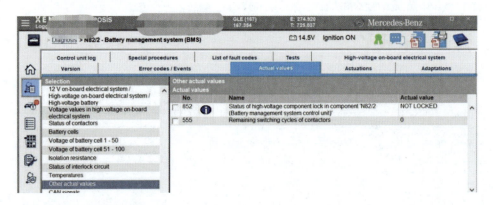

图1-12

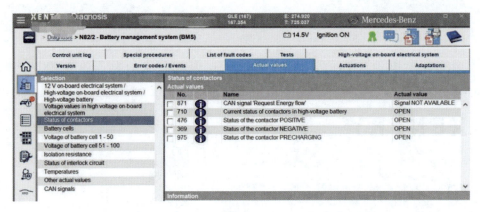

图1-13

③A100高压车载电气系统（车辆）绝缘电阻显示"Signal NOT AVAILABLE"，不正常，如图1-14所示。

No.		Name	Actual value	Specified value
771		Status Measuring instrument for insulation resistance	ACTIVE	
897		CAN signal 'Approval Isolation measurement'	ACTIVE	
713		Isolation resistance Warning	NO warning PRESENT	
154		Isolation resistance Complete vehicle	Signal NOT AVAILABLE	≥ 387.00kΩ
622		Isolation resistance High-voltage battery	37500.00kΩ	≥ 215.00
499		Isolation resistance High-voltage on-board electrical system	11169.00kΩ	≥ 387.00
188		Isolation resistance Complete vehicle (Ω / V)	Signal NOT AVAILABLE	≥ 900Ω/V
266		Isolation resistance High-voltage battery (Ω / V)	87209Ω/V	≥ 500
680		Isolation resistance High-voltage on-board electrical system (Ω / V)	25974Ω/V	≥ 900

图1-14

结合GLE350e插电混动高压部件功能原理图（图1-15）分析接触器断开的原因，可能是由绝缘故障引起的。

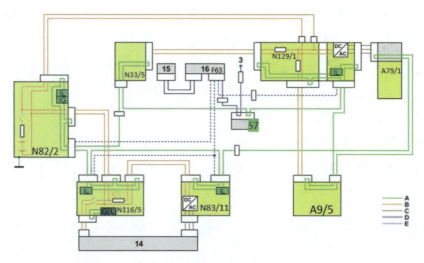

图1-15（图注省略）

检查高压部件及高压线束外观，无任何碰撞损伤痕迹。

手动断开高压电，已确认车辆无高压电，然后对其各部件进行绝缘电阻检查。

测量去往N129/1的内电阻，万用表正极接HV+，负极接HV-，电阻24.0kΩ。

测量去往N116/5的内电阻，万用表正极接HV+，负极接HV-，电阻257.9kΩ。

测量去往N129/1的绝缘电阻：HV+绝缘电阻61.8MΩ，正常；HV-绝缘电阻74MΩ，正常。

测量去往N116/5的绝缘电阻：HV+绝缘电阻20.1MΩ，正常；HV-绝缘电阻20.1MΩ（图1-16），正常。

图1-16

测量去往N82/2线路的绝缘电阻：HV+绝缘电阻20.1MΩ，正常；HV−绝缘电阻20.1MΩ，正常。

分析此车之前发生过事故，也没有更换高压蓄电池，为后期使用带来隐患，N82/2内部接触器损坏，导致绝缘故障，更换高压蓄电池，故障排除。

故障总结：此车发生过事故并没有更换高压蓄电池，从而引起内部接触器接触不良，导致输出高压电不稳定。车辆发生事故后应根据实际情况决定是否有必要更换高压蓄电池。

在检查车辆时，先根据故障码，进行必要的实际值查看，分析故障原因，将故障范围紧缩在较小范围内，针对性地进行测量，节省诊断时间，提高维修效率。

第二章
路虎车系

一、路虎揽胜运动PHEV仪表上显示混合动力系统和空调暂时不可用，行驶里程降低提示，车辆电动模式不能用

车型： 路虎揽胜运动PHEV。

行驶里程： 35210km。

年款： 2018年。

故障现象： 客户反映仪表上显示混合动力系统和空调暂时不可用（图2-1），行驶里程降低提示，车辆电动模式不能用。

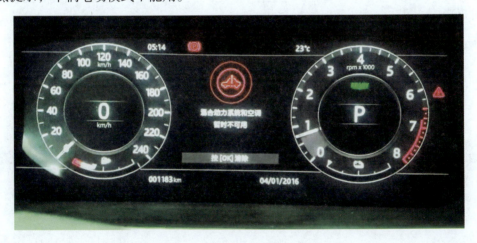

图2-1

故障诊断： 使用诊断仪读得故障码为P0AA6-1A混合动力/电动汽车蓄电池电压系统隔离故障-电路电阻低于门限值等，如图2-2所示。

车辆无任何相关的加装改装和历史维修情况，查询历史记录一个月前有执行过N239活动。查询TOPIX车辆无相关的技术公告和服务活动。尝试给车辆断电，重新读取故障码是P0AA6-1A混合动力/电动汽车蓄电池电压系统隔离故障-电路电阻低于门限值。根据P0AA6-1A执行指导型诊断，并根据指导操作，对高压系统进行绝缘测试，先对高压系统进行断电并进行设备安全测试，如图2-3所示。

诊断 DTC 报告

注意：未列出的模块作出了正确响应，未报告 DTC

错误代码	描述
蓄电池充电器控制模块〔BCCM〕	
P3038-49	车辆充电电气插口〔P3038〕- 内部电子故障
蓄电池电量控制模块〔BECM〕	
P0AA6-1A	混合动力/电动汽车蓄电池电压系统隔离故障 - 电路电阻低于门限值
电力变频转换器控制模块〔EPIC〕	
U0594-00	接收到来自混合动力传动系统控制模块的无效数据 - 没有任何子类型信息
交互式控制显示模块〔ICDM〕	
B14A2-02	APIX2 显示链路 - 触摸屏 - 一般信号故障
B14A2-13	APIX2 显示链路 - 触摸屏 - 断路
交互式显示模块 A〔IDMA〕	
B14A2-02	APIX2 显示链路 - 触摸屏 - 一般信号故障
B14A2-13	APIX2 显示链路 - 触摸屏 - 断路
信息娱乐主控制器〔IMC〕	
U2300-56	中央配置 - 无效/不兼容配置
组合仪表盘控制模块〔IPC〕	
	未知错误
驻车辅助控制模块〔PAM〕	
U0046-83	车辆通信总线 C - 信号保护计算值不正确
远程通信控制单元模块〔TCU〕	
U2300-55	中央配置 - 无配置
U2300-56	中央配置 - 无效/不兼容配置

图2-2

图2-3

对车辆断电后进行验电，确认DC不存在电压，如图2-4所示。

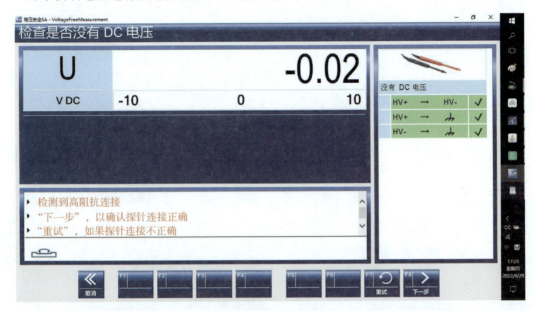

图2-4

进行二次设备安全测试，正常，如图2-5所示。

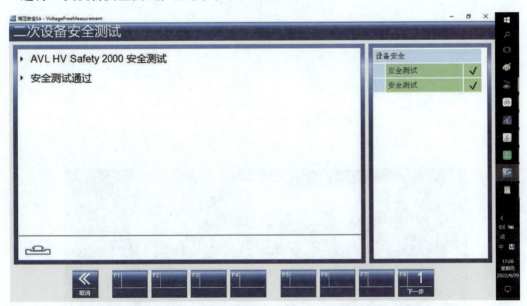

图2-5

将高压（HV）分支电缆（VM8105）连接至点F1处的高压（HV）线束，如图2-6~图2-8所示。

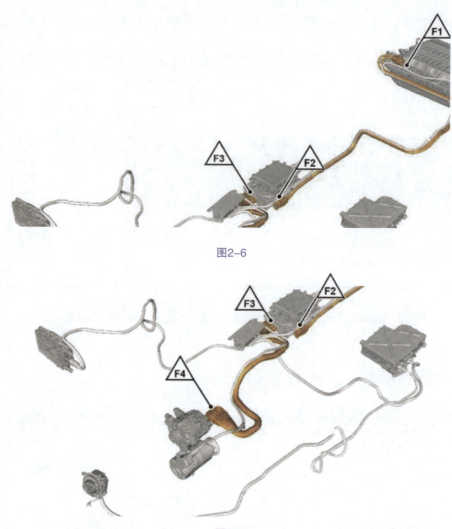

图2-6

图2-7

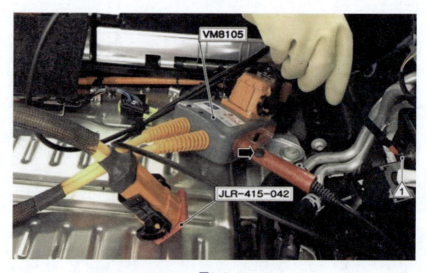

图2-8

对于驱动电路的隔离电阻大于4.5MΩ系统就判断为正常，小于4.5MΩ系统就判定为故障。断开F1，连接测试设备，对HV蓄电池至EPIC的线路进行绝缘测试，根据设备提示，将高压正极端子（在HV分支电缆上）与底盘GND，测得结果为1.5MΩ，小于系统要求的4.5MΩ。根据诊断仪的提示进行测试，结果显示在点F3和点F4之间的HV线束上检测到隔离故障，如图2-9所示。

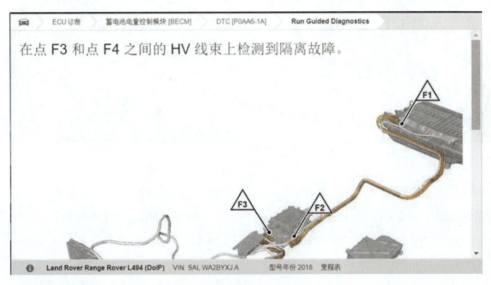

图2-9

检查高压驱动电机插座、插头F4内有很多冷却液，如图2-10和图2-11所示。

检查确认F4内有冷却液的原因是插头内的密封圈密封不良。车辆在之前执行N239活动时，需要进行冷却系统排空气，排空气时的冷却液流到插头上并进入插头内，导致高压线路隔离故障，引起混合动力不可用。

图2-10

图2-11

故障排除：更换EPIC到SM（电机）的高压线束，故障排除。

故障总结：对于EV、PHEV高压系统故障记录的相关故障码，利用诊断仪中的故障码指导型诊断功能，特别是高压绝缘故障，按照指导型诊断步骤操作，可以精确地找到故障点。

二、2018年路虎揽胜运动PHEV更换了主蓄电池，更换后启动车辆，仪表上一直提示充电系统故障、制动触感降低、行驶里程降低等

车型：路虎揽胜运动PHEV。

行驶里程：35210km。

年款：2018年。

故障现象：客户反映车辆完全没电，在其他修理厂更换了主蓄电池，更换后启动车辆，仪表上一直提示充电系统故障，制动触感降低，行驶里程降低等，修理厂不能确认故障原因，客户也不敢行驶，按照道路救援拖车到店检查。

故障诊断：车辆到店时，启动车辆，发动机直接启动，没有进入电动模式，仪表上提示充电系统故障、制动触感降低、行驶里程降低等，如图2-12所示。尝试挂挡，车辆可以正常行驶，但是没有电动模式。

使用专用的蓄电池检测仪EXP1080，测得主蓄电池的电压为11.89V，状态为良好充电；辅助蓄电池电压为10.97V，状态为更换蓄电池。查询得知车辆无任何相关加装改装和相关维修记录，查询TOPIX无相关技术公告。诊断仪读得几十个故障码，基本上都是关于蓄电池电量过低的故障码，分别为C053B-16、C1A43-16、U3006-16、U3007-

图2-12

16、C0533-16、P0C76-85、P0562-00、P0E38-16、P0E36-04、B1479-14、B1479-72、B1479-73、B1479-48、P0702-04、P0562-1C、P0562-21、P0AA6-1A，清除故障码后测试，故障依旧。重新读得故障码为U3006-16、U3007-16、U3006-00、P0AA6-1A、P0C76-85、P065B-16、B13C5-92等，如图2-13所示。

根据故障现象和故障码P0AA6-1A混合动力/EV蓄电池电压系统隔离故障-电路电阻低于临界值（图2-14），初步判断为高压系统隔离故障，导致高压系统无法上电，DC/DC就无法将高压电转换成低压电，为低压的12V蓄电池进行充电，这与故障现象相符合。

根据P0AA6-1A需要对高压系统进行绝缘测试，先对高压系统进行断电并进行设备安全测试，如图2-15所示。

对车辆断电后进行验电，确认DC不存在电压，如图2-16所示。

再进行二次设备安全测试正常。

根据诊断设备提示，断开F1，连接测试设备，对HV蓄电池至EPIC的线路进行绝缘测试。根据设备提示，将高压正极端子（在HV分支电缆上）与底盘GND，测得结果大于5000MΩ，如图2-17所示。

诊断 DTC 报告

注意：未列出的模块作出了正确响应，未报告 DTC

错误代码	描述
防抱死制动系统控制模块〔ABS〕	
	未知 DTC
U01B4-87	与制动系统控制模块 B〔U01B4〕的通信中断 - 消息缺失
制动助力器模块〔BBM〕	
U2012-87	车辆配置参数 - 消息缺失
U3006-16	控制模块输入功率 A - 电路电压低于门限值
U3007-16	控制模块输入功率 B - 电路电压低于门限值
蓄电池充电器控制模块〔BCCM〕	
P3038-49	车辆充电电气插口〔P3038〕- 内部电子故障
U0064-87	车辆通信总线 E - 消息缺失
蓄电池电量控制模块〔BECM〕	
U3006-00	控制模块输入功率 A - 没有任何子类型信息
P0AA6-1A	混合动力/电动汽车蓄电池电压系统隔离故障 - 电路电阻低于门限值
电力变频转换器控制模块〔EPIC〕	
P0C76-85	混合动力/电动汽车蓄电池系统放电时间过长 - 信号高于所允许的范围
P1187-56	变型车选择 - 无效/不兼容配置
网关模块 "A"〔GWM〕	
P065B-16	发电机控制 - 电路范围/性能。- 电路电压低于门限值
B13C5-92	辅助蓄电池 - 性能或不正确的操作
B1479-08	配电盒 - 总线信号/消息存在故障
组合仪表盘控制模块〔IPC〕	
B108E-04	显示 - 系统内部存在故障
U0055-87	车辆通信总线 D - 消息缺失
图像处理模块 "B"〔IPMB〕	
B14AD-31	触摸屏 - 无信号
信息娱乐从控制器〔ISC〕	
U2016-68	控制模块主软件。- 事件信息
驻车辅助控制模块〔PAM〕	
U0046-87	车辆通信总找 C - 消息缺失

图2-13

| P0AA6-1A   混合动力/EV蓄电池电压系统隔离故障 - 电路电阻低于临界值 | ⚠ 注意：

高压电缆绝缘损坏，可能导致任何或全部高压部件进水。

■ 高压外部隔离电阻低于最小临界值 | ⚠ 警告：

对HV系统或部件执行的任何作业或测试必须遵照认可的车间维修手册程序进行。若未能遵守这一指令，可能导致暴露于HV的风险，并导致人员受伤或死亡。

■ 使用 Jaguar Land Rover 认可的诊断设备，执行与此DTC相关的指导型诊断。诊断和维修外部HV隔离故障后，运行应用程序"BECM - 混合动力EV蓄电池电压系统隔离故障检查"，以获得有关清除此DTC的支持

■ 如果DTC依然存在，请提交TA请求以便上报至前台工程团队（FDE）或全球技术支持（GTS）。提供以下详细信息：
　■ 使用DTC作为"客户评论"字段中的参考编号
　■ 描述已完成的主要诊断和辅助诊断
　■ 描述可能与此问题相关的任何其他维修和信息
　■ 使用"Pathfinder 会话"附上 Pathfinder 会话文件 |

图2-14

图2-15

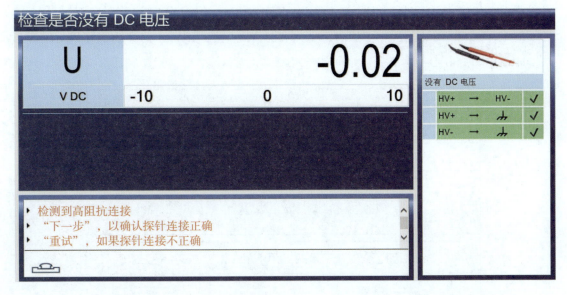

图2-16

　　每测完一步都需要进行设备安全测试。

　　对驱动电路的高压正、负极端子（HV分支电缆上）与底盘GND之间的绝缘电阻，测得结果大于5000MΩ。对驱动电路的高压电缆屏蔽线（HV分支电缆上）与高压负极端子（HV分支电缆上）之间的绝缘电阻，测得结果大于5000MΩ。对驱动电路的高压电缆屏蔽线（HV分支电缆上）与高压正极端子（HV分支电缆上）之间的绝缘电阻，测得结果大于5000MΩ。对于驱动电路的上述检测的隔离电阻大于4.5MΩ系统就判断为正常。同样的测试方法对辅助电路的高压正、负极端子（HV分支电缆上）与底盘GND之间的绝缘电

绝缘测量 @1000V DC

R MΩ	>5000.00		HVISO
	0	10	绝缘　　　√
R_{ISO} Ω/V	>5000000		
	0	1000	

▸ 绝缘电阻高

要重新测试，请按住正极（红色）测试探针上的测试按钮。如果测量成功，请选择下面的"停止"

图2-17

阻，测得结果大于5000MΩ。HV+（C1YB01B-1）和HV-（C1YB01B-2）分别对车身壳体之间的绝缘测试结果均正常（图2-18），再对HV蓄电池至HV JB的高压线路进行绝缘测试，HV-（C1YB01D-2）对壳体之间的绝缘测试正常。

测试报告
HV Safety 高压绝缘测试

2022/4/26

		电话: 传真:

Vehicle			
Vehicle make:	Land Rover		
Km	0	Vehicle model:	L494 (DoIP)
Vehicle identification number:	SALWA2BY1JA	Engine code:	
		Exhaust system:	---

软件	
测量软件	高压安全SA
版本	2.6.3737.0

设备信息	
设备名称	AVL HV Safety 2000
序列号	875
固件版本	4.21
生产日期	2013/10/23
标定日期	2013/10/23
执行标定	5143
标定设备	VAS5143A, SWB, Keithley2000
设备安全检查完成	2022/4/26

测试仪	
测试仪	测试仪未激活
安全须知	按下一步（F8）接受和确认安全须知

测量值		
测量 1 - 绝缘电阻高		
测量进行		2022/4/26 17:57:34
测试电压	[V DC]	1000
电阻	[MΩ]	>5000.00
绝缘电阻	[Ω/V]	>5000000

图2-18

对驱动电路的高压电缆屏蔽线（HV分支电缆上）与高压负极端子（HV分支电缆上）之间的绝缘电阻，测得结果为0。对驱动电路的高压电缆屏蔽线（HV分支电缆上）与高压正极端子（HV分支电缆上）之间的绝缘电阻，测得结果为0。对于驱动电路的上述检测的隔离电阻大于$1.0125M\Omega$时系统就判断为正常，小于$1.0125M\Omega$时系统会判定为故障。继续执行检测辅助高压电路HV+（C1YB01D-1）对屏蔽线之间的绝缘测试，测试结果小于$1.0125M\Omega$，系统就会认为存在短路，测得结果为短路。根据提示分别断开HV JB上的BCCM、HV CH、DC/DC的C1YE12E、C1YH01A、C1YE04B的插头测试，结果仍然提示短路。当断开电动高压空调压缩机C1YB03A插头后，测得结果恢复正常，最终测得结果为电动高压空调压缩机存在内部隔离故障，如图2-19所示。

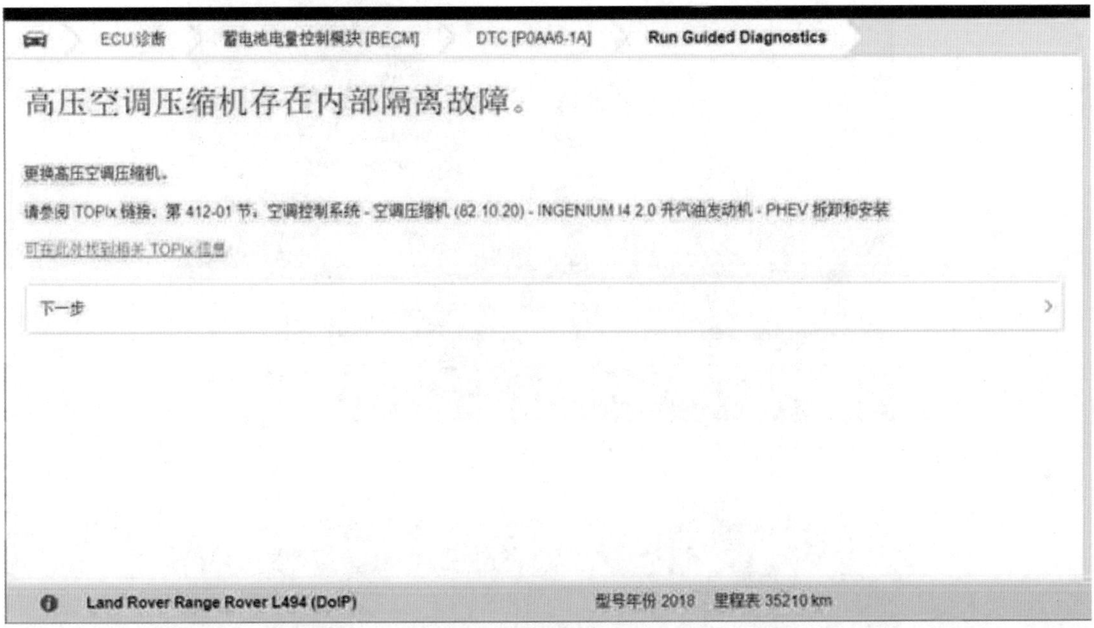

图2-19

使用福禄克绝缘表进行验证测量，在HV JB插头上断开电动空调压缩机的线束插头C3YE16E，测得线束插头上的高压正C3YE16E-1对压缩机屏蔽线之间的绝缘电阻为$0.03M\Omega$（图2-20）。断开压缩机上的高压插头C1YB03A，重新测量高压插头的正负极分别对屏蔽线之间的绝缘为$550M\Omega$（图2-21），说明线束是正常的。断开压缩机插头，单独测量压缩机的高压正极和高压负极分别对屏蔽线的绝缘电阻为$0.03M\Omega$，确认为高压空调压缩机内部绝缘故障。

由于BECM模块监测到高压系统（电动高压空调压缩机内部）绝缘不良，进入保护程序，BECM会禁止接合高压接触器，DC/DC没有得到高压供电，也就无法正常转换成低压电，为12V蓄电池进行充电，所以导致主蓄电池和辅助蓄电池亏电，车辆无法启动。

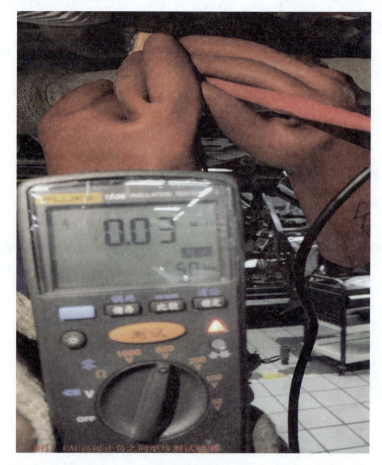

图2-20

图2-21

故障排除：更换电动高压空调压缩机和辅助蓄电池，故障排除。

故障总结：对于EV和PHEV车辆，低压系统不充电，首先要考虑高压系统是否异常，是否有相关的故障码。如果有高压相关的故障码或故障，应先检查高压系统，因为低压的12V电压是由于高压的DC/DC进行降压生成的。类似存在高压系统隔离故障，HV电路绝缘监测BECM的HV接触器元件中包含自诊断功能。该功能利用HV蓄电池电压本身监测HV电路与车辆底盘之间的电阻，这称为绝缘测试。如果电阻降至225kΩ以下，则表示检测到故障。该功能最多花费10s即可检测到故障。单独失去绝缘性能不会产生电击的风险。失去绝缘意味着一个HV端子实际连接至车辆底盘，如果其他端子也暴露出来（失去绝缘），就会存在电击风险。如果在车辆静止不动时发现这种情况，则HV电路将被关闭，驾驶员将会看到一条警告，同时BECM中会记录一个故障码。如果在车辆行驶时发生绝缘故障，则车辆将会继续行驶，同时驾驶员会看到一条警告。绝缘测试将会持续进行以确保HV电路的安全。可通过诊断仪的指导型诊断进行引导，能准确定位故障部位。操作的时候需要严格根据提示执行，否则最终显示的结果与故障点不符合。所以可进一步通过绝缘表对故障点进行绝缘测量验证，确保故障准确排除。

三、2018年路虎揽胜运动PHEV早上启动后，制动踏板很硬，仪表上提示制动踏板触感降低、HDC不可用、制动能量回收能力降低、紧急制动辅助系统不可用、稳定性控制不可用

车型：路虎揽胜运动PHEV。

行驶里程：5114km。

年款：2018年。

故障现象：客户反映早上启动后，制动踏板很硬，仪表上提示制动踏板触感降低、HDC不可用、制动能量回收能力降低、紧急制动辅助系统不可用、稳定性控制不可用。

故障诊断：启动车辆，踏制动踏板很硬，仪表上提示制动踏板触感降低、HDC不可用、制动能量回收能力降低、紧急制动辅助系数不可用、稳定性控制不可用，故障一直存在，如图2-22所示。

询问客户表示，前几天因为同样的问题，刚维修好了回去，才开了100多km，昨天晚上停车的时候好了，但第二天又出现同样的问题。查车辆外观和底盘正常，没有碰撞事故情况。查询TOPIX，无相关技术公告和服务活动。车辆前几天因为同样的故障情况，更换了辅助蓄电池和辅助蓄电池上的megafuse2-tss 100A mps保险丝，回去第二天又出现同样的情况。诊断仪读得车辆的网络通信，发现BBM无通信，多次刷新BBM仍然无通信，与上次故障情况一样，也是BBM不能通信。结构分布图如图2-23和图2-24所示。

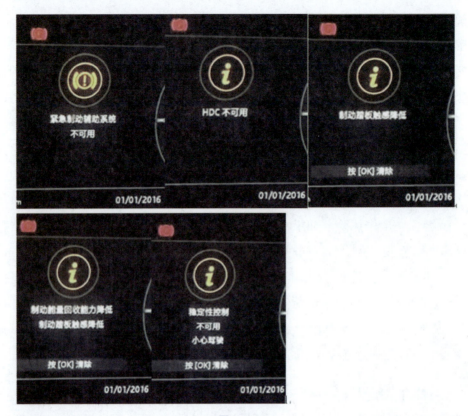

图2-22

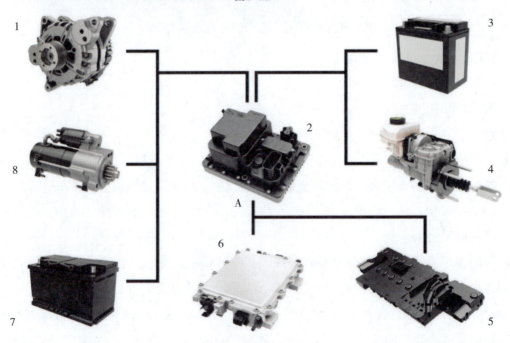

1.皮带驱动一体式启动机发电机（BISG） 2.配电盒（PSDB） 3.辅助蓄电池 4.制动助力器模块（BBM） 5.蓄电池接线盒（BJB） 6.直流/直流（DC/DC）转换器 7.启动蓄电池 8.启动机电机 A.启动蓄电池开关连接

图2-23

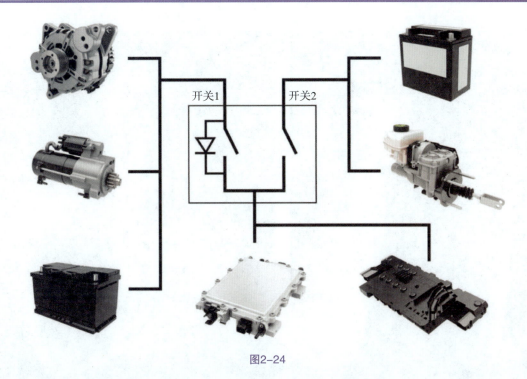

图2-24

　　PSDB包含两排金属氧化物半导体场效应晶体管（MOSFET）。MOSFET由BCM/GWM通过LIN进行控制。辅助蓄电池由MOSFET接入PSDB内的电路中，辅助蓄电池通过蓄电池接线盒（BJB）接收来自DC/DC转换器的电力。对于辅助蓄电池的充电，PSDB接收由启动蓄电池通过位于BJB中的450A大保险丝供应至电源端子的12A电流。PSDB通过100A大保险丝直接接收来自辅助蓄电池端子的蓄电池电源。启动车辆，用万用表测得主蓄电池的电压为14.43V，辅助蓄电池的电压为12.86V，说明辅助蓄电池没有充电。用万用表测得PSDB上的loads、battery1的电压为14.43V，battery2的电压为0。测得辅助蓄电池上megafuse2-tss 100A mps保险丝两端的压降为10.39V（图2-25），说明megafuse2-tss 100A mps断路。

　　断开辅助蓄电池，用万用表测得megafuse2-tss 100A mps两端的电阻为无穷大，如图2-26所示，再次确认该保险丝损坏。

　　断开辅助蓄电池正极和PSDB上battery2，测得辅助蓄电池正极栓头对地之间的电阻为1.98MΩ，断开C11-EB2插头，电阻为无穷大，说明线路没有存在短路情况。通过线路图分析，可以排除BBM的ECU供电和BOOSTER MTR供电，因为这两个供电都有单独的比所熔断的保险丝电流小的保险丝FUSE2（15A）、FUSE1（50A）保护，小保险丝都没有熔断，不可能将大的保险熔断，所以可以说明该线路没有问题。检查辅助蓄电池正极至蓄电池接线盒、PSDB之间的线路没有发现有对地短路、破皮、损坏，线路走向不正确的情况，如图2-27所示。

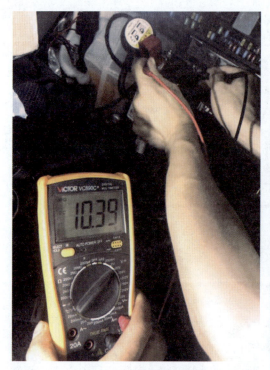

图2-25

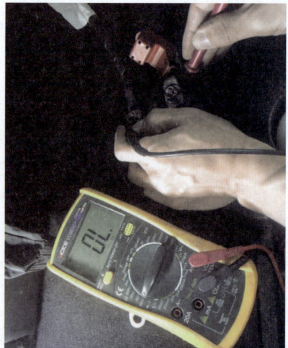

图2-26

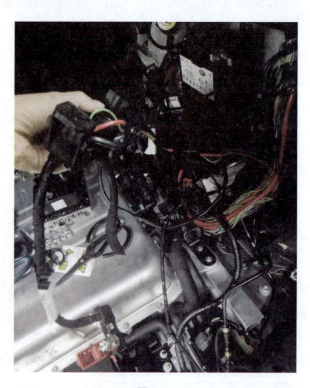

图2-27

更换辅助蓄电池megafuse2-tss 100A mps保险丝，测试故障未能重现，仪表上没有相关的故障提示。经过两天反复的测试，辅助蓄电池megafuse2-tss 100A mps保险丝再次熔断，由于没有100A的保险丝，临时更换上450A的保险丝，同时反复监测启动时辅助蓄电池的供电电流。经过多次的休眠后启动，发现有时休眠后的第一次启动电流高达248.7A，如图2-28所示。

图2-28

第一次启动后再次启动，启动电流最大不会超过20A，测试了正常车辆在休眠后的启动电流最多也就20A左右，说明故障车辆的启动负荷过大或启动机故障（启动电流过大）。

检查启动机的线路正常，没有破皮、短路、位置不正确的情况，启动机位置安装正常，检查启动机外观无异常情况。使用工具转动故障车辆和正常车辆的曲轴并进行对比，故障车辆和正常车辆无明显区别，工具转动的力矩相当，可以排除发动机导致的启动负荷过大的问题。为进一步验证故障，将正常车辆与故障车辆的启动机进行替换后测试，多次测试，故障转移至正常车辆上。正常车辆上的辅助蓄电池megafuse2-tss 100A mps保险熔断，更换上350A保险丝去测试，有时休眠后测得第一次启动的电流高达242A，确认启动机故障。拆下启动机，检查外观并发现磕碰、变坏、损坏等异常情况，如图2-29所示。

尝试转动启动机齿轮发现，手根本无法转动，说明启动机转动的阻力太大，由于保修总成件不能进行拆解，需进一步拆解确认启动机转动阻力过大的原因。从检查结果确认启动机内部阻力过大，在休眠后第一次启动时电流过大，导致辅助蓄电池保险丝熔断。

故障排除： 更换启动机，故障排除。

故障总结： Ingenium I4 汽油发动机插电式混合动力电动汽车（PHEV）启动系统由启动机电机组成，该电机与曲轴传动板上的齿环啮合。与皮带驱动一体式启动机发电机

图2-29

（BISG），啮合附件传动带以启动发动机。启动机电机和BISG的运行由动力传动系统控制模块（PCM）进行控制。当环境温度高于-5℃时，BISG用于执行所有发动机拖转启动。启动机电机用于车辆唤醒后的第一次启动和在环境温度为-5℃或更低时执行发动机拖转启动。通过车间维修手册的关于启动机的说明发现，是启动机在-5℃或更低时才启动，这也导致一开始没有往这方面去考虑，虽然本故障中的环境温度没有低于-5℃，但实际启动机在车辆休眠后的第一次启动时工作，同时车辆在启动时PSDB中的两排金属氧化物半导体场效应晶体管开关都会闭合，此时主辅蓄电池并联在一起，所以启动时的电流来自主辅蓄电池，当启动时的电流大于100A时，辅助蓄电池上的保险丝就会熔断。

四、2018年路虎揽胜运动PHEV车辆电动（EV）模式不可用

车型：路虎揽胜运动PHEV。

行驶里程：99464km。

VIN：SALW2BY6J××××××××。

年款：2018年。

故障现象：客户反映车辆电动模式无法使用，仪表上也没有任何提示，故障一直存在。

故障诊断：按启动按钮，发动机直接启动，没有电动模式，多次熄火后重新测试，故障依旧。按EV显示EV模式已激活，绿色的READY提示点亮，发动机仍在运行，仪表上的转速表仍指示在780r/min，如图2-30所示，仪表上无任何故障提示。

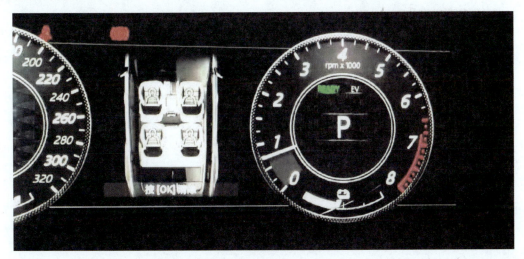

图2-30

查阅车主使用手册出现以下情况可能会阻止启用EV模式，或者如果EV模式已激活，则可能会触发发动机重新启动：

（1）选择运动挡（S）。请参阅自动变速器。

（2）在低挡域下，选择沙地程序或岩石爬行程序。

（3）使用方向盘换挡拨杆选择了一个挡位。

（4）涉水感测功能当前处于激活状态。

（5）取消选择自动停止/启动系统。

（6）车辆蓄电池电量过低。

（7）车辆蓄电池没有达到要求的工作温度。

（8）车辆当前的动力需求超过仪表电量表中显示的发动机重新启动标志所示的水平。

（9）加热和通风系统的高需求。

（10）发动机舱盖已打开。

（11）环境温度低于-4℃。

上述列出的所有事件中，仪表显示相关的信息。此外，仪表未点亮EV信息。

查看车主使用手册关于上述的禁用条件后，再次确认操作时不存在上述的阻止启用EV模式的因素。询问客户了解到故障是最近出来的，以前是正常的。启动车辆，在发动机运行时，通过中央显示屏查看我的EV车辆，确认系统有对发动机的能量进行回收给高压蓄电池充电。查看车辆无相关加装改装情况和相关维修记录。查询技术网站无任何相关公告。

使用诊断仪读得全车模块故障码，没有与EV功能系统禁用相关故障码，如图2-31和图2-32所示。

诊断 DTC 报告

注意：未列出的模块作出了正确响应，未报告 DTC

错误代码	描述
防抱死制动系统控制模块 [ABS]	
	未知 DTC
C006A-64	多轴加速传感器 - 信号似真性故障
全地形控制模块 [ATCM]	
C1A01-96	LED电路 - 元件内部故障
U2300-54	中央配置 - 校准丢失
制动助力器模块 [BBM]	
P05E0-64	制动踏板位置传感器 A/B - 相关性 - 信号似真性故障
U0121-87	与防抱死制动系统（ABS）控制模块的通信中断 [U0121] - 消息缺失
U0080-87	车辆通信总线 F - 消息缺失
蓄电池充电器控制模块 [BCCM]	
P3038-49	车辆充电电气插口 [P3038] - 内部电子故障
U0064-87	车辆通信总线 E - 消息缺失
蓄电池电量控制模块 [BECM]	
U0064-87	车辆通信总线 E - 消息缺失
P0DA8-62	混合动力/电动车辆蓄电池 - 电压/驱动电机 A - 逆变器电压相关性 - 信号比较故障
U0064-82	车辆通信总线 E - 活动/顺序计数器不正确/未更新
P0C48-39	混合动力/电动汽车蓄电池组 - 冷却液泵 - 电路电压过低 - 不正确，脉冲太少
底盘控制模块 [CHCM]	
C101D-26	左前垂直加速度传感器 - 信号速率改变低于门限值
C101E-26	右前垂直加速度传感器 - 信号速率改变低于门限值
C102C-26	右后垂直加速度传感器 - 信号速率改变低于门限值
电力变频转换器控制模块 [EPIC]	
U0167-00	与车辆发动机防盗锁止控制模块的通信丢失 - 没有任何子类型信息
P0ABD-00	混合动力/电动汽车蓄电池组电压感测 "A" 电路电压过高 - 没有任何子类型信息
网关模块 "A" [GWM]	
U0046-81	车辆通信总线 C - 接收到无效串行数据。
前照灯控制模块 "A" [HCM]	

图2-31

执行EV症状指导型诊断无相关指导内容，结果提示提出技术帮助申请。尝试清除全车各模块的故障后重新测试，故障依旧。重新读得全车模块均无故障码。使用诊断仪查看EV模式禁用相关数据流，发现EV模式禁用-系统禁用-当前状态中12V电源系统请求发动机启动状态为Yes，动力传动系统模块请求发动机开启Yes，说明12V电源系统请求发动机启动，导致EV模式禁用，如图2-33所示。

使用诊断仪查看GWM模块中的12V蓄电池的相关数据，DC/DC 12V电源输出电压-已测量（420A）为14.3V，车辆蓄电池电压（402A）为14.1V，车辆蓄电池电压（蓄电池

	U0046-81	车辆通信总线 C - 接收到无效串行数据。
前照灯控制模块 "B" [HCMB]		
	U0046-81	车辆通信总线 C - 接收到无效串行数据。
HVAC 控制模块 [HVAC]		
	B13C2-49	挡风玻璃结雾传感器 - 内部电子故障
交互式控制显示模块 [ICDM]		
	B14A2-02	APIX2 显示链路 - 触摸屏 - 一般信号故障
	B14A2-13	APIX2 显示链路 - 触摸屏 - 断路
交互式显示模块 A [IDMA]		
	B14A2-02	APIX2 显示链路 - 触摸屏 - 一般信号故障
	B14A2-13	APIX2 显示链路 - 触摸屏 - 断路
信息娱乐主控制器 [IMC]		
	U1011-13	光盘驱动器 - 断路
图像处理模块 "B" [IPMB]		
	B14AD-31	触摸屏 - 无信号
信息娱乐从控制器 [ISC]		
	U2016-68	控制模块主软件。 - 事件信息
驻车辅助控制模块 [PAM]		
	U0046-83	车辆通信总线 C - 信号保护计算值不正确
	U0046-87	车辆通信总线 C - 消息缺失
动力传动系统控制模块 [PCM]		
	U0080-87	车辆通信总线 F - 消息缺失
	P2B61-73	发动机冷却液流量控制阀卡在关闭位置 [P2B61] - 执行器卡在闭合位置
	P0366-00	凸轮轴位置传感器 B - 电路范围/性能 (气缸组 1)。 - 没有任何子类型信息
	P0420-00	催化剂系统效率低于门限值 (气缸组1)。 - 没有任何子类型信息
乘客前排座椅模块 [PSM]		
	B1507-23	数字输入第 1 列气缸组开关 1 - 信号一直很低
	B1508-23	数字输入 - 第 2 组 - 开关 1 - 信号一直很低
遥控功能执行器 [RFA]		
	B12D5-16	车门把手接近传感器 - 电路电压低于门限值
	B1DDB-31	前部超宽频带收发器 [B1DDB] - 无信号
	B1DE4-31	后部超宽频带收发器 (B1DE4) - 无信号
牵引杆控制模块 [TBM]		
	C1008-3A	电动脚踏板 - 左侧位置/位移传感器 - 不正确, 脉冲太多
	C1005-77	电动脚踏板 - 左侧配备 - 达不到指令要求的位置
	C1002-77	电动脚踏板 - 左侧装载 - 达不到指令要求的位置
	C1009-3A	电动脚踏板 - 右侧位置/位移传感器 - 不正确, 脉冲太多
分动箱控制模块 [TCCM]		
	P215A-64	车速 - 车轮转速相关性 [P215A] - 信号似真性故障
远程通信控制单元模块 [TCU]		
	U2300-54	中央配置 - 校准丢失
	U2300-55	中央配置 - 无配置

图2-32

2)(41CF)为14.1V,估计当前电量状态下的冷机拖转启动电压为2.562V(如图2-34所示)。使用万用表测量主、辅蓄电池的电压均为14.2V,说明低压蓄电池充电情况正常,但是冷机拖转启动电压过低。

使用蓄电池检测仪EXP1080测得蓄电池的电压12.89V,状态为良好。使用充电器给蓄电池充电后,重新测得蓄电池的状态仍然是良好-充电,说明蓄电池在充电后仍然不能恢复良好状态,车辆熄火后,发现车辆仍然一直给主蓄电池充电,电压14.32V,锁车休眠后(不再充电),测得主蓄电池的电压立马下降至11.89V。说明蓄电池的性能严重下降,在车辆熄火后为了维持蓄电池的电量,系统一直保持为车辆充电,在锁车休眠后,系统无法再为蓄电池充电时,蓄电池的电压出现了严重的下降,严重影响了蓄电池的冷启动性能。

图2-33

图2-34

　　由于启动蓄电池的冷启动拖转电压过低，导致EV功能被禁用，这与正常的燃油车的启停功能类似，由于蓄电池的冷启动电压过低，车辆就会避免启停和EV的工作，防止因为电压不足，出现车辆红绿灯熄火后无法着车的风险。

　　故障排除： 更换启动蓄电池，使用诊断仪执行蓄电池更换程序，查看GWM中的估计当前电量状态下的冷机拖转启动电压由之前的2.562V为8.125V（如图2-35所示），说明蓄电池的冷启动拖转电压恢复上来，查看EV模式状态中之前禁用的数据都已经变成了未禁用状态（如图2-36所示），踩住制动踏板并按启动按钮，车辆直接进入EV模式，至此故障排除。

图2-35

图2-36

五、2018年路虎揽胜运动PHEV行驶中仪表一直显示充电系统故障，车辆才停放5min就无法启动，仪表上显示的高压电量还有5%

车型：路虎揽胜运动PHEV。

行驶里程： 3355km。

年款： 2018年。

故障现象： 客户反映行驶中仪表一直显示充电系统故障，车辆才停放5min就无法启动，仪表上显示的高压电量还有5%。

故障诊断： 车辆被道路救援到店，现场人员反映，到现场后，按遥控器没有反应，按启动开关没有反应，车辆无法启动。尝试无法启动车辆，给车辆搭电能正常启动，但是启动后很快又熄火了。到店后打开车门室内灯都不亮，按遥控器没有反应，启动车辆没有反应，使用机械钥匙打开车门。

使用万用表测得蓄电池和辅助蓄电池的电压分别为11.2V和11.3V。说明两蓄电池已经存在亏电情况，车辆在行驶中蓄电池亏电，也说明充电系统存在故障，先给主辅蓄电池充满电。充好电后，蓄电池电压为12.68V，启动车辆后，测得主辅蓄电池的电压为13.83V，说明充电正常。使用诊断仪读得故障码为C053B-16、C1A43-16、P3038-49、P0DA8-62、P0AE3-00、P1A1F-1C、P0A1F-49、P0D6C-62、P0E38-16、P0E36-04等故障码。

清除故障码后重新读得无相关故障码，路试车辆正常，无故障提示且测得主、辅蓄电池电压为13.48V，说明充电正常；试车故障无法重现。路试3天后，发现车辆无纯电模式且车辆停放一会儿仪表上提示蓄电池电量过低，请启动发动机。使用万用表测得主、辅蓄电池的电压均为12.1V，启动后测得主、辅蓄电池的电压为11.66V。怠速时查看我的电动车，显示高压蓄电池正在充电，几分钟后高压蓄电池的荷电状态上升1%，发动机转速加到1800r/min以上就不充电。通过我的电动车显示可见，车辆行驶并急加速时驱动电机参与工作，可确认高压系统正常。使用诊断仪读得无相关故障码，如图2-37所示。

使用诊断仪读得相关数据DC/DC 12V输出电压为11.7V，主、辅蓄电池电压11.7V（如图2-38所示），说明DC/DC没有将高压电转换成蓄电池14V的充电电压。

通过数据流查看BECM中的主正接触器和负接触器输出处于已关闭状态且各高压互锁回路A、B、C的状态也都处已关闭状态（如图2-39所示），说明高压系统正常。

通过数据流查看EPICD中的混合动力高压总线电压为376.2V（如图2-40所示），说明高压系统给EPICD的供电正常。执行EPICD模块自检通过，测试故障依旧。

启动车辆，用万用表测得蓄电池电压11.44V，测得DC/DC的输出（C1YE04C-1、C1YE04A-1、C11-HT2-36）对C1YE04D-1之间的电压均是11.43V（如图2-41所示），说明DC/DC的搭铁正常，DC/DC的输出电压过低，没有将高压电转换成低压蓄电池14V充电电压。

[BCCM]	
P3038-49	[P3038] -
U0064-87	E -
[EPIC]	
P1187-56	- /
[PAM]	
U0046-83	C -
U0046-87	C -
[RFA]	
B12D5-16	Door Handle Proximity Sensor - circuit voltage below threshold
[TBM]	
C1008-3A	Left Power Running Board Position/Motion Sensor - incorrect has too many pulses
[TCU]	
U2300-55	-
U2300-56	- /

图2-37

实时数据	实际值	单位
DCDC 12 v 电源输出电压 - 已测量 [420A]	11.7	V
车辆蓄电池电压 [402A]	11.7	V
车辆蓄电池电压（蓄电池 2）[41CF]	11.7	V
⊟ 电源状态时间数据采集（蓄电池 1）[41D0]		
车辆蓄电池电压	8.7	V

图2-38

　　故障排除：更换DC/DC后测试，故障排除。

　　故障总结：EV、PHEV的12V蓄电池充电，是通过DC/DC转换器将直流高压电转换成14V的直流低压电，不再是通过传统燃油车的发电机进行发电的，低电系统充电存在问题时，可通过相关的数据流确认高压系统是否存在故障，如果存在故障应先排除高压系统故障，再检查低压线路的供电、搭铁及输出线路是否存在连接不良。

ECU 诊断 蓄电池电量控制模块 [BECM] 实时数据		
接触器电压 - 负极 [4806]	399.2	V
接触器电压 - 正极 [4805]	399.4	V
□ 接触器状态 [4802]		
已要求主正极接触器输出	已关闭	
已要求预充电接触器输出	打开	
已要求负极接触器输出	已关闭	
已指示主正极接触器输出	已关闭	
已指示预充电接触器输出	打开	
已指示负极接触器输出	已关闭	
高压互锁输入状态	打开	
接触器状态 - 蓄电池接触器 - 状态命令	已关闭	
危险电压互锁回路 "A"(HVIL) 状态 [4854]	已关闭	
危险电压互锁回路 "B"(HVIL) 状态 [4855]	已关闭	
危险电压互锁回路 "C"(HVIL) 状态 [4856]	已关闭	

图2-39

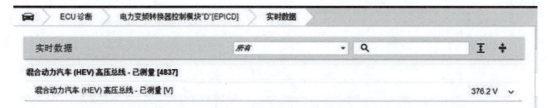

ECU 诊断 电力变频转换器控制模块"D"[EPICD] 实时数据		
实时数据	所有 ▾ Q	⊼ ÷
混合动力汽车 (HEV) 高压总线 - 已测量 [4837]		
混合动力汽车 (HEV) 高压总线 - 已测量 [V]	376.2 V ▾	

图2-40

图2-41

六、2018年路虎揽胜运动PHEV车辆无法启动，仪表上很多故障灯和故障信息提示

车型： 路虎揽胜运动PHEV。

年款： 2018年。

故障现象： 车辆行驶后，停下来半小时车辆就启动不着车，启动机无转动迹象，车辆无法启动，仪表上很多故障提示，道路救援拖车进店。

故障诊断： 拖车到店，按遥控器工作正常，按点火开关能打开，但是发动机没有任何反应，按喇叭都不响，打开小灯和大灯开关，发现两前大灯总成内没有任何灯光点亮，倒车镜和后尾灯的双跳灯和小灯工作正常，同时换挡杆上的指示灯也不亮，仪表上提示"制动触感降低，ABS故障，稳定控制不可用小心驾驶，自动紧急刹车不可用，"等信息提示，如图2-42所示。

图2-42

根据故障现象怀疑蓄电池电压不足，使用蓄电池检测仪是测得蓄电池的电压为12.43V，蓄电池的状态为良好-充电。检查蓄电池的接地螺栓搭铁正常并没有松动，测得蓄电池栓头和车身搭铁不存在压降情况。使用良好的蓄电池给车辆搭电测试仍然无法启动。查看车辆无加装改装情况。查询TOPIX无相关技术公告和服务活动。使用诊断仪读得故障码为：

- C052C-16 ABS泵电机控制-断路-电路电压低于门限值
- U0449-81/82/83接收来自网关的无效数据
- U0148-83与网关的通信中断-消息缺失
- U0100-87与发动机控制模块/动力总成控制模块A的通信中断
- U0115-87与ECM/PCM的通信丢失-消息缺失
- U0291-87与换挡模块的通信中断-消息缺失
- U101C/U101D/U101E/U1020-87与PCM节点失去通信
- U0101-87与变速器控制模块通信丢失
- U0100-08/87与发动机控制模块/动力总成控制模块A通信中断等许多故障码

使用诊断仪执行指导型诊断，提示检测到可能的蓄电池问题，如图2-43所示。

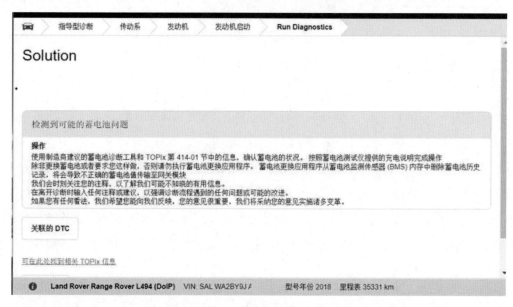

图2-43

使用蓄电池检测仪测得蓄电池的电压为12.43V，状态良好充电。说明蓄电池没有问题。

根据故障现象按启动开关启动机没有反应，按喇叭都不响，打开小灯和大灯开关，发现两前大灯总成内没有任何灯光点亮，并结合故障码C052C-16 ABS泵电机控制-断路-电路电压低于门限值、U0449-81/82/83接收来自网关的无效数据、U0148-83与网关的通信中断-消息缺失、U0100-87与发动机控制模块/动力总成控制模块A的通信中断、U0115-87与ECM/PCM的通信丢失-消息缺失、U0291-87与换挡模块的通信中断-消息缺失、U101D/U101E/U1020-87与PCM节点失去通信、U0101-87与变速器控制模块通信丢失、U0100-08/87与发动机控制模块/动力总成控制模块A通信中断。根据上述故障现象和故障码，并结合电路图可知，故障现象中不工作的系统和上述故障码中的模块通信中断和丢失及电压过低和比较有可能故障的模块（如PCM、GWM、ABS、TCM、GSM、HCM、HCMB、SASM），存在公共的保险丝LINK 1A 250A，所以判断故障的可能原因是LINK 1A 250A保险丝及其线路故障。

用万用表测量LINK 1A 250A两端的对地电压为蓄电池电压，说明保险丝正常，测得FUSE40 15A保险丝的两端对地电压均为1.693V（如图2-44所示），显然供电电压不正常，正常应该为蓄电池电压12.43V。

在拆检查EJB保险丝盒时，突然听到继电器跳动和节气门进入工作的声音，此时去按喇叭和大小灯都工作正常，启动也恢复正常。

图2-44

进一步检查发现EJB保险丝盒的输入电源线C1BB01AA-1松动，用手摇晃线束，螺丝固定处在摆动，发现固定螺丝没有压紧接线柱，如图2-45所示。

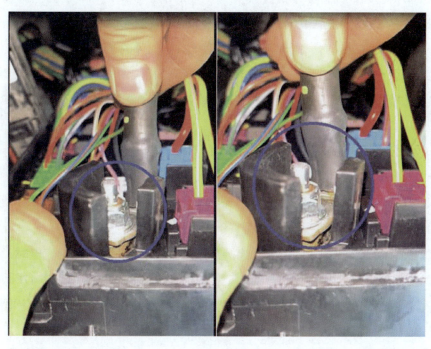

图2-45

尝试紧固电源接线柱螺丝，发现螺纹已被烧蚀，无法进一步紧固，并且EJB上电源接线柱C1BB01AA-1处由于接触不良产生的高温烧蚀，导致安装C1BB01AA-1处的EJB塑料盒已经发生熔化的现象，如图2-46所示。

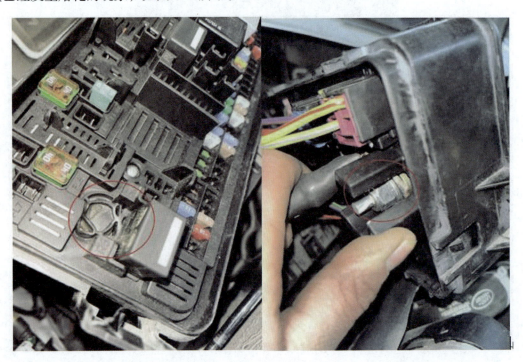

图2-46

故障排除：更换EJB，测试车辆各系统恢复正常，至此故障完全排除。

故障总结：故障维修时，同时遇到多个系统故障且不在同一通信网络，应先验证所有的系统是否存在客户没有反映的故障现象，并结合相关的故障码，参照故障相关系统和故障码对应的系统，结合对应的电路图，检查是否存在公共的电源或搭铁故障。

七、2018年路虎揽胜运动PHEV无法充电

车型：路虎揽胜运动PHEV。

年款：2018年。

故障现象：客户反映车辆无法充电。

故障诊断：根据客户描述的情况，连接交流充电桩进行充电，刷卡充电时，能听到充电口电机跳动的声音，仪表上提示充电状态初始化，车辆无法充电，如图2-47所示。

查询车辆无相关的加装改装和历史维修情况。按遥控器查看充电口锁定电机的工作情况，发现电机有跳动声音，锁销有对应伸缩，如图2-48所示。

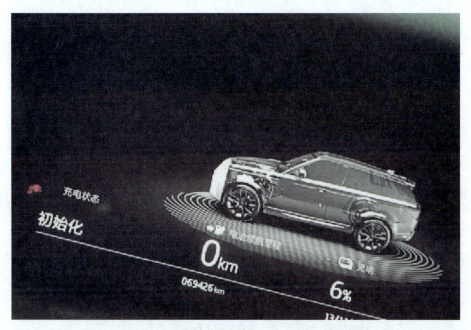

图2-47

图2-48

使用诊断仪读得故障码为P0D94-00蓄电池充电器耦合器锁定控制电路性能，无子类型信息；P0D91-00蓄电池充电器耦合器锁定控制电路/断路，无子类型信息；P0D98-00蓄电池充电器耦合器解锁控制电路性能，无子类型信息；P0D9E-00蓄电池充电器耦合器锁定位置传感器电路，无子类型信息；P3038-49车辆充电电气进口，内部电气故障和U3000-49控制模块，内部电子故障，如图2-49所示。

诊断 DTC 报告

注意：未列出的模块作出了正确响应，未报告 DTC

警告：模块未响应：

- Audio Amplifier Module [AAM]

错误代码	描述
Battery Charger Control Module [BCCM]	
P0D91-00	Battery Charger Coupler Lock Control Circuit/Open - no sub type information
P0D94-00	Battery Charger Coupler Lock Control Circuit Performance - no sub type information
P0D98-00	Battery Charger Coupler Unlock Control Circuit Performance - no sub type information
P0D9E-00	Battery Charger Coupler Lock Position Sensor Circuit - no sub type information
P3038-49	Vehicle Charging Electrical Inlet - internal electronic failure
U0064-87	Vehicle Communication Bus E - missing message
U3000-49	Control Module - internal electronic failure
Electric Power Inverter Converter Control Module [EPIC]	
P1187-56	Variant Selection - Invalid / Incompatible Configuration
Infotainment Master Controller [IMC]	
B14A3-02	APIX2 显示链路 - 用户接口面板 - 一般信号故障
Parking Assist Control Module [PAM]	
U0046-83	车辆通信总线 C - 信号保护计算值不正确
U0046-87	车辆通信总线 C - 消息缺失
Powertrain Control Module [PCM]	
U0080-87	Vehicle Communication Bus F - missing message
P0366-00	Camshaft Position Sensor B Circuit Range/Performance (Bank 1) - no sub type information
Passenger Front Seat Module [PSM]	
B1507-23	Digital input Bank '1' switch #1 - signal stuck low
B1508-23	Digital Input Bank '1' Switch #2 - signal stuck low
Remote Function DTC Actuator [RFA]	
B12D5-16	Door Handle Proximity Sensor - circuit voltage below threshold
Telematic Control Unit Module [TCU]	

图2-49

充电枪连接充电时，接近导向（PP）让BCCM识别充电电缆连接状态，充电电缆载流容量，防盗锁止系统激活（充电口枪锁定），5V电压供应至 BCCM中安装的分压器电路，两个被动电阻器安装在充电电缆至车辆充电插座的接头中，该电阻器允许BCCM检测到车辆何时连接了充电电缆。一个150Ω电阻器安装在PP和PE之间，并且带一个常闭的直式开关。操作开关时，一个330Ω的电阻器将会串联接入到PP电路中，使得总电阻达到480Ω其中的感应电子设备将会确定充电电缆连接状态。充电电缆连接状态（电缆已断开，电压4.5V。电缆已连接，开关已打开，电压3.5V。电缆已连接，开关已关闭，电压1.5V）。CP电路让EVSE能够检测到充电电缆已连接到车辆上，并且允许其将最大可用电流告知BCCM。它也允许BCCM告知EVSE车辆已连接，并且做好了接受充电的准备，EVSEV CP电路中，一个12V DC电源会通过一个1kΩ电阻器并流入感应电子设备。+12V电压值表示充电电缆未连接至车辆。在EVSE识别出车辆已连接后，EVSE则会将+12V DC电源切换为±12V方波、1Hz PWM信号。方波信号的存在构成了从EVSE发送至BCCM的"邀请"。然后，BCCM将会关闭BCCM内的CP电路中的开关，从而并联接入一个1.3kΩ电阻器，故此EVSE感应电子设备将会测量到一个+6V电压。这个+6V电压表示接受了该"邀请"，并导致EVSE打开为HV充电电路通电的继电器。此时车辆将会进行充电。所以不能充电的可能原因有PP、CP线路和充电口锁定电机及线路问题。再结合相关的故障码，可初步判断故障原因为充电口锁定电机；充电口锁定电机的相关线路故障；充电模块BCCM故障。充电接口如图2-50所示。

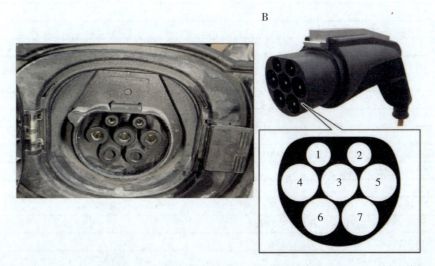

B.GB/T AC充电电缆接头　1.接近导向（PP）　2.控制导向（CP）　3.保护接地（PE）　4.AC高压线路1　5.中性　6.AC 高压线路（仅三相）

图2-50

执行BCCM自检测试时，提示存在故障码，自检测试故障码为P0D94-00，如图2-51所示。同时查看充电口锁定电机的工作情况，有正常的跳动声且锁销有伸缩工作正常，说明通过BCCM自检时电机能正常工作，也说明电机的控制线路没有问题，但系统仍然能自检出电机及其线路的相关故障码，说明电机的位置信号仍然存在故障。清除掉所有的故障码重新测试，故障依旧。未连接充电枪时，使用诊断仪读取数据流，498F中的位置显示Fault，电压为7.02V，如图2-52所示。

| ECU诊断 | Battery Charger Control Module [BCCM] | On demand self test mode |

Operator Information

On Demand Self Test Reported DTC(s)

DTC	DTC Description	Additional Information
P0D94-00	Battery Charger Coupler Lock Control Circuit Performance	no sub type information

图2-51

实时数据	实际值
Battery Charger Control Module Mains Supply Parameters [498F]	
Mains AC Current	0 A
Mains AC Voltage	0 V
Battery Charger Control Pilot Data [49A8]	
AC Current Limit	0 A
Communication Mode	SNA
DC State	SNA
Duty Cycle	0.1 % Duty Cycle
Mode	Disconnected
Period	0.1 ms
State	State E
Voltage	0.72 V
Battery Charger Control Pilot Values [4996]	
Control Pilot Duty Cycle	0 % Duty Cycle
Control Pilot Period	0 ms
Control Pilot Voltage	0.699 V
Battery Charger Inlet Lock Data [4995]	
Lock 1 Sensor Voltage	6.91 V
Lock 1 Supply Voltage	8.96 V
Lock 2 Sensor Voltage	8.96 V
Battery Charger Inlet Lock Motor 1 [499F]	
Position	Fault
Position Sensor Voltage	7.02 V
Battery Charger Proximity Voltage [4994]	
Battery Charger Proximity Voltage	4.502 V

图2-52

连接上充电枪后，（499F）中的位置仍然显示Fault，电压为7.02V，如图2-53所示。

查看锁机构与支架之间没有卡滞等异常现象，如图2-54所示。

根据BCCM自检时电机工作正常，说明电机控制电路正常，通过上述数据流刷卡充电时电机的位置一直处于故障状态，说明电机的位置存在故障。尝试替换正常的充电口锁

实时数据	实际值
Battery Charger Control Module Mains Supply Parameters [498F]	
Mains AC Current	0 A
Mains AC Voltage	0 V
Battery Charger Control Pilot Data [49A8]	
AC Current Limit	0 A
Communication Mode	SNA
DC State	SNA
Duty Cycle	0.1 % Duty Cycle
Mode	Connected
Period	0.1 ms
State	State B1
Voltage	8.61 V
Battery Charger Control Pilot Values [4996]	
Control Pilot Duty Cycle	0 % Duty Cycle
Control Pilot Period	0 ms
Control Pilot Voltage	8.715 V
Battery Charger Inlet Lock Data [4995]	
Lock 1 Sensor Voltage	6.91 V
Lock 1 Supply Voltage	8.96 V
Lock 2 Sensor Voltage	8.96 V
Battery Charger Inlet Lock Motor 1 [499F]	
Position	Fault
Position Sensor Voltage	7.02 V
Battery Charger Proximity Voltage [4994]	
Battery Charger Proximity Voltage	1.827 V

图2-53

图2-54

定电机测试，刷卡充电，充电口锁定电机跳动有力，车辆充电正常，故障排除。

车辆正常充电后，使用诊断仪读取数据流，498F中的位置显示Locked，电压为8.42V，如图2-55所示。

实时数据	实际值
Battery Charger Control Module Mains Supply Parameters [498F]	
Mains AC Current	32.4 A
Mains AC Voltage	196 V
Battery Charger Control Pilot Data [49A8]	
AC Current Limit	31.7 A
Communication Mode	Nondigital
DC State	EQ1
Duty Cycle	52.8 % Duty Cycle
Mode	Charge Ready
Period	100.1 ms
State	State C
Voltage	5.86 V
Battery Charger Control Pilot Values [4996]	
Control Pilot Duty Cycle	52.8 % Duty Cycle
Control Pilot Period	0.99 ms
Control Pilot Voltage	5.918 V
Battery Charger Inlet Lock Data [4995]	
Lock 1 Sensor Voltage	8.32 V
Lock 1 Supply Voltage	8.96 V
Lock 2 Sensor Voltage	8.96 V
Battery Charger Inlet Lock Motor 1 [499F]	
Position	Locked
Position Sensor Voltage	8.42 V
Battery Charger Proximity Voltage [4994]	
Battery Charger Proximity Voltage	1.892 V

图2-55

故障排除： 更换充电口锁定电机，故障排除。

故障总结： 充时电缆断开，接近导向（PP）电压4.5V，控制导向（CP）电压0V，锁位置开关电压6V（解锁）；充电电缆连接后，接近导向（PP）电压3.7~1.1V，控制导向（CP）电压9V（连接），锁位置开关电压6V（解锁）；刷卡充电，接近导向（PP）电压3.7~1.1V，控制导向（CP）电压6V，锁位置开关电压8.5V。

八、2018年路虎揽胜运动P400E车辆漏电且无法启动

车型： 路虎揽胜运动P400E。

VIN： SALWA2BY9J××××××。

行驶里程： 38641km。

年款： 2018年。

故障现象： 客户反映车辆经常没电，已经在两家修理厂进行过多次维修，故障依旧。修理厂还给客户备了个蓄电池放在后备箱以供车辆没电时搭电使用。

故障诊断：车辆拖车进店时，一点电都没有，按遥控器、点火开关没有反应，车内、外灯都不亮，喇叭不响。询问客户表示此故障已经出现近两个月，晚上停放一晚后，第二天早上经常出现打不着车；客户表示白天停放的时间短，没有出现过，在其他店检查过此故障，故障一直未能解决，并给车辆备一蓄电池使用。查看车辆无加装、改装情况，查询TOPIX无相关技术公告和服务活动。查看车辆无任何的事故痕迹和事故维修记录。

使用EPX1080测得启动蓄电池和辅助蓄电池的状态均为充电后重测，电压分别为4.07V和11.44V，如图2-56所示。

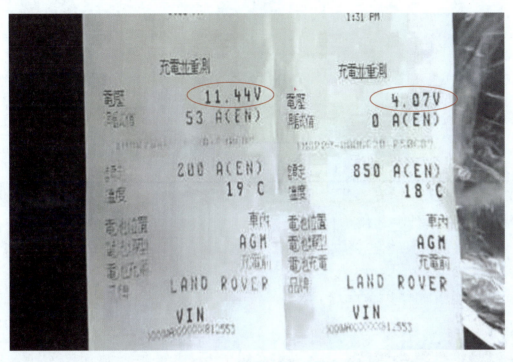

图2-56

先给启动蓄电池和辅助蓄电池进行充电，充电后测试蓄电池状态为电池良好，如图2-57所示。

用诊断仪读得故障码为C053B-16、C1A43-16、U3001-77、C113A-14、U3003-16、P0562-00、P0E38-16、P0E38-04、B1479-08、B1479-14、B1479-72、U3001-00、U3001-1F和U2011-16等。

使用诊断仪执行指导型诊断，结果显示诊断的其余部分不适用PHEV混合动力车型，如图2-58所示。

使用诊断仪读取网关模块中的蓄电池在休眠模式下的累计放电200C，蓄电池静态电流统计数据显示"30 to 21mA（counts）"为285counts，"40 to 31mA（counts）"为916counts，"80 to 41mA（counts）"为92counts（如图2-59所示），说明车辆存在漏电的情况。

图2-57

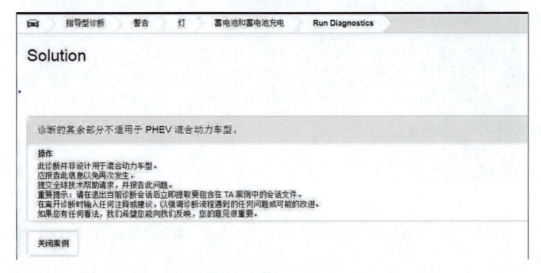

图2-58

　　将车辆锁车后观察仪表台中间的三角警告灯背景灯10min左右就熄灭了，使用电流钳测得静态电流为20mA，说明此时车辆没有存在漏电的情况，但通过故障现象和网关中的蓄电池在休眠模式下的累计放电200C，蓄电池静态电流计数数据情况，可以说明车辆曾经存在过漏电的情况。模拟客户的用车习惯，打开车辆的所有电器功能，行驶1个小时后锁车，30min后通过观察发现锁车后三角警告灯和各车门上的中控锁止指示灯一直点亮。过10~20min后会熄灭下马上又亮起来，一直反复循环，说明车辆一直无法休眠。正常车辆10min左右进入休眠后，中控上的三角警告灯和门板上的中控锁定指示灯会熄灭不

图2-59

亮。根据故障现象，初步判断可能原因是车辆某个输入信号或模块存在故障，导致车辆一直处于唤醒的状态，无法进入休眠。检查PCM、GWM、EPICD、EPIC、BECM、BCM、BCCM、ATCM各模块的软件都已经更新至最新版本。

锁车30min后发现车辆仍然无法休眠，用电流钳测得静态电流为4.9A，如图2-60所示。

图2-60

锁车30min后，使用Pico示波器测得车身CAN、舒适CAN、PTCAN、底盘CAN、电源模式CAN网络上都有正常镜像工作波形（如图2-61~图2-65所示），说明各网络仍处于工作状态。

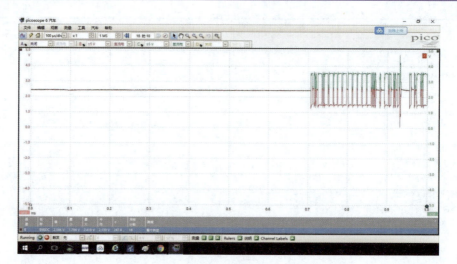

图2-61

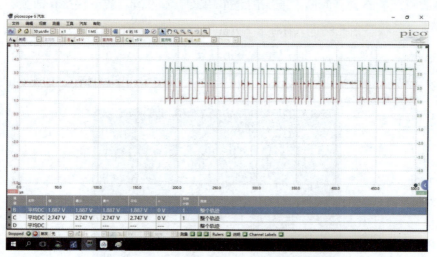

图2-62

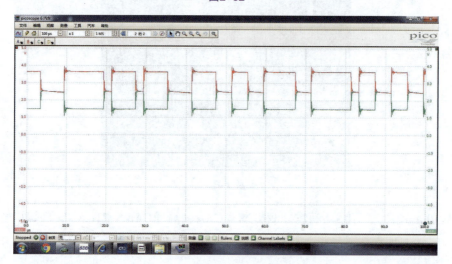

图2-63

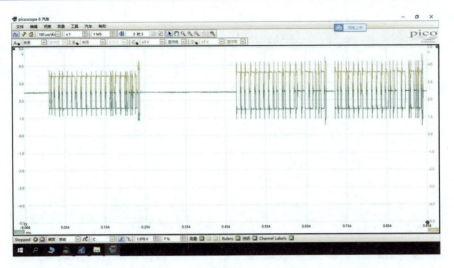

图2-64

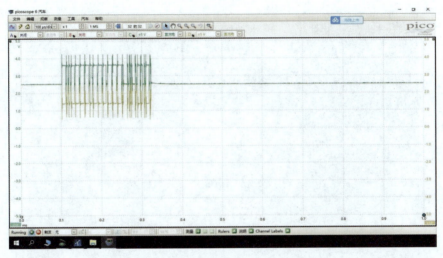

图2-65

测得FlexRay的波形也是正常的工作波形（如图2-66所示），说明锁车30min以后，车辆上的所有网络仍然处于工作的状态。

在锁车后30min，车辆不能休眠时分别断开4个车门模块、后备箱模块、脚踏板模块、IMC、AAM、IDMA、ICDM、TCU、RFA、BECM、EPIC、PCM、TCCM，故障依旧。尝试断开车辆各保险丝盒内的保险丝，除断开保险丝（FUSE40E/15A）后，很快看到车门上的中控锁指示灯马上熄灭了，过2min后仪表台上的双闪开关指示灯就熄灭了，测得静态电流为0.03A（如图2-67所示），断开其他保险丝故障依旧。

通过不少于10次插回TCM保险丝后（FUSE40E/15A），验证车辆不能休眠，断开TCM保险丝（FUSE40E/15A）后，车辆在2~3min后就可以进入休眠。通过线路图确认保险丝（FUSE40E/15A）是给TCM模块、GSM模块、全地形反馈模块进行供电的，分别单独断开

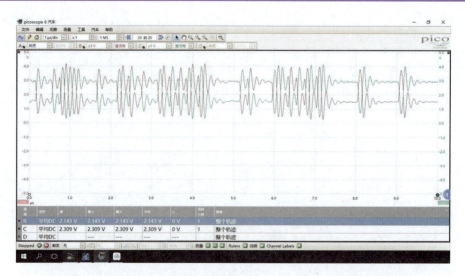

图2-66

图2-67

TCM、GSM模块插头后，测试故障依旧。当断开全地形反馈模块后很快车门上的中控锁指示灯就熄火，2min后车辆就进入了休眠状态，仪表上的三角警告指示背景灯就熄灭了。检查全地形反馈模块的开关及外观未发现异常。检查模块的线路没有发现有短路、断路情况。检查插头针脚没有松动、松脱、馈退、进水、腐蚀等异常情况，此时可以确认是由于全地形反馈模块导致的车辆不能休眠。由于没货，准备调换一模块给客户先用，将正常车辆的全地形反馈模块替换到故障车辆后测试，发现故障依旧。通过全地形反馈系统原理和电路图可知，该系统除了全地形反馈开关，没有直接的信号输入该模块，其他的信息都是通过底盘CAN网络获取，所以不存在输入的信号导致模块唤醒整个网络，怀疑是模块受到其他的信号干扰导致。于是怀疑全地形反馈模块紧挨着的冰箱，由于该冰箱是压缩机式控制台冰箱，利用12V输入电压工作，冰箱制冷使用完全独立于车辆系统的制冷剂R134a。压缩机通过全封闭的制冷回路传输制冷剂，冰箱位于座舱内部中央控制台中央，全地形反馈模块后面，冰箱工作时压缩机、风扇电磁线圈部件工作异常，对其他的电器或模块产生电磁干扰。验证冰箱是否对全地形反馈模块产生干扰，当故障出现后，通过锁车前，先断开冰箱保险丝FUSE 21P，然后再锁车验证，确认车辆也可以正常休眠。插回保险丝FUSE 21P，再进行锁车测试，车辆就无法进入休眠的状态。此时再去断开FUSE 21P保险丝，车辆仍然无法进入休眠状态。通过上述对冰箱保险丝和全地形反馈模块的断开测试，车辆能够进入休眠状态，说明是冰箱的工作对全地形反馈模块产生的干扰，导致全地形反馈模块无法休眠，唤醒整个的车辆网络，使得整车无法进入到休眠状态。在出现故障后，对排除干扰源（对冰箱断电）仍然不能恢复正常，受影响全地形反馈模块仍然不能恢复正常，需要对全地形反馈模块进行断电后才能恢复正常。

由于冰箱工作时，冰箱内部的压缩机、风扇等部件产生的电磁干扰，对附近的全地形反馈模块产生了干扰，导致全地形反馈模块不能正常休眠，进而唤醒整个车辆网络，使得车辆的所有系统都处于工作的状态，所以锁车后的车辆休眠电流高达4.9A，基本上车辆停放一夜之后就无法启动。

故障排除：更换冰箱，启动车辆，打开所有的电器设备，运行1h后，使用电流钳测得静态电流为0.03A，进行多次测试，静态电流都是在0.03A，确认故障完全排除。

故障总结：由于车辆漏电后，车辆蓄电池没电，各模块不能正常的工作，导致车辆漏电的故障现象消除，没有正确的模拟客户使用情况无法重现故障，这也是车辆在其他店没有查到故障的原因之一。全地形反馈模块是受到故障部件冰箱的电磁干扰，导致模块不能正常休眠，当断开故障冰箱的供电保险丝仍然不能排除故障，这时容易被排除掉冰箱的问题。当断开全地形反馈模块后故障消除，基本都会认为是全地形反馈模块导致的故障而更换全地形反馈模块，这是容易导致误诊的出现。实际当故障部件已经对模块产生了干扰以后，通过消除干扰源（冰箱）是不能消除故障的，需要对受影响的模块进行重置后才能恢复正常。

九、2018年路虎揽胜运动PHEV空调有时不制冷

车型：路虎揽胜运动PHEV。

行驶里程：20646km。

年款：2018年。

故障现象：客户反映空调有时出现不制冷情况，几个月前更换过空调压力传感器，故障依旧，故障频率不定，十天半个月出现一次，没有明显的规律。

故障诊断：启动车辆，车辆制冷工作正常并没有出现客户反映的故障现象。查看车辆无相关的加装改装情况。查询TOPIX有SSM 75163空调间歇性运行，如图2-68所示。

图2-68

通过模拟客户使用情况，进行反复测试，当故障出现后，空调系统不制冷，车辆无法进入EV模式，熄火后启动，车辆直接使用燃油，不能使用电动模式，仪表上提示EV模式不可用，如图2-69所示。

使用诊断仪读得故障码为P0A7F-00混合动力/EV蓄电池组"A"退化-无子类型信息（如图2-70所示），可能原因PHEV蓄电池组已超过其建议的使用寿命，可能需要更换，清除故障码后，重新读取无相关故障码。

使用诊断仪查看无相关指导型诊断，如图2-71所示。

图2-69

| P0A7F-00 | 混合动力/EV蓄电池组"A"退化 - 无子类型信息 | ▪ PHEV蓄电池组已超过其建议的使用寿命，可能需要更换 | ▪ 使用 Jaguar Land Rover 认可的诊断设备，运行应用程序 - ECU 诊断/蓄电池电量控制模块 (BECM)/清除DTC。重新测试。如果故障仍然存在，请提交TA：
　▪ 使用 Jaguar Land Rover 认可的诊断设备，运行应用程序 - ECU 诊断/蓄电池电量控制模块 (BECM)/ECU 功能/事先许可 - 显示牵引式蓄电池数据
　▪ 使用"Pathfinder 会话"附上 Pathfinder 会话文件
　▪ 使用DTC作为"客户评论"字段中的参考编号
　▪ 描述已完成的主要诊断和辅助诊断 |

图2-70

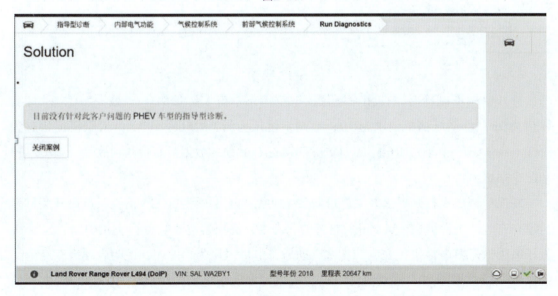

图2-71

故障可能原因：

（1）系统压力传感器的数据高于32bar或低于2bar（1bar=100kPa）。

（2）制冷系统管路中各温度传感器中的制冷剂温度过高或过低。

（3）蒸发器温度读数低于2.0℃。

（4）环境温度低于5.0℃左右。

（5）影响电动压缩机供电的高压系统故障，如HV蓄电池故障、高压线路故障。

（6）影响空调系统运行的主要诊断故障码。如冷却器制冷剂控制膨胀阀故障，联机制冷剂控制膨胀阀故障，高压制冷剂阀1号、2号、4号、5号故障，冷却器电磁阀故障。

测试时，当故障重现后，根据SSM75163测试，使用诊断仪读取电动空调压缩机禁用（9A51）的数据发现无法读取，更换了3台诊断仪均无法读取，如图2-72所示。

实时数据	实际值
电动空调压缩机禁用〔9A51〕	
低吸入压力禁用	
低排放压力禁用	
低空调制冷剂填充禁用	
低系统功率禁用	
冷却器制冷剂控制膨胀阀故障	
冷却器电磁阀故障	
环境温度禁用	
空调系统低压禁用	
空调系统高压禁用	
联机制冷剂控制膨胀阀故障	
高压制冷剂阀 #1 故障	
高压制冷剂阀 #2 故障	
高压制冷剂阀 #4 故障	
高压制冷剂阀 #5 故障	
高排放压力禁用	
高排放温度禁用	

图2-72

打开空调不制冷时，使用诊断仪读取空调指示灯实际值为On；最大A/C指示灯实际值为On；电动压缩机请求为Off；空调系统压力为7.375bar；电动A/C压缩机状态为Compressor Off；电动A/C压缩机目标速度0r/min，其他的数据没有检测到故障，如图2-73和图2-74所示。

发现车辆熄火打开点火开关，诊断仪上的蓄电池电压为11.32V，说明点火开关打开时没有充电，正常车辆在点火开关打开的状态下，高压蓄电池就会通过DC/DC转换成14V低压电为低压蓄电池进行充电，尝试启动后蓄电池电压为14.23V，说明启动后有充电。使用诊断仪读取牵引式蓄电池健康状态概述，发现蓄电池模块电压7内单元9的电压为3.438V（如图2-75所示），其他单元电压均为3.5V以上。

实时数据	实际值
气候控制面板照明 [99A4]	
AUTO（自动）模式指示灯	Off
最大 A/C 指示灯	On
空调指示灯	On
自动风扇指示灯	Off
气候混合部件的状态 [988B]	
前部制冷剂电磁阀	Disabled
座舱加热器水泵继电器控制	Off
混合动力汽车气候电源人工干预	Not Requested
电动 A / C 压缩机 LIN 错误	Not Detected
电动 A / C 压缩机低压电压不足	Not Detected
电动 A / C 压缩机扭矩过大	Not Detected
电动 A / C 压缩机电流错误	Not Detected
电动 A / C 压缩机过热	Not Detected
电动 A / C 压缩机高压电压不足	Not Detected
电动 A / C 压缩机高压过压	Not Detected
电动 A/C 压缩机扭矩停转错误	Not Detected
电动 A/C 压缩机温度传感器错误	Not Detected
电动 A/C 压缩机电压传感器错误	Not Detected
电动 A/C 压缩机电流传感器错误	Not Detected
电动 A/C 压缩机电源错误	Not Detected
电动 A/C 压缩机通信错误	Not Detected
电动压缩机请求	Off
蓄电池制冷机电磁阀	Disabled
蓄电池加热器冷却液分流阀	Disable
高压冷却液加热器 1 - 启用请求	Not Requested
空调系统压力 [9990]	
空调系统压力	7.375 bar

图2-73

实时数据	实际值
气候控制面板照明 [99A4]	
AUTO（自动）模式指示灯	Off
最大 A/C 指示灯	On
空调指示灯	On
自动风扇指示灯	Off
气候混合部件的状态 [988B]	
HEV 蓄电池冷却状态	Not Activated
前部制冷剂电磁阀	Disabled
电动压缩机请求	Off
蓄电池制冷机电磁阀	Disabled
电动 A/C 压缩机最大电源限制 [988C]	
电动 A/C 压缩机最大电源限制	0 kW
电动 A/C 压缩机状态 [988A]	
电动 A/C 压缩机状态	Compressor Off
电动 A/C 压缩机目标速度 [988D]	
电动 A/C 压缩机目标速度	0 r/min
空调系统压力 [9990]	
空调系统压力	7.25 bar

图2-74

图2-75

使用诊断仪重新读得无相关故障码，如图2-76所示。

诊断 DTC 报告

注意：未列出的模块作出了正确响应，未报告 DTC

警告：模块未响应：
· 前照灯控制模块"B"[HCMB]
· 车辆防盗锁止系统控制模块 [VIM]

错误代码	描述
音频放大器模块 [AAM]	
B128F-11	扬声器 18 - 对地短路
B128F-12	扬声器 18 - 对蓄电池短路
B1290-11	扬声器 19 - 对地短路
B1290-12	扬声器 19 - 对蓄电池短路
B1291-11	右进气电位计对低压短路故障 - 对地短路
B1291-12	右进气电位计对低压短路故障 - 对蓄电池短路
电力变频转换器控制模块 [EPIC]	
P1187-56	变型车选择 - 无效/不兼容配置
信息娱乐从控制器 [ISC]	
U2016-68	控制模块主软件。 - 事件信息
驻车辅助控制模块 [PAM]	
U0046-87	车辆通信总线 C - 消息缺失
远程通信控制单元模块 [TCU]	
U2300-55	中央配置 - 无配置
U2300-56	中央配置 - 无效/不兼容配置

图2-76

充电后电量显示可以继航里程为44km，使用EV模式才行驶4km，仪表上就显示剩余里程只有为28km，电量明显消耗。行驶30km后，显示剩余电量为5%，剩余可行驶里程2km，但是无法进入EV模式，显示EV模式不可用，空调不制冷，如图2-77所示。

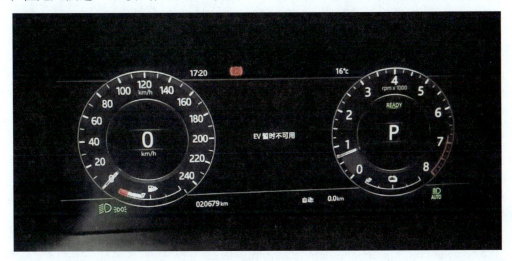

图2-77

再次读取故障码仍然是P0A7F-00混合动力/EV蓄电池组"A"退化 – 无子类型信息（如图2-78所示），可能原因PHEV蓄电池组已超过其建议的使用寿命，可能需要更换。

P0A7F-00	混合动力/EV蓄电池组"A"退化 - 无子类型信息	• PHEV蓄电池组已超过其建议的使用寿命，可能需要更换	• 使用 Jaguar Land Rover 认可的诊断设备，运行应用程序 - ECU 诊断/蓄电池电量控制模块 (BECM)/清除DTC。重新测试。如果故障依然存在，请提交TA。
			• 使用 Jaguar Land Rover 认可的诊断设备，运行应用程序 - ECU 诊断/蓄电池电量控制模块 (BECM)/ECU 功能/事先许可 - 显示牵引式蓄电池数据
			• 使用"Pathfinder 会话"附上 Pathfinder 会话文件
			• 使用DTC作为"客户评论"字段中的参考编号
			• 描述已完成的主要诊断和辅助诊断

图2-78

将诊断仪语言改成英文，读取电动空调压缩机禁用的相关数据流仍然无法读取，如图2-79所示。

读取BECM高压蓄电池健康状态概述，显示电动车蓄电池–平均健康状态（容量衰减）100%蓄电池健康状态高于最低水平，如图2-80所示。

根据故障现象，充满电后使用EV行驶4km就显示剩余量程为28km，电量明显消耗。行驶30km后显示剩余电量为5%，剩余可行驶里程2km，但是无法进入EV模式，显示EV模式不可用。空调不制冷同时记录P0A7F-00混合动力/EV蓄电池组"A"退化 – 无子类型信息，可能原因PHEV蓄电池组已超过其建议的使用寿命，可能需要更换。结合上述的信息确认为高压蓄电池已经严重衰减，需要更换。

| ECU Diagnostics | HVAC Control Module [HVAC] | **Live data** | |

Live data

| | | All | ▼ | Q | | I ✛ |

Ambient Temperature Inhibit

Cooler Magnetic Valve Fault

Cooler Refrigerant Control Expansion Valve Fault

High Discharge Pressure Inhibit

High Discharge Temperature Inhibit

High Pressure Refrigerant Valve #1 Fault

High Pressure Refrigerant Valve #2 Fault

High Pressure Refrigerant Valve #4 Fault

High Pressure Refrigerant Valve #5 Fault

Inline Refrigerant Control Expansion Valve Fault

Low A/C Refrigerant Charge Inhibit

Low Discharge Pressure Inhibit

Low Suction Pressure Inhibit

Low System Power Inhibit

ⓘ **Land Rover Range Rover L494 (DoIP)**   VIN: SAL WA2BY1J   Model year 2018   Odometer 20648 km

图2-79

| ECU 诊断 | 蓄电池电量控制模块 [BECM] | 牵引式蓄电池健康状态概述 | |

ⓘ 测试正在进行

测量	数值	数值
电动车蓄电池 - 平均健康状态（容量衰减）	100 %	蓄电池健康状态高于最低水平

ⓘ **Land Rover Range Rover L494 (DoIP)**   ViN: SAL WA2BY1J   型号年份 2018   里程表 20679 km

图2-80

故障排除：更换高压蓄电池，故障排除。

故障总结：对于维修EV、PHEV车辆的电动空调压缩机不工作，可以通过查看压缩机禁用数据确认禁用原因。由于本故障中相关数据流无法使用，只能测试出相关的故障现象，并结合故障后出现的故障码可能原因进行分析。对于EV、PHEV车辆，如果没有遇到类似故障，或对该系统不是很了解的话，对于传统车辆维修的很多技师可能会忽略到P0A7F-00混合动力/EV蓄电池组"A"退化-无子类型信息的故障码。因为传统燃油车辆的空调不会涉及高压蓄电池对空调系统的影响，所以第一次维修时技师就是忽略掉了该重要的故障码，而是怀疑故障概率较高的压力传感器，并进行更换测试。由于高压蓄电池轻度衰减，尚未导致出现频繁的故障率现象，不知情的情况下是很难试到故障现象的。在充满电的情况下故障难以出现，只有在低电量时可能会影响空调的制冷。由于蓄电池性能衰减，只有在高压蓄电池电量低于5%时，系统会限制了高压蓄电池的继续使用，导致高压电动空调压缩机不能工作，影响空调的制冷。在车辆继续启动和行驶的过程当中，高压系统会通过对能量进行回收补充高压蓄电池的电量，或者通过充电后，电量得到补充，系统又恢复正常。如果不知道如此问题的话，在高压电量充足的情况下，是难以试到故障现象，也就无法确认故障原因。

十、2018年路虎揽胜运动PHEV车辆电动（EV）模式不可用

故障现象： 客户反映车辆电动模式自购车以来一直不工作，故障一直存在。除电动模式不工作，无其他相关症状。

故障诊断： 关闭全车门、前后盖，按启动开关，发动机直接着车，无法进入电动模式，确认仪表上显示的高压还有93%，车辆处于冷车，挡位在P挡，空调未打开，启停开关未关闭，地形模式在自动或通用程序，情况都是一样。按下EV按键，仪表上显示EV，跟正常车辆一样。当EV按键点亮后，再踩下制动踏板，按下点火开关，此时发动机是也直接启动，无法进入EV模式。除了无电动模式不能使用，车辆无其他相关症状，测试正常车辆在高压有电的情况下，车门及前后盖关闭，正常的操作模式下启动，都是进入EV电动模式，说明该车辆的电动模式工作不正常。查阅车主使用手册出现以下情况可能会阻止启用EV模式，或者如果EV模式已激活，则可能会触发发动机重新启动：

（1）选择运动挡（S）。请参阅自动变速器。

（2）在低挡域下，选择沙地程序或岩石爬行程序。请参阅全地形反馈适应系统操作。

（3）使用方向盘换挡拨杆选择了一个挡位。请参阅自动变速器。

（4）涉水感测功能当前处于激活状态。请参阅涉水感测。

（5）取消选择自动停止/启动系统。请参阅停用自动停止/启动。

（6）车辆蓄电池电量过低。

（7）车辆蓄电池没有达到要求的工作温度。

（8）车辆当前的动力需求超过仪表电量表中显示的发动机重新启动标志所示的水平。请参阅仪表：混合动力车辆。

（9）加热和通风系统的高需求。

（10）发动机舱盖已打开。

（11）环境温度低于-4℃。

上述列出的所有事件中，仪表显示相关的信息。此外，仪表未点亮EV信息。

查看车主使用手册关于上述的禁用条件后，再次确认操作时不存在上述的阻止启动EV模式的因素。询问客户表示从购车以来，故障就一直存在，之前由于没有充电桩没给车辆充电，以为是车辆没电引起的，最近充电后还是没有工作。查看车辆没有加装、改装情况。查询技术网站车辆无相关的技术公告和服务活动。测得主、辅蓄电池的状态良好，电压如图2-81所示。

图2-81

诊断仪读得故障码为B1479-73配电盒-执行器卡在闭合位置，如图2-82所示。

诊断 DTC 报告

注意：未列出的模块作出了正确响应，未报告 DTC

错误代码	描述
蓄电池充电器控制模块 [BCCM]	
P3038-49	车辆充电电气插口 [P3038] - 内部电子故障
网关模块 "A" [GWM]	
B1479-73	配电盒 - 执行器卡在闭合位置
驻车辅助控制模块 [PAM]	
U0046-87	车辆通信总线 C - 消息缺失
动力传动系统控制模块 [PCM]	
U0447-00	接收到来自网关的无效数据 A - 没有任何子类型信息
遥控功能执行器 [RFA]	
B12D5-16	车门把手接近传感器 - 电路电压低于门限值
远程通信控制单元模块 [TCU]	
U2300-55	中央配置 - 无配置
U2300-56	中央配置 - 无效/不兼容配置

图2-82

尝试清除后，重新读取故障码为P0C50-56驱动电机A位置传感器电路A-无效/不兼容配置，如图2-83所示，重新测试车辆，故障依旧。

诊断 DTC 报告

注意：未列出的模块作出了正确响应，未报告 DTC

错误代码	描述
电力变频转换器控制模块［EPIC］	
P0C50-56	驱动电机 A — 位置传感器电路 A - 无效/不兼容配置
远程通信控制单元模块［TCU］	
U2300-55	中央配置 - 无配置
U2300-56	中央配置 - 无效/不兼容配置

图2-83

由于故障码中存在P0C50-56驱动电机A位置传感器电路A-无效/不兼容配置的故障码，根据故障码说明运行应用程序-ECU诊断/电力变频转换器（EPIC）/ECU 功能/校准驱动电机的电动驱动，校准成功后，如图2-84所示，重新测试车辆，故障依旧。

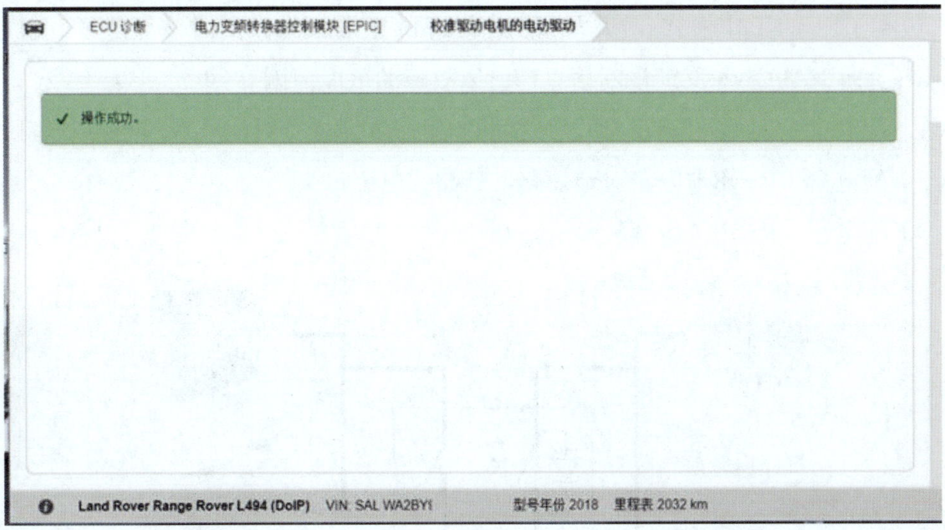

图2-84

将BCCM、BECM、EPIC、PCM、GWM的软件都更新至最新版本，更新后重新测试车辆，故障依旧。重新读得故障码为B1479-73配电盒-执行器卡在闭合位置，如图2-85所示。

故障原因：根据故障现象结合故障码，查询配电盒PSDB包含两排金属氧化物半导体场效应晶体管（MOSFET）。MOSFET由BCM/GWM通过LIN进行控制。PSDB根据BCM/GWM总成的指令开关（SW1）、开关（SW2）连接或断开辅助蓄电池至车辆负载的供

诊断 DTC 报告

注意：未列出的模块作出了正确响应，未报告 DTC

错误代码	描述
网关模块 "A" [GWM]	
B1479-73	配电盒 - 执行器卡在闭合位置
驻车辅助控制模块 [PAM]	
U0046-87	车辆通信总线 C - 消息缺失
动力传动系统控制模块 [PCM]	
U0447-00	接收到来自网关的无效数据 A - 没有任何子类型信息
远程通信控制单元模块 [TCU]	
U2300-55	中央配置 - 无配置
U2300-56	中央配置 - 无效/不兼容配置

图2-85

电，如图2-86所示。5种正常的工作模式和3种故障模式，系统不同状态汇总如表2-1所示。PSDB通过（fet diagnostics）C4Y124DA-8诊断反馈给BCM/GWM，用于检测PSDB的故障。PSDB将诊断接触器的线圈，然后通过LIN总线向BCM/GWM总成报告故障。部件的工作模式包涵了EV的工作模式，所以可能影响EV的正常工作，同时该部件可以通过（fet diagnostics）向BCM/GWM反馈诊断信息，所以故障的可能原因有：

（1）配电盒（PSDB）与辅助蓄电池之间的辅助蓄电池电路对地短路、断路或电阻过高。

（2）配电盒（PSDB）电路对地短路、断路或电阻过高。

（3）配电盒（PSDB）内部故障。

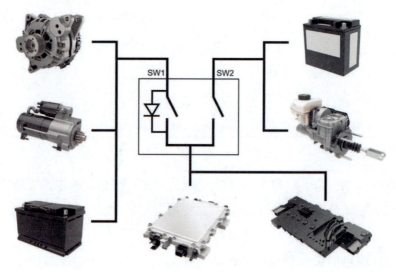

SW1.开关1（启动蓄电池） SW2.开关2（辅助蓄电池）
图2-86

表2-1

车辆状态	开关1（启动蓄电池）	开关2（辅助蓄电池）
点火开关打开	关闭	关闭
点火开关关闭/网络休眠	关闭	打开
发动机运行	关闭	关闭
EV模式	打开	关闭
点火开关关闭/可插电HV充电	关闭	关闭
PSDB接头已拆下	打开	打开
辅助蓄电池电压低于8V	关闭	打开

根据故障码B1479-73的可能原因，检查在未启动车辆，测得主蓄电池的电压分别为12.79V，辅助蓄电池的电压为13.22V，启动车辆后测得主、辅蓄电池的电压均为14.16V，LOADS（C4Y124a1-1）的电压为14.16V，PICO测得C4Y124DA -11（LIN）的波形正常，如图2-87所示。

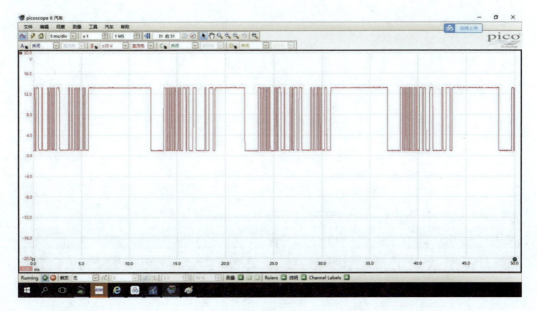

图2-87

PICO测得C4Y124DA-6为14.16V直线的电压，测得C4Y124DA-8、C2BP01c-52均为8.4V的直线电压（不正常），如图2-88所示，说明C4Y124DA-8到C2BP01c-5之间的线路没有出现断路情况。

测得正常情况下C4Y124DA-8为应该是4V左右的直线电压，如图2-89所示。本车的C4Y124DA-8为8.4V的直线电压，说明C4Y124DA-8的电压不正常，存在电压被拉高的情况。

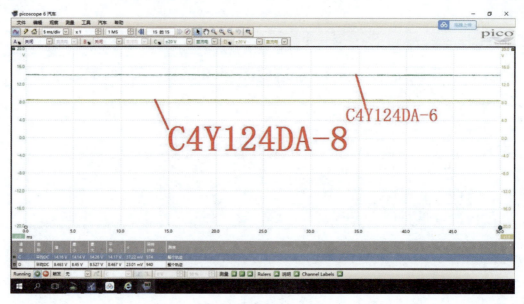

图2-88

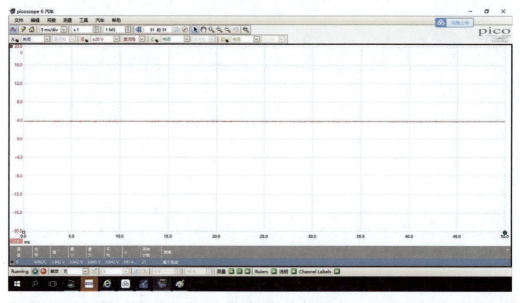

图2-89

将C4Y124DA插头8端子退针后，测得C2BP01c-52的电压为0V，说明C4Y124DA-8到C2BP01c-52之间的线路没有对其他线路发生短路情况，说明C4Y124DA-8不正常的电压升高是由于配电器本身导致的输出信号电压异常。根据上述的检查情况分析，确认配电盒（PSDB）输出的信号电压不正常。

故障排除：更换配电盒（PSDB），故障排除。

故障总结：由于车辆除了电动模式不工作，其他的功能都是正常的，所以第一时间并没有想到故障码B1479-73会是引起故障的根本原因，因为关于该故障码涉及的线路和部件故障，一般都会导致主、辅蓄电池的充电故障，所以对高压系统的各模块进行软件更新测试，更新后仍然不能解决，才对唯一存在的故障码进行检查。在维修的时候不要忽略任何一个故障码，任何故障码的存在都有其原因，说明记录故障码的相关数据已经超出程序预期的数据，特别是与故障相关的系统，应特别的关注和排查，同时部件的故障并不表现出所有的功能都会存在失效，可能是主要功能或辅助功能，不同的客户所以留意或发现了不一样的故障形式，故障表面形式各有不同，像本案中的故障，车辆可以正常地使用，并无明显的故障症状，有些客户可能就不会发现该问题。由于故障部件中存在多个工作模式，其中涉及EV工作的模式不能正常工作，其他的模式和功能正常，在诊断的时候避免认为部分功能工作正常，忽略了所有功能的完好性。

十一、2018年路虎揽胜运动PHEV车辆电动（EV）模式不可用

车型：路虎揽胜运动PHEV。

行驶里程：79525km。

年款：2018年。

故障现象：客户反映车辆电动模式无法使用，仪表上也没有任何提示，故障一直存在。

故障诊断：按启动按钮，发动机直接启动，没有电动模式，多次熄火后重新测试，故障依旧。按EV显示EV模式已激活，绿色的READY提示点亮，发动机仍在运行，仪表上的转速表仍指示在800r/min，如图2-90所示，仪表上无任何故障提示。

图2-90

查阅车主使用手册出现以下情况可能会阻止启用EV模式，或者如果EV模式已激活，则可能会触发发动机重新启动：

（1）选择运动挡（S）。请参阅自动变速器。

（2）在低挡域下，选择沙地程序或岩石爬行程序。请参阅全地形反馈适应系统操作。

（3）使用方向盘换挡拨杆选择了一个挡位。请参阅自动变速器。

（4）涉水感测功能当前处于激活状态。请参阅涉水感测。

（5）取消选择自动停止/启动系统。请参阅停用自动停止/启动。

（6）车辆蓄电池电量过低。

（7）车辆蓄电池没有达到要求的工作温度。

（8）车辆当前的动力需求超过仪表电量表中显示的发动机重新启动标志所示的水平。请参阅仪表：混合动力车辆。

（9）加热和通风系统的高需求。

（10）发动机舱盖已打开。

（11）环境温度低于 –4℃。

上述列出的所有事件中，仪表显示相关的信息。此外，仪表未点亮 EV 信息。

查看车主使用手册关于上述的禁用条件后，再次确认操作时不存在上述的阻止启动 EV 模式的因素。询问客户了解到故障是最近刚出来的，以前是正常的。启动车辆，在发动机运行时，通过中央显示屏查看我的 EV 车辆，确认系统有对发动机的能量进行回收给高压蓄电池充电。查看车辆无相关加装改装情况和相关维修记录。查询 TOPIX 无任何相关公告。诊断仪读得故障码为 P0C32-98 混合动力/EV 蓄电池冷却系统性能 – 部件或系统温度过高；P0017-79 曲轴位置-凸轮轴位置相关性（第 1 列气缸组传感器 A）– 机械连接故障等许多无相关故障码。根据故障码 P0C32-96 执行指导型诊断无相关指导内容，结果提示提出技术帮助申请，如图 2-91 所示。

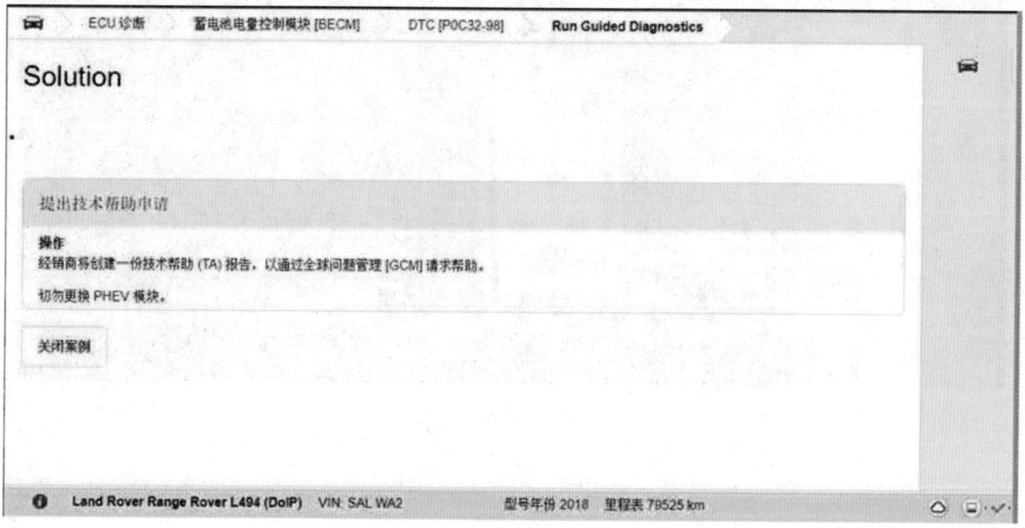

图2-91

尝试清除故障码后重新测试，故障依旧，重新读得无任何相关故障码，如图2-92所示。

图2-92

尝试执行BECM模块重置成功后测试（如图2-93所示），故障依旧。

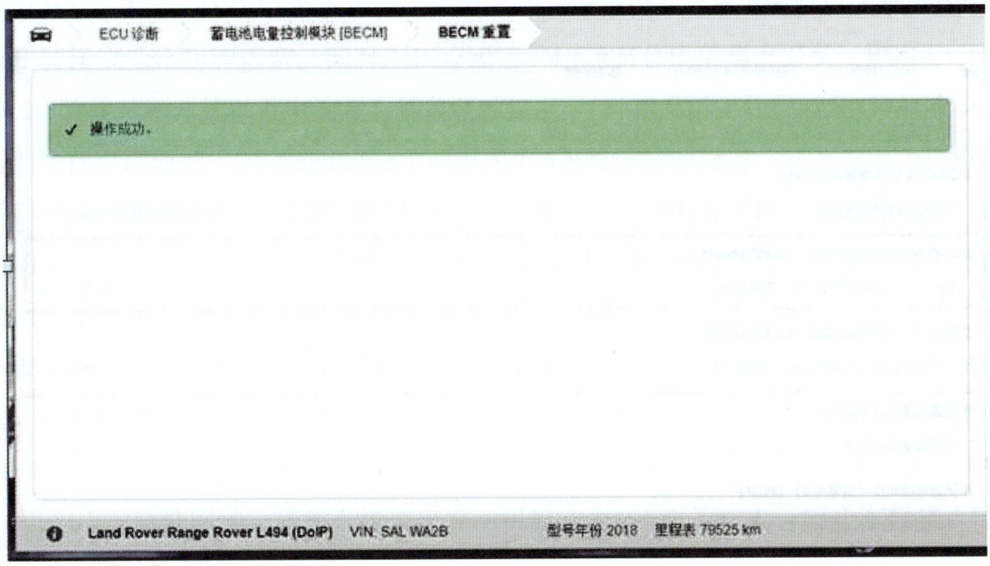

图2-93

使用诊断仪查看EV模式禁用相关数据流，发现EV模式禁用–系统禁用–当前状态中12V电源系统请求发动机开启状态为Yes，动力传动系统控制模块请求发动机开启Yes，说

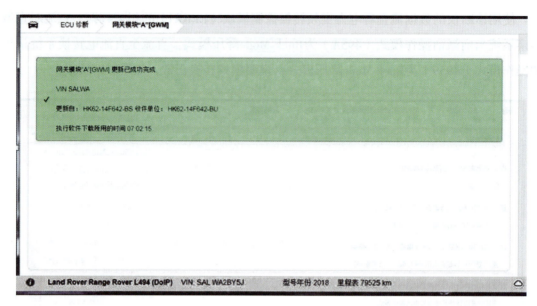

图2-97

十二、2018年路虎揽胜运动PHEV行驶（40~50km/h）时，仪表突然提示变速器故障，稳定控制不可用、HDC不可用、自动紧急制动不可用、前方预警不可用，停车重新启动

车型：路虎揽胜运动PHEV。

行驶里程：6384km。

年款：2018年。

故障现象：客户反映行驶（40~50km/h）时，仪表突然提示变速器故障，稳定控制不可用、HDC不可用、自动紧急制动不可用、前方预警不可用，停车重新启动，故障依旧，挡位也无法挂挡，安排道路救援拖车进店（道路救援）。

故障诊断：启动车辆，仪表上提示"稳定控制不可用小心驾驶、HDC不可用、自动紧急制动不可用、前方预警不可用"变速器故障，且会自动熄火并自动着车，如图2-98所示，车辆无法挂挡。

询问客户了解到车辆故障前有涉水行驶过。查询TOPIX和WASP无相关的技术公告和服务活动未执行。查看车辆外面和底盘没有磕碰撞击的痕迹。尝试锁车休眠后重试，故障依旧。使用诊断仪读得故障码为P0A2A-92、P0A2A-2A、P0A3F-01、P0A40-00和P0A3F-2F等。清除故障码后，故障依旧，重新读得故障码为P0A3F-01驱动电机"A"位置传感器电路-一般电气故障、P0A3F-2F驱动电机"A"位置传感器电路-信号不稳定，如图2-99和图2-100所示。

图2-98

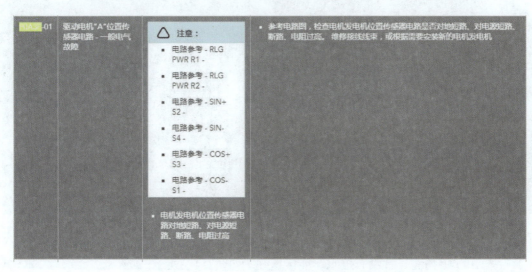

图2-99

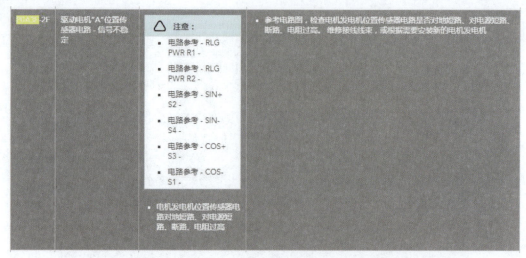

图2-100

检查EPIC至驱动电机"A"位置传感器电路的各插头（C11-HT2、C1YB05、C1YB02），插接到位，针脚没有退缩、断路等异常情况，如图2-101所示。

检查C11-HT2、C11-HT1有轻微的进水情况，如图2-102所示。

图2-101

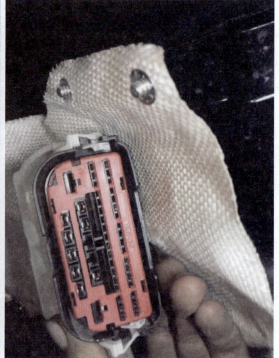

图2-102

检查C1YB05插头正常没有进水，插接良好，如图2-103所示。

检查EPIC插头C1YB02出现严重的进水情况，插座、插头针脚出现腐蚀的情况，如图

2-104所示。

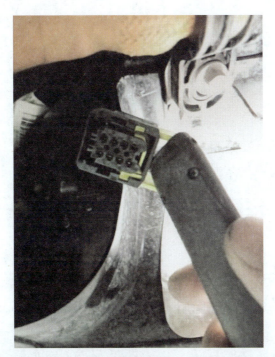

图2-103

图2-104

　　将各进水的插头清洁、处理干净，将插头装回后，重新测试，故障依旧。重新读得故障码为P0A3F-2F 驱动电机"A"位置传感器电路 - 信号不稳定、P0C50-56驱动电机"A"位置传感器电路 - 配置无效/不完整，如图2-105和图2-106所示。

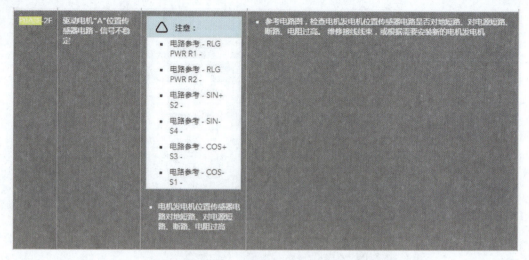

图2-105

| P0C50-56 | 驱动电机"A"位置传感器电路 - 配置无效/不完整 | ■ 未校准电机发电机位置 | ■ 使用 Jaguar Land Rover 认可的诊断设备，运行应用程序 - ECU 诊断/电力变频转换器 (EPIC)/ECU 功能/校准驱动电机的电动驱动 |

图2-106

根据P0C50-56的可能原因及措施，执行电机校准，提示失败，如图2-107所示。

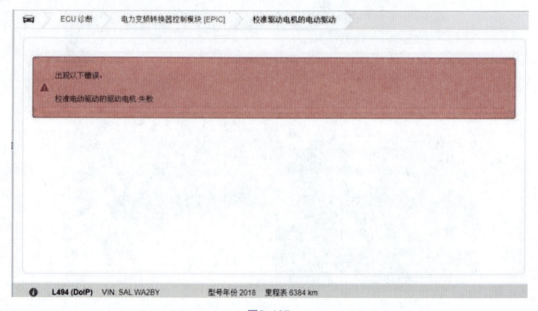

图2-107

测得C1YB02-76、77、70、69、78、71分别对C1YB05-7、3、6、2、4、8之间的电阻均为0.2Ω，如图2-108所示，说明线路正常。

根据上述的检查和检测结果，确认EPIC插头C1YB02密封不良，导致EPIC连接器插头进水腐蚀EPIC插头针脚，各针脚腐蚀损坏EPIC，需要更换EPIC和进水的线束。

图2-108

　　故障排除： 更换EPIC及EPIC的连接线束，使用诊断仪对EPIC进行编程后测试故障排除。

　　故障总结： 故障诊断前先了解客户的使用情况，有助于快速的查找故障根源，案例中通过了解到客户在故障前有进行过涉水行驶，通过诊断仪读到的相关故障码，对故障码涉及的相关线路连接器进行检查，进而快速地发现故障点。

第三章
奥迪车系

第一节　奥迪A3 e-tron

2015年奥迪A3 e-tron高压蓄电池无法充满电

车型： 奥迪A3 e-tron。

发动机型号： CUK。

VIN： WAUU9D8VXFA×××××。

行驶里程： 11059km。

故障现象： 车辆高压蓄电池的电通过充电桩经常不能将电量充满，客户单独安装了电度表，抱怨以前可以充入8kWh电，现在只能充入6kWh电。

故障诊断：

维修企业处理情况：

（1）经销商诊断车辆，故障码：P0A1F00蓄电池能管理控制单元，被动/偶发。

（2）根据故障引导，需要更换J840。

（3）更换J840后，车辆无法启动。

厂家处理：

（1）检查J840软件版本，原车J840软件版本：0532；新订J840软件版本：0753。

（2）更换新J840备件后，进行在线SVM对比，正常。

（3）更换新J840后，试车，车辆无法启动，经销商反馈抱怨再现。

（4）重新将旧的J840更换回原车，故障码可以完全清除，车辆使用正常。

（5）将旧J840更换回原车后，检查充电情况，可正常充电。

（6）怀疑是新的J840软件版本与该车不兼容或者该车后台数据有问题。

（7）与德国方面联系，关于J840故障有升级行动，但是该车不在范围内。

故障可能原因：

（1）更换J840（软件版本：0753）车辆无法启动，可能是软件无法兼容或该车后台数据有缺陷。

（2）关于客户抱怨：以前可以充入8kWh电，现在只能充入6kWh电，德方专家与Audi AG沟通，如果检测到民用电流不稳定，J840会控制充电量，充入6kWh左右停止充电，保护高压蓄电池。

故障排除：将旧的J840更换回原车，重新SVM对比，清除故障码。经销商向客户解释充电量情况。

故障总结：

（1）关于奥迪A3 e-tron高压蓄电池充电量多少，由多方面因素影响，例如：为保证车辆正常使用，需要保留30％的电量，低压蓄电池是否亏电，充电过程中是否使用车上电器，充电电流是否稳定等。

（2）关于经销商反馈高压蓄电池充电后只能行驶30多千米（标定：50km）。标定50km是在非常理想化的道路环境下测定的，根据路况、车速、环境温度、电池续航能力衰减及车辆上电器负载情况不同等各个方面的影响情况下，电动模式行驶30km是正常情况。

第二节 奥迪A6L e-tron

一、2018年一汽奥迪A6L e-tron充电时MMI显示屏显示故障

车型： 一汽奥迪A6L e-tron。

VIN： LFV0A24G5J×××××××。

发动机型号： CPE。

行驶里程： 310km。

故障现象： 一汽奥迪A6L e-tron充电时MMI显示屏显示"在充电系统中发生了一个错误"，如图3-2-1和图3-2-2所示。

图3-2-1

故障诊断： 在给高压蓄电池充电时，MMI显示屏上会提示故障，同时充电桩的漏电保护器会跳闸。诊断仪检测C6中故障码：P31E200交流电网供电充电插座A短路。检查充电插头到高压蓄电池充电装置1 AX4的线路正常，无虚接、破损、短路现象。查询相关SSP自学手册，分析该车应该为高压蓄电池充电装置1 AX4内部损坏。将试驾车上高压蓄电池充电装置1 AX4替换到该车上，发现故障码消失。用充电桩对车辆进行充电，发现充电桩的漏电保护器还是会跳闸。又重新对高压蓄电池充电装置1 AX4系统部件进行检查未发现异常，确定安装正常。分析可能该充电桩在确定故障现象时，由于高压蓄电池充电装置1 AX4的损坏导致充电桩内部烧毁，又换了一个充电桩后，充电一切正常。

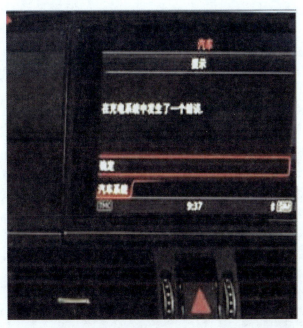

图3-2-2

高压蓄电池充电装置1 AX4内部损坏导致给高压蓄电池无法正常充电，同时还会导致充电设备损坏。

故障排除：更换高压蓄电池充电装置1 AX4。

故障总结：该车故障检查起来难度并不大，只要根据自学手册及VAS6150B中指导就可以排除该故障，但要注意的就是在出现和该车一样的故障码及故障现象时千万不要再去用充电设备去验证故障现象，否则就会出现充电设备的烧毁，已经用实际行动证明了，希望此案例能给从事维修工作的技师带来一些帮助。

二、2016年一汽奥迪A6L e-tron真空泵熔断丝频繁熔断

车型：一汽奥迪A6L e-tron。

VIN：LFV0A24G6G3×××××。

发动机型号：CPE。

行驶里程：666km。

故障现象：真空泵熔断丝频繁熔断。

故障诊断：客户描述仪表有"电力驱动系统故障"。连接诊断仪，地址码01中有故障码"P142900：制动器真空泵启动断路主动静态。"根据检测计划对电动真空泵执行元件诊断，诊断结果为电动真空泵不工作。查询电路图发现电动真空泵熔断丝已熔断，如图3-2-3和图3-2-4所示。

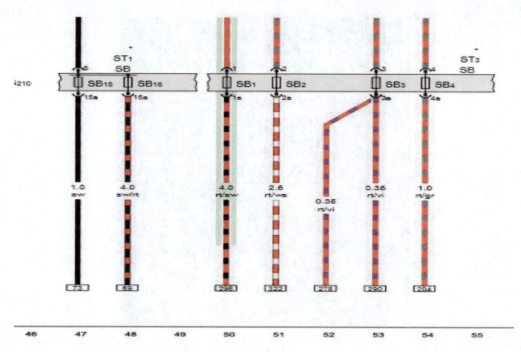

图3-2-3

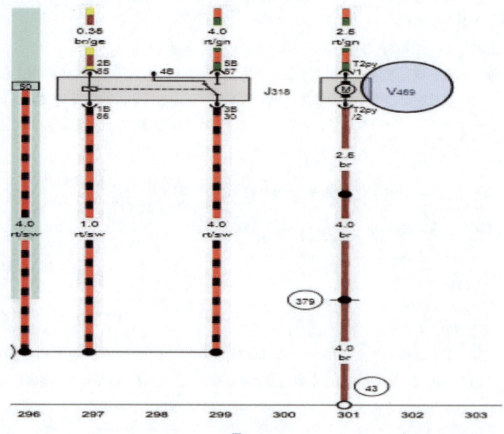

图3-2-4

更换熔断丝后试车故障依然存在，经检查发现熔断丝又熔断，检查相关线路均正常。拆下电动真空泵发现管路中有机油流出，如图3-2-5所示。检查管路发现机油来自机械真空泵。

图3-2-5

拆卸机械真空泵检测发现机械真空泵内单向阀损坏。经拆解分析，由于机械真空泵内单向阀损坏机油被吸进电子真空泵内，导致电子真空泵内机油过多无法压缩空气，将电子真空泵内部损坏卡死，如图3-2-6所示，无法转动从而熔断丝频繁熔断。

图3-2-6

故障原因： 机械真空泵内单向阀损坏导致电子真空泵损坏从而仪表报警。

故障排除： 更换机械真空泵和电子真空泵。

三、一汽奥迪A6L e-tron无法充电

故障现象： 一汽奥迪A6L e-tron通过随车充电器无法充电，经销商通过微信与客户确认：车辆无故障提示，充电过程无法启用，而使用公共充电桩方式可以充电。初步判断随车便携式充电器损坏。

故障诊断： 使用VAS6150E检测6C-J1050控制单元无相关故障码，进入引导功能故障查询读取高压蓄电池充电器J1050数据流，发现高压充电枪拔下或是插入充电接口内高压充电插头的状态始终显示"未锁止"，充电插头"立即充电按钮E766"指示灯红色灯常亮，插头已识别但未锁止；无法充电，数据流如图3-2-7和图3-2-8所示。

测量车载充电电缆插头中CP（Control Pilot，车辆许可/取消充电）与PE（Protected Earth，接地）检测插头内部"R4、S3、RC"，如图3-2-9所示。检测"S3"电阻为3.53kΩ（如图3-2-10所示），按压充电枪上按钮开关无变化。

对正常充电插头进行测量，按压充电枪上按钮开关，"S3"电阻在220.1Ω、97.1Ω、3.55kΩ来回变化（如图3-2-11所示），替换高压充电枪上到充电器的线缆，故障排除。

读取测量值	插入前瞬间识别		
测量值名称		**ID**	**值**
▽ 蓄电池充电插座A控制信号		IDE08423	
	当前	MAS04136	7.6 A
	频率	MAS02949	1000 Hz
	控制电压	MAS02952	6065.0 mV
	占空因数	MAS03873	12.8 %
	识别到信号	MAS07262	1
▽ 蓄电池充电插座A		IDE08421	
	充电插座A充电盖解锁促动	MAS10983	未请求
	充电插座A充电盖锁止状态	MAS07567	未锁止
	充电插座A充电盖锁止控制	MAS07565	未请求
	插头解锁请求	MAS07222	0
	插头锁止机构请求	MAS07221	0
	高压充电插头锁止件	IDE05431	锁止
	插头识别状态	MAS07220	已安装
	充电插头最大电流	MAS07223	32 A
	AC温度传感器充电插座	MAS12565	18.0 ℃
	DC温度传感器充电插座	MAS12566	-55.0 ℃
▷ 充电盖板A锁止次数		MAS12397	

图3-2-7

读取测量值　　由于安全原因识别退出，无法充电。

测量值名称	ID	值
˅ 蓄电池充电插座A控制信号	IDE08423	
当前	MAS04136	0.0 A
频率	MAS02949	0 Hz
控制电压	MAS02952	0.0 mV
占空因数	MAS03873	0.0 %
识别到信号	MAS07262	0
˅ 蓄电池充电插座A	IDE08421	
充电插座A充电盖解锁促动	MAS10983	未请求
充电插座A充电盖锁止状态	MAS07567	未锁止
充电插座A充电盖锁止控制	MAS07565	未请求
插头解锁请求	MAS07222	0
插头锁止机构请求	MAS07221	0
高压充电插头锁止件	IDE05431	未锁止
插头识别状态	MAS07220	不存在
充电插头最大电流	MAS07223	0 A
AC温度传感器充电插座	MAS12565	18.0 ℃
DC温度传感器充电插座	MAS12566	-55.0 ℃
› 充电盖板A锁止次数	MAS12397	

图3-2-8

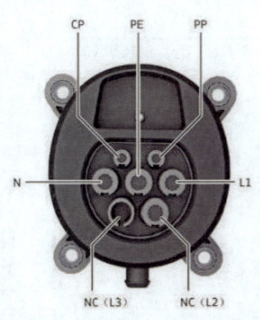

CP.车辆许可/取消　L1.AC相位1　L2.AC相位2　L3. AC相位3　N.中性导体　NC.未占用　PE.接地　PP.最大电流强度/导线横截面

图3-2-9

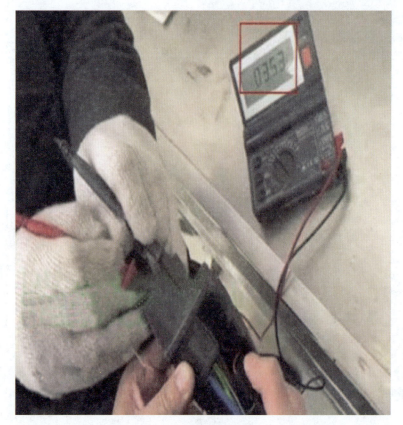

图3-2-10

测量正常高压充电线，按压充电枪上按钮开关发现电阻
在"S3"电阻值220.1Ω、97.1Ω、3.55KΩ进行来回变化。

图3-2-11

故障排除：更换充电控制器至车辆充电插座间的线缆，如图3-2-12所示。

图3-2-12

故障总结：此车故障现象比较具有代表性，但若不经过进一步确认，很可能最终更换的是整套随车便携式充电器。但经讨经销商细致的检查和确认后，最终确定为控制器至车端的这一段电缆。同时分析过程中结合了国标的理解，加深了对充电系统的认识。

至于补充的内容，理论部分可以参考国标：

（1）GB/T18487.1-2015电动汽车传导充电系统第1部分：通用要求附录A充电模式2连接方式B的电路原理图。

（2）GB/T 20234.2-电动汽车传导充电用连接装置第2部分-交流充电接口。

对于阅读示意图，有两处值得注意：

其一，就是车辆接口这一列，左侧绿色背景"车辆插头"对应C7 e-tron是连接在控制器的这个充电电缆，也就是本案例的故障件。右侧橙色背景车辆插座就是车上的充电接口，此处在单独分析时应当一分为二，在虚线处断开，如图3-2-13所示。

其二，就是测量充电插头和充电接口时，注意插接针脚的镜像关系，找准需要测量的端口。充电线缆侧充电接口如图3-2-14所示，电动汽车侧充电接口如图3-2-15所示。

维修企业描述测量充电插头CP与PE间的电阻，而通过照片可以发现实际是测量的CC与PE间的电阻，如图3-2-16所示。电路示意图也说明了这一点，CC与PE之间是测量R4和RC电阻的这条线路。

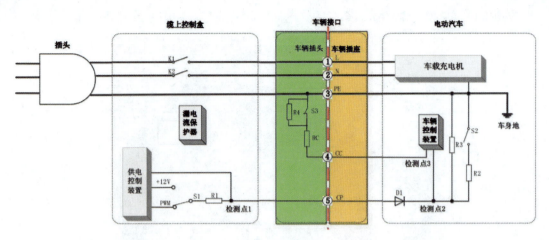

图3-2-13

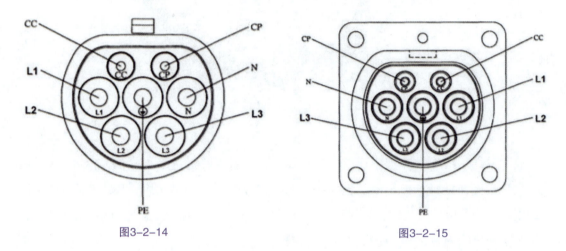

图3-2-14   图3-2-15

RC	R4	S3	车辆接口连接状态及额定电流
—		—	车辆接口未完全连接
—		断开	机械锁止装置处于解锁状态
1.5 kΩ/0.5 Wᵃ	—	闭合	车辆接口已完全连接,充电电缆容量为10 A
1.5 kΩ/0.5 Wᵃ	1.8 kΩ/0.5 Wᵇ	断开	车辆接口处于半连接状态
680 Ω/0.5 Wᵃ	—	闭合	车辆接口已完全连接,充电电缆容量为16 A
680 Ω/0.5 Wᵃ	2.7 kΩ/0.5 Wᵇ	断开	车辆接口处于半连接状态
220 Ω/0.5 Wᵃ	—	闭合	车辆接口已完全连接,充电电缆容量为32 A
220 Ω/0.5 Wᵃ	3.3 kΩ/0.5 Wᵇ	断开	车辆接口处于半连接状态
100 Ω/0.5 Wᵃ	—	闭合	车辆接口已完全连接,充电电缆容量为63 A
100 Ω/0.5 Wᵃ	3.3 kΩ/0.5 Wᵇ	断开	车辆接口处于半连接状态

RC、R4 的精度为±3%。

图3-2-16

对故障充电线缆测量，阻值固定为3.53kΩ，不受S3开关影响。根据国标可以推测此电缆容量为32A，S3断开时阻值应为220Ω，常态闭合时应为3.52kΩ。查看SSP650中关于Q7 e-tron随车便携式充电器的描述，推测的电缆容量32A可信，如图3-2-17所示。

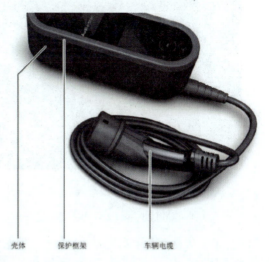

相位 L1、L2 和零线 N 在充电过程中通过内部接触器接通。接地 PE 以及导线 PP 和 CP 直接与车辆相连。从操作单元至充电装置，可能的故障电流通过内部故障电流保护开关监控。

连接电缆带家用插头时，电流消耗最高 10 A；连接电缆与工业插座相连时，电流消耗最高 32 A。连接到工业插座时，视国家而定，根据连接电缆的不同，通过 1 个或 2 个相位从交流电网中耗用电流。

充电功率可由用户设置为 50 % 或 100 %。该设置保持不变，直至充电单元从电源脱开。
与工业插座连接时，数值自动设置为 50 %。
操作单元拥有自诊断并经由显示屏给出已识别的故障。

操作单元配备一个温度监控。如超过允许的温度，则充电过程中断，直至温度重新回到允许的范围。

为了防止未经授权的访问，操作单元可设定一个 4 位数的 PIN 码。

充体　　保护框架　　车辆电缆

图3-2-17

维修企业在测量正常充电器电阻值时，出现阻值的跳变目前较难解释，可能是连接充电控制器干扰导致，可以将这一段电缆从充电控制器上拆下后测量。

四、2018年一汽奥迪A6L（C7）e-tron充满电行驶几千米，EV模式不可用

车型：一汽奥迪A6L（C7）e-tron。

VIN：LFV0A24G0J3××××××。

故障现象：把车辆充满电，在EV模式下陪同客户行驶几千米，仪表提示EV模式不可用，切换为发动机驱动，确认故障存在，如图3-2-18所示。预测信息反馈：如果系统认为您应该松开加速踏板以便节能驾驶，那么在加速踏板上会有触感反馈信号。

故障诊断：

（1）用诊断仪VAS6150E读取故障码，高压系统无相关故障记录。

（2）行驶中，读取008C测量值，未发现高电压有明显电压变化，只是驱动形式变成发动机驱动。

（3）此时按照之前的维修经验，在高压系统检查中未发现异常点，便重新检查故障码，发现有12V车载电网，电气故障记录，按其引导需更换12V副蓄电池A1，读取副蓄电池A1充电状态为50%。

（4）查询相关使用说明书、维修手册，未发现相关介绍。

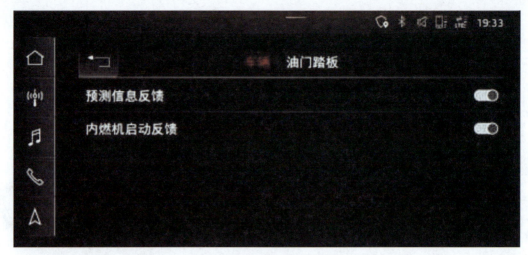

图3-2-18

（5）当查询到带有48V/12V轻混车辆的使用说明书时有相关解释说明。

（6）更换12V副蓄电池A1并进行匹配，试车未发现有EV模式不可用的情况，确认故障排除。

由于本车为高电压车辆，按照之前的维修经验，无法纯电驱动就认为是高压系统有故障，从而忽略轻混燃油车的驱动原理，继而忽略车辆故障的重要信息；本车12V副蓄电池A1电量过低/本身损坏，导致车辆在滑行模式，无法辅助驱动，继而切换为发动机驱动，无法在EV模式下行驶。

故障排除： 更换12V副蓄电池A1。

五、2019年一汽奥迪A6L（C8）e-tron怠速抖动

车型： 一汽奥迪A6L（C8）e-tron。

VIN： LFV2A24K9K3××××××。

故障现象： 发动机怠速一直抖动。

故障诊断： 此车售出当晚因车辆无油，行驶至高压没电抛锚。经销商救援，加满油后，车辆发动机抖动，拖车至店内检查。将高压蓄电池充满后进行检查发现，抖动时车辆无故障码，第3缸每千转失火约10次以上。先后执行如下操作均未能排除故障：

（1）与试驾车对调火花塞及点火线圈。

（2）对调高压油轨、4个喷油器及线束。

（3）J623重新编码，对调J628。

（4）发动机线束中对调第2、第3缸喷油器线束针脚。

（5）更换主供电继电器。

（6）对调高压燃油泵、燃油泵及燃油泵控制器。

（7）拆解发动机检查。

现场试车，故障确实存在，发动机严重抖动。读取数据流，混合气过稀，3缸多次失火，怀疑为喷油系统或进气系统出现故障。断开前后氧传感器，故障依旧。燃油压力正常，燃油供给系统相关部件均已倒换过，排除燃油系统故障。数据流中节气门开度与对比车不同，尝试更换节气门，检查进气歧管，未能排除故障；测量喷油器的控制信号，发现3缸喷油器无控制信号，偶发4缸喷油器无控制信号；判断问题仍然出现在控制信号上。使用万用表测量发动机控制单元供电，数值在11~13V之间波动；观察供电波形，数值波动较大，最小值低于6V。检查发现，发动机控制单元供电保险熔断，更换后，车辆恢复正常。

该车在销售前，曾因发动机可以启动但无法挂挡、发动机无法启动，启动后功率表指针有时摆动，挂挡不走和更换过发动机控制器。可能由于原有控制单元故障，导致保险熔断。后续更换控制单元未能发现保险问题，导致了抖动抱怨。由于是混动车型，供电保险熔断后，发动机控制单元仍然存在电压，但波动较大。供电不足导致了喷油器不喷油，进而导致发动机抖动。

故障排除： 更换发动机控制单元供电保险。

故障总结： 混动车型，在发动机控制单元供电保险熔断的情况下，仍然能够成功启动并维持发动机运转，这对以后相关车型的维修具有借鉴意义；另外，在分析问题时，应该更注重基础性的检查，然后再进行针对性的深入分析。

六、2020年一汽奥迪A6L 55 TFSI e quattro新换制动助力控制单元J539无法匹配

车型： 一汽奥迪A6L 55 TFSI e quattro。

VIN： LFV2A24K7L3××××××。

故障现象： 索赔更换新件制动助力控制单元J539时无法执行匹配。

故障诊断： 该车因OBD报警ODIS检测0001-发动机电控装置储存有U103F00：制动助力控制单元信号不可信，被动/偶发；0003-制动电子装置储存有C059800：制动助力控制单元功能失效，被动/偶发；0023-制动助力器储存有P05E000：制动踏板行程传感器1/2一致性，被动/偶发。测试计划直接提示0023-制动助力器的更新程序，由此厂内申报索赔J539。在备件到货后按维修手册进行了安装后，通过ODIS执行更新程序，执行J539控制单元更新时提示检查踏板的两个位置值，其中踏板位置1：0.44mm，踏板位置2：0.49mm。测试计划提示：如果显示某个踏板位置的值大于0.25mm，则必须更换制动助力控制单元J539。据此程序无法执行且测试计划提示检测结果表明制动助力控制单元J539

损坏。其原因为安装不正确或硬件处理不符合规定。更换制动助力控制单元J539，如图3-2-19所示。

控制单元通信（事故数据记录仪（UDS））：
控制单元： 制动助力器 (LL_BrakeBoostUDS)
工作状态： OKAY
+ 服务： DiagnServi_ReadDataByIdentMeasuValue (制动踏板位置传感器，位置)

活动：信息
  踏板位置 1: 0.44mm
  踏板位置 2: 0.49 mm

- 检查踏板的两个位置值
- 在检测后按下 按钮。

提示：
如果显示某个踏板位置的值 > 0.25mm，则必须更换控制单元制动助力控制单元-J539。

活动：信息
检测结果表明控制单元 制动助力控制单元-J539 损坏。其原因为安装不正确或硬件处理不符合规定。

更换控制单元制动助力控制单元-J539。

维修手册：
--> 底盘 > 制动装置 > 维修组 47（制动器液压系统）

为此执行程序23 - 更换控制单元。

图3-2-19

由于是第一次更换J539初步认为安装问题，又重新梳理了一下维修步骤，发现仅一处注意事项如图3-2-20所示。

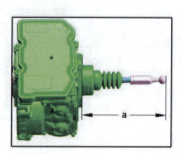

图3-2-20

再次将J539拆下对螺杆位置进行测量调整，如图3-2-21所示。

图3-2-21

装复后发现踏板位置传感器位置以及超出0.25mm，基本无变化，同时对J539结构重新分析，发现其实踏板位置传感器在J539内部与此处的螺杆位置基本无关，怀疑是不是新件有问题，并非安装问题。将原车J539装回执行匹配看踏板位置传感器位置情况发现，原车J539位置正常，如图3-2-22所示。

图3-2-22

将备件J539再装到试驾车确认新件问题，发现装到试驾车后踏板位置传感器仍然大于0.25mm，至此认定备件J539内部故障，如图3-2-23所示。

再次订购J539更新正常完成。

故障排除：备件索赔，再次更新J539。

故障总结：新件不一定就是好的。

图3-2-23

七、2020年一汽奥迪A6L 55 TFSI e quattro电驱动系统故障

车型： 一汽奥迪A6L 55 TFSI e quattro。

VIN： LFV2A24KOL3××××××。

故障现象： 行驶中仪表报电驱动系统故障。

故障诊断： 客户描述行驶仪表报警电驱动系统故障，诊断仪检查电驱动装置故障码为P0A2E00行驶电机温度传感器断火，偶发。查询无相关TPI，无相关维修记录。查询电路图，G712直连至J841，中间有一处节点，对中间节点及J841插头进行检查，线束插头针脚未发现异常。根据引导型故障查询，对电驱动系统控制单元及行驶电机温度传感器G712进行检测。根据引导提示连接专用工具VAS6606和VAS6606/10及替代工具VAG1630，断开G712插头。断开行驶电机温度传感器G712在VAS6606上至电驱动系统控制单元J841的跨接点，在VAS6606至控制单元J841端连接VAG1630进行模拟电阻，对J841进行检测，模拟10000Ω电阻，J841反馈温度88℃，不在正常范围内。根据引导判断为电驱动装置控制单元J841故障。更换电驱动装置控制单元J841，试车故障再次出现。再次根据引导型故障查询，对电驱动系统控制单元及行驶电机温度传感器G712进行检测。对J841进行模拟电阻10000Ω、4100Ω、1240Ω，J841反馈温度均正常，判断为传感器G712故障。G712与G713连接形式相同，参考G713故障更换G712，更换进口变速器线束，更换主线束中转端的插头及其6根端子和线束，更换主线束JX1端的插头及回路相关的6根端子和线束后试车，故障排除。

G712行驶电机温度传感器为负温度系数传感器，通过独立线束连接至J841，J841通过电阻模拟温度信号。G712电阻出现异常导致故障。

故障排除： 更换G712及相关线束针脚。

故障总结： 此问题复杂点在与G712行驶电机温度传感器为负温度系数电阻传感器，没有有效的检测手段。G712的安装位置比较特殊在变速器与发动机中间电机上，替换比较麻烦。通过专业工具给控制单元模拟信号来判断控制单元是否存在故障存在一定偏差。

八、2020年一汽奥迪A6L 55 TFSI e quattro无法纯电行驶

车型： 一汽奥迪A6L 55 TFSI e quattro。

VIN： LFV2A24K8L3×××××。

故障现象： 此车于3月8日因故障码P0A4000：牵引电机转子位置传感器信号不可信更换了电机线束及针脚，试车时发现启动时可以纯电动行驶，一旦发动机介入后，低速行驶发动机也无法熄火，无法再次纯电行驶。但重新开关点火开关后还以纯电行驶至发动机介入，如图3-2-24所示。

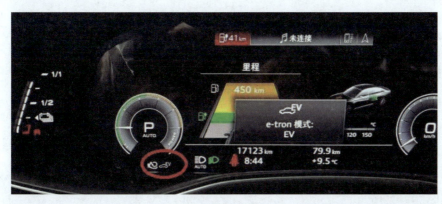

图3-2-24

故障诊断： 用VAS6150E检查无相关故障码，查询无相关SOST及TPI。但此前换线束的车辆也没遇到此类情况。想起此车换线束时客户反映发动机有时抖动，并存储有P001100：气缸列1，凸轮轴滞后点火调节目标未达到被动/偶发。因此，在换完线束后直接用TPI01A267对发动机控制单元进行了升级，并升级成功。难道是因为此步骤引起的，如图3-2-25所示。

分析引起此故障原因：TPI01A267对此车型不适用，升级时编码丢失；升级时插电混动车型特有的匹配项丢失；SVM码不适用，导致此电脑内程序紊乱报废。查询TPI01A267不针对此车型发动机控制单元，但不适用不是应该在升级时直接弹出，为什么此车竟然升级成功了，如图3-2-26所示。

也址: 0001 系统名: 0001 - 发动机电控装置 协议改版: UDS/ISOTP (Ereignisse: 5)

　⊞ 识别:

　⊟ 故障存储器记录 (数据源: 车辆):

　　　故障存储器记录
　　　编号:　　　　　　　　　　　　　　　　　P001100: 气缸列1, 凸轮轴滞后点火调节 目标未达到
　　　故障类型 2:　　　　　　　　　　　　　　被动/偶发
　　　症状:　　　　　　　　　　　　　　　　　14870
　　　状态:　　　　　　　　　　　　　　　　　01100000

　　　⊟ 标准环境条件:
　　　　　日期:　　　　　　　　　　　　　　　21-2-16
　　　　　时间:　　　　　　　　　　　　　　　19:45:05
　　　　　里程 (DTC):　　　　　　　　　　　　16111
　　　　　优先等级:　　　　　　　　　　　　　2
　　　　　频率计数器:　　　　　　　　　　　　1
　　　　　遗忘计数器/驾驶周期:　　　　　　　255

　　　⊟ 高级环境条件:
　　　　　发动机转速　　　　　　　　　　　　796.25　　　　　　　　r/min
　　　　　标准负荷值　　　　　　　　　　　　14.90196106　　　　　%
　　　　　车速　　　　　　　　　　　　　　　6　　　　　　　　　　km/h
　　　　　冷却液温度　　　　　　　　　　　　82　　　　　　　　　　℃
　　　　　进气温度　　　　　　　　　　　　　39　　　　　　　　　　℃
　　　　　环境气压　　　　　　　　　　　　　1010　　　　　　　　　mbar
　　　　　接线端30电压　　　　　　　　　　　14.57　　　　　　　　V
　　　　　动态环境数据　　　　　　　　　　　20 96 0A 20 1D 00 21 20 1E 00 E1 29 30
　　　　　　　　　　　　　　　　　　　　　　11 C1 39 53 03 16 BC 02 16 B1 00 20 A1
　　　　　　　　　　　　　　　　　　　　　　03 20
　　　　　根据OBD的未学习计数器　　　　　　10
　　　　　气缸列1进气凸轮轴调节, 标准值　　3.3　　　　　　　　　°
　　　　　气缸列1进气凸轮轴调节, 实际值　　22.5　　　　　　　　°
　　　　　进气凸轮轴调节, 气缸列1, 启动　　45.45　　　　　　　　%
　　　　　发动机状态　　　　　　　　　　　　idle
　　　　　STATE_PWM_VCP[IN_1]　　　　　　　PAS
　　　　　STATE_VCP　　　　　　　　　　　　PASSIVE
　　　　　计算得到的机油温度　　　　　　　　80.0　　　　　　　　　℃

图3-2-25

对C8 DKW 发动机P0011故障, 奥迪发布了TPI2059681/1, 通过01A267升级发动机电脑至0009 版本来解决该问题, 针对该升级, 有以下几点说明
升级目前只针对C8 DKW 165KW, 软件版本号为0006/0007的车辆
对软件版本号为0005的车辆, 奥迪产品支持部正在推进
02版本是今年针对DKW 140KW发动机开发的新版本, 目前不涉及该问题, 如果出现P0011, 请反馈至tao.peng@faw-vw.com
果针对0006/0007版本的商品车进行升级, 若升级后出现仪表启停系统故障, 请ODIS激活启停系统 (50KM后自动激活)
相同零件号及版本也涉及P0011问题, 目前无法升级, 奥迪产品支持部正在推进

图3-2-26

查询在线诊断报告, 发动机控制单元版本已由001升至002。对比编码在升级前后无改变, 如图3-2-27所示。

硬件零件号 06L907425B
零件号:　　4KD906259C
硬件版本号 H07
软件版本号 0002
制造日期:　19.09.2019
编码:　　　⊞
编码:　　　0A6540120526050D340A08000000000000000000000000000

图3-2-27

用VAS6150E查看发动机匹配项, 对比无改变, 如图3-2-28所示。

难道控制单元真的坏了? 不行就得对调控制单元确认了。抱着死马当活马医的态度, 再做最后的三大招挽救: SVM在线对比; 就绪代码; 虚拟更换发动机控制单元, 如图3-2-29所示。

混合驱动客户服务	$3FFA
—	未激活
定时链更换后的时间偏差，进气气缸列1	$417B

图3-2-28

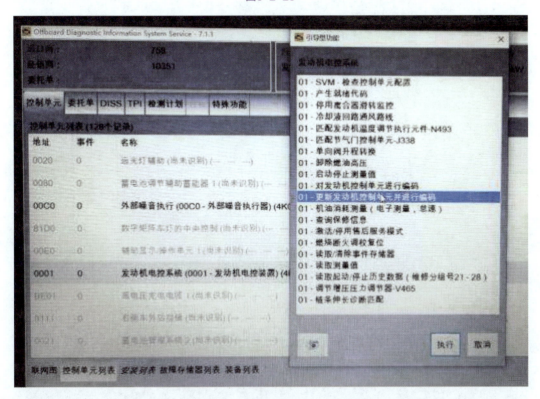

图3-2-29

对发动机控制单元进行SVM检查控制单元配置时，弹出了目前在软件版本管理不支持该车型。提示配置正确，如图3-2-30所示。

图3-2-30

接着对发动机读取就绪代码时发现很多字节非零，难道就是有问题。但非零应该是出现凸轮轴滞后造成的，接着产生就绪代码，又出现了，难道就绪代码也做不成。终于就绪代码成功复位至000 00000100。根据经验，C8到此就可以证明发动机参与工作的部件正常，如图3-2-31所示。

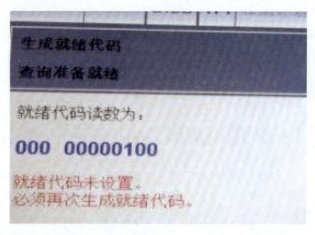

图3-2-31

试车故障依旧，那就剩最后一招了，实在不行就只有调换控制单元了。对发动机控制单元进行虚拟更换（即不实际更换只走程序）。过程中发现颗粒过滤器的负荷等级无法读取，更新成功后颗粒过滤器故障灯亮起，如图3-2-32所示。

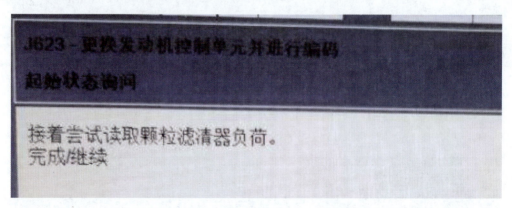

图3-2-32

更新检测计划，读取颗粒过滤器负荷为8000多，等级为5，需要进行车间还原。进行车间还原大约40min后，负荷变为0。故障灯熄灭，试车，可以纯电行驶且发动机介入后，低速时又可切换为纯电行驶。多次试车，确认故障排除。

普通A6无OPF，但TFSI e是带有OPF的，SVM码01A267针对的主要是纯燃油车，导致在升级时OPF的负荷及等级数据丢失，控制单元强制发动机不熄火，无法纯电行驶。插电混动当处于AUTO或HOLD模式时，发动机与电机的切换类似于启停的工作模式。低速时直接关闭发动机，纯电行驶。但此车由于OPF数据丢失，导致类似启停的发动机无法关闭。

故障排除：对OPF进行车间还原，如图3-2-33所示，故障排除。

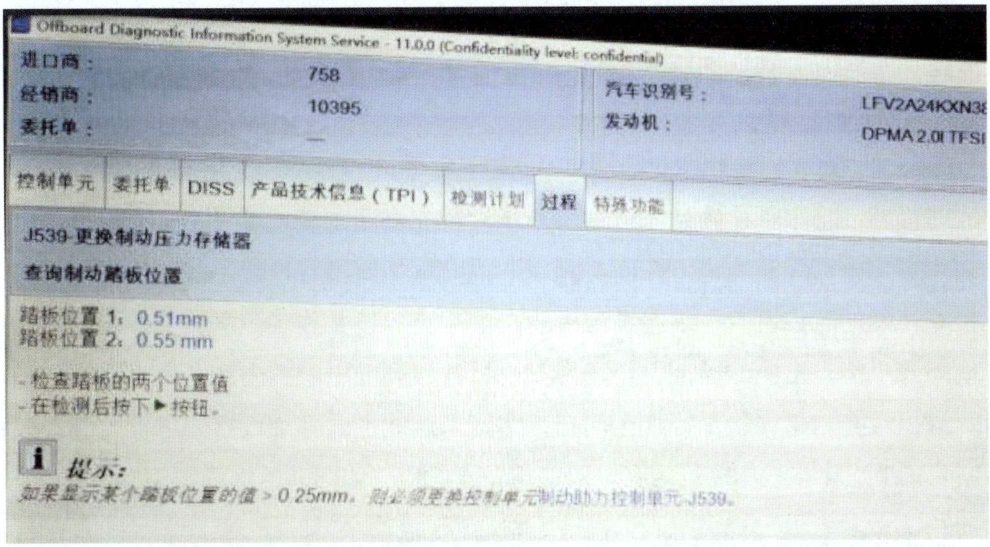

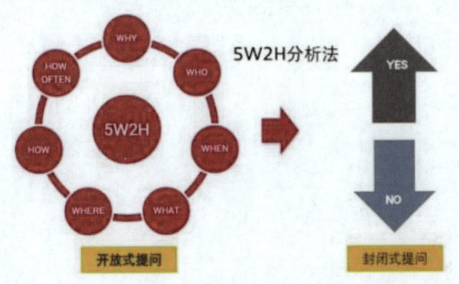

图3-2-33

故障总结：对车辆进行故障诊断前一定要采用5W2H法则来进行诊断前的信息收集、故障分析，以便更精确地锁定故障原因，如图3-2-34所示。

图3-2-34

严格按照TPI或SVM的指导即分析用户抱怨（根据问题描述/原因），以便明确地归类此份TPI。只有在完全符合所有规定标准（车型/型号、车辆识别号、发动机/变速器型号PR编号、零件号、软件版本、编码……）时，才能进行下述维修。否则，采用该售后服务解决方案并不能排除故障，而且可能造成返修。详细了解各部件的工作原理，以便更快更好地排除故障。

九、2020年一汽奥迪A6L 55 TFSI e quattro充电器故障

车型： 一汽奥迪A6L 55 TFSI e quattro。

VIN： LFV2A24K0L3××××××。

故障现象： 对客户抱怨的故障现象进行描述，客户抱怨车辆无法充电。

故障诊断： 将车辆连接到充电桩对车辆进行充电测试发现可以正常充电。跟客户沟通得知车带充电器无法充电。车间经理说店内充电插座没有地线不能测试充电器是否正常。带着怀疑的状态看着电表箱发现里边接着双色导线并连到配电箱上，难道接着地线不接地吗？只能自己测试验证。将车带充电器连接到配电箱插座和车辆上，充电器电源指示灯绿色常亮，错误指示灯红色闪亮，车辆未能充电。仔细观察充电器铭牌，发现如果插座未接地应该接地指示灯闪亮，而此现象不对应，如图3-2-35和图3-2-36所示。

电动汽车线缆控制器总成

P/N/ 产品号码: 33367191
Model/ 型号: 3ED.971.675
Rating Voltage/ 额定电压: 220V AC
Frequency/ 频率: 50Hz
Out Put/ 输出: 8A
Box Sealing Class/ 控制盒防水等级: IP67
Type A RCD/ 额定剩余动作电流: 30mA
产品适用于室内和室外使用
FOR INDOOR AND OUTDOOR USE

1P+N+ ⏚   GB/T 18487.1-2015

IC-CPD Fault indication/ 充电线缆控制器故障指示

Error Type 故障类型		Power LED 电源灯	Charging LED 充电灯	Stop LED 停止灯	Fault LED 错误灯
Interface error in home 家用接口故障	GND error 接地故障	BLINK	ON	ON	ON
	AC voltage error 交流电压故障	BLINK	ON	OFF	ON
	Plug temperature error 插头温度故障	ON	OFF	OFF	ON
Control box error 控制盒故障	Relay contactor error 继电器触点故障	ON	BLINK	OFF	OFF
	Box temperature error 控制盒温度故障	ON	BLINK	OFF	OFF
Vehicle error 车辆接口故障	Overcurrent error 过流故障	ON	ON	OFF	BLINK
	Leakage error 漏电故障	ON	ON	OFF	BLINK
	CP signal error 控制信号故障	ON	OFF	OFF	BLINK
	Diode error 二极管故障	ON	OFF	OFF	BLINK

● ON/灯亮　　✹ BLINK/闪烁　　○ OFF/灯灭

图3-2-35

图3-2-36

经过努力借到同款车充电器插到配电箱插座跟车辆上发现可以正常充电，如图3-2-37所示。

图3-2-37

故障并不复杂，只是很少遇到车带充电器故障，铭牌上标志着故障现象需认真观察，从而找到故障。

故障排除： 更换车带充电器。

故障总结： 建议要有小马过河精神，遇到问题自己多观察，听到的一些的东西未必都对，只有靠自己努力得到经验才最真实。

十、2022年一汽奥迪A6L 55 TFSI e quattro仪表报电力系统故障，驾驶系统故障，无法挂挡

车型： 一汽奥迪A6L 55 TFSI e quattro。

VIN： LFV2A24K8N3××××××。

故障现象： 仪表报电力系统故障，驾驶系统故障，无法挂挡，如图3-2-38所示。

图3-2-38

故障诊断：

（1）仪表报电力系统故障码，驾驶系统故障，无法挂挡故障一直存在。

（2）诊断仪检测01有故障码：U011000电驱动装置的功率电子系统控制器无通信；19有故障码：U121C00电驱动装置的功率电子系统控制器第二总线接口上无通信，U011000电驱动装置的功率电子系统控制器无通信。

（3）引导诊断功率电子装置J841诊断地址无法通信。

（4）按底盘号查询无相关的TPI，查询2021年车型，发现有TPI2061845/3 PHEV U011000电驱动装置无通信，参考TPI锁车休眠20min，故障码无法删除，故障依旧。

（5）引导型故障查询，拔下JX1插头，检查JX1供电T28B/80和T28B/79端子13V正常，T28B/69接地正常，拔下JX1插头测量FLexRay终端电阻97Ω正常（如图3-2-39所示），测量FlexRay数据总线无对地对正短路无相互短路，测量CAN线T28B/60和T28B/61电压正常。

（6）引导结果需更换JX1，更换后故障排除。

图3-2-39

JX1内部故障导致故障报警，挂挡不走。

故障排除： 更换JX1。

故障总结： 在FlexRay数据总线中控制单元数据总线诊断接口J533（网关）构成了星形点。控制单元通过8个分支（每个有2根导线）连接至网关。这些分支由一个、两个或三个FlexRay控制单元组成，如图3-2-40所示。

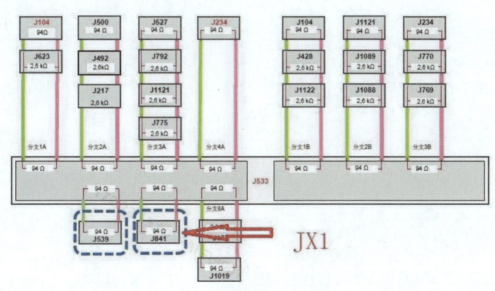

图3-2-40

FlexRay控制单元的电阻值：

J533—（控制单元A）—（控制单元B）—控制单元C支路最后一个控制单元（控制单元C）输入端和输出端之间的电阻始终约为97.2Ω（等于在绿色和粉红色导线之间测得的电阻）。控制单元A和B在数据总线正极与数据总线负极之间的电阻约为2.4kΩ（粉红导线与绿色导线之间的电阻）。控制单元A和B在数据总线正极与数据总线正极（粉红导线）之间的电阻约为0~2Ω（等于短路）。控制单元A和B在数据总线负极与数据总线负极（绿色导线）之间的电阻约为0~2Ω（等于短路）。

第三节　　奥迪Q7 e-tron

一、2019年奥迪Q7 e-tron无法激活EV纯电模式

车型：奥迪Q7 e-tron。

VIN：WAUA8C4M0KD××××××。

故障现象：无法激活EV纯电模式。

故障诊断：

初步分析：

（1）车辆因为发动机控制单元损坏需更新，由于是新车客户抱怨非常大，先用经销商处试驾车发动机控制单元更换在客户车辆上使用。

（2）1月10号客户到店更换新控制单元，更换是按引导型故障按步骤更换，要求做就绪代码时发动机控制单元有分离离合器（V606）无基本设置故障，故障码为P18EF00。

（3）在引导型故障里面有分离离合器作动器诊断（正常），但没有对V606基本设置的选项。

（4）冷车在自诊断对离合器接合点匹配，显示没有满足条件。发动机正常温度时匹配显示功能不可用。

（5）在Elsapro里查询按照更换V606的方式匹配，诊断仪也找不到相关匹配的检测计划。

（6）引导型故障查询无（V606无基本设置故障），只有自诊断里有故障。

（7）其他车辆诊断系统也没有V606匹配功能，诊断仪是最新版本。

远程指导分析：

（1）用户抱怨可以确认，读取诊断报告，01发动机控制单元中存储有故障码P18EF00：分离离合器无基本设置，主动静态。

（2）添加检测计划，执行V606基本设置，无法成功执行，在自诊断中执行切断离合器执行机构，电流/路径特性线匹配，可以听到切断离合器动作的声音，但是依然有故障码P18EF00，故障码无法消除。

（3）与其他车辆对调发动机控制单元后，故障跟随控制单元转移，怀疑发动机控制单元故障，再次订购发动机控制单元，故障依旧存在。

（4）与德国方面多次沟通，获取最新的切断离合器的匹配方法。

执行以下步骤来启动K0切断离合器适配：

（1）打开点火开关，打开发动机盖（诊断过滤器停用，在1km阈值后将重新激活）。

（2）确保车辆边界条件。发动机盖关闭，仪表显示SOC必须至少有2条杠（相对SOC 10%），换挡杆位于P挡。

（3）进入诊断，添加"学习分离离合器作动器V606"检测计划，并执行，注意前提条件要启动基本设置时必须满足以下前提条件：

①发动机罩已关闭。

②发动机关闭。

③蓄电池充电超过40%。

④冷却液温度介于10~60℃之间。

⑤驻车制动器已拉起。

⑥没有相关故障存储器条目在变速器及功率电子装置中。

（4）进入自诊断，发动机01，基本设置。

（5）按顺序逐一添加0402（复位混合离合器的学习值）、0407（复位混合离合器的能量输入值）、0405（匹配混合离合器接触点）。

（6）首先执行0402。

（7）然后执行0407。

（8）踩下制动踏板，再次按下点火开关，使车辆处于e-tron ready模式（组合功率表：指针指向e-tron ready）。

（9）踩下加速踏板至少5s启动发动机；如果在切换到e-tron ready状态时发动机立即启动，则可跳过此步骤（见步骤8）。

（10）松开制动和加速踏板。

（11）执行0405；例行程序启动后，必须在30s内安全踩下制动踏板，再踩下加速踏板，才能开始实际的教学例程，并且必须在整个学习过程中保持该状态。

（12）在适配期间，由于执行器的运动，通常会有声音反馈（K0执行器的"周期性吱吱声"）。在适配过程中，将传授K0特性的不同工作点（即不同的转矩）。在较高的转矩下，发动机通常通过分离离合器短暂地稍微打开，此声音可以听见，并在车辆中也可以感觉到。适应结束后，发动机返回到适应开始之前的状态。匹配完成后，踩住制动踏板再次打开点火开关，此时车辆进入e-tron ready模式，可以成功激活EV模式，故障码变为偶发，可以清除，经试车，确认故障消除。

现版本的ODIS关于V606基本设置无法对新控制单元进行V606的基本设置故障。

故障排除：在自诊断中参照最新的匹配方法进行基本设置。

故障总结：依照现版本的ODIS关于V606基本设置的说明，无法成功执行其基本设置，当发动机控制单元软件被更新，或者发动机控制单元、混合动力模块或分离离合器作动器V606被更换，则需要进行"基本设置"。此时若依照ODIS正常执行基本设置无法成功时，可以参照此方法进行切断离合器的基本设置。

二、2019年奥迪Q7 e-tron 充电经常中断

车型： 奥迪Q7 e-tron。

VIN： WAUA8C4M0KD×××××。

故障现象： 充电时经常会自动中断，MMI中提示充电错误。充电指示灯有时亮红灯、有时自动熄灭（无色），重新开关车门会自动再次激活，再次进入正常充电模式，如图3-3-1所示。

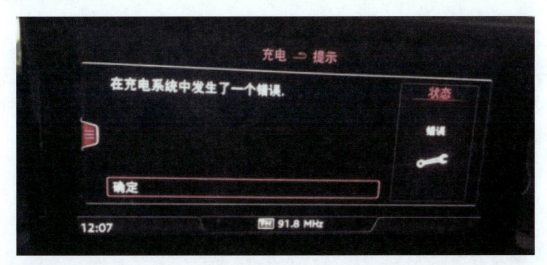

图3-3-1

故障诊断：

（1）用诊断仪VAS6150D读取故障码，6C高压充电装置存有故障码为P31D100充电插座A温度传感器电气故障，P31D200充电插座A过热，如图3-3-2所示。

（2）查询相关TPI和SOST，未找到相关技术文件。于是根据故障码分析，可能引起故障原因有：

①充电桩问题。

②AX4充电装置控制单元问题。

③UX4充电座问题。

④充电座上温度传感器故障。

⑤充电座温度传感器至J1050线束问题。

地址: 00C6 系统名: C6 - 自 19 年款起的 Q7 的高电压蓄电池充电装置 协议改版: UDS/ISOTP (故障: 2)

+ 识别:

- 故障存储器记录:

故障存储器记录
编号: P31D100: 充电插座A温度传感器 电气故障
故障类型 2:   被动/偶发
症状: 14750723
状态: 00001000

+ 标准环境条件:

故障存储器记录
编号: P31D200: 充电插座 A 过热
故障类型 2:   被动/偶发
症状: 14750732
状态: 00001000

+ 标准环境条件:

图3-3-2

⑥其他。

（3）查询车辆维修记录，该车在2019年12月20日因车辆充电故障更换过AX4控制单元（J1050）。查询当时的诊断报告，其故障码为B200000 控制单元损坏（静态），P31D100充电插座A温度传感器电气故障（偶发），P0D9C00蓄电池充电器充电插座温度传感器1对正极短路（偶发），如图3-3-3所示。

```
J840_XX_XXXX_1_1217_21_OBC_Fehlerspeicher_00000
  故障列表:
  控制单元地址                                          故障
  008C                                                 P0D9C00: 蓄电池充电器充电插座温度传感器 1 对正极短路
CAN_4G_J1221_J526_1_0617_21_00000
  故障列表:
  控制单元地址                                          故障
  00A7                                                 U14C200: 实时监控的电子通信系统控制单元 无通信
J1050_4M_X_1_1215_21_Temperatur_Ladedose_00021  L4 L7 L8 L9
  故障列表:
  控制单元地址                                          故障
  00C6                                                 P31D100: 充电插座A温度传感器 电气故障
J1050_4M_X_1_0715_21_Steuergeraet_defekt_00021  L3 L6
  故障列表:
  控制单元地址                                          故障
  00C6                                                 B200000: 控制单元损坏
J1050_4M_X_1_0715_21_Steuergeraet_ersetzen_00021  L5
J1050_4M_X_1_0915_21_Hinweis_Ereignisspeicher_00021
  故障列表:
  控制单元地址                                          故障
  00C6                                                 P33EB00: 蓄电池管理系统 读取故障记录
```

图3-3-3

（4）询问客户更换AX4之后充电是否正常，客户反馈好了近5个月，2020年6月开始再次出现充电故障，前期频率比较低，大约半个月出现一次，目前充电故障频率比较频繁，基本每次充电均会出现。

（5）因故障频率为偶发，根据客户描述充电均使用自己原车的充电桩，未更换其他充电桩充过电。于是尝试用我站充电桩进行充电，故障再现。充电半小时后，充电指示灯熄灭，车辆未进行充电，重新开门后重新激活充电，即排除了充电桩原因。

（6）按照诊断仪引导查询，将高压系统断电后，检查UX4温度传感器电阻，电阻为2620Ω，超出标准（标准为843~1573Ω），如图3-3-4所示，读取传感器温度为100℃多，最后结果为建议更换UX4。

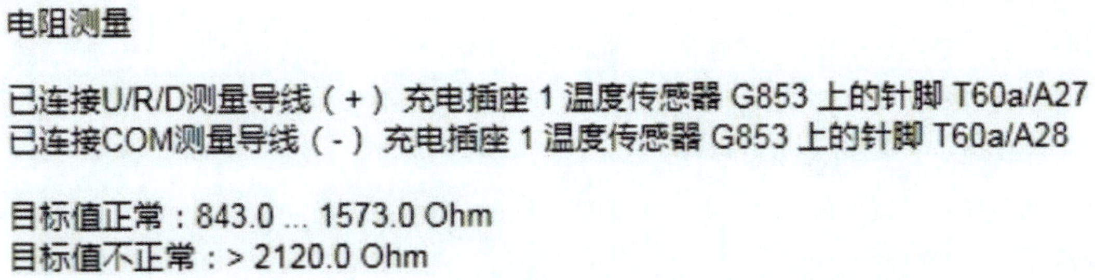

电阻测量

已连接U/R/D测量导线（＋）充电插座 1 温度传感器 G853 上的针脚 T60a/A27
已连接COM测量导线（-）充电插座 1 温度传感器 G853 上的针脚 T60a/A28

目标值正常：843.0 ... 1573.0 Ohm
目标值不正常：> 2120.0 Ohm

图3-3-4

（7）检查UX4线束未发现异常，于是尝试更换UX4充电接口。更换后测试充电均正常，随后将车交给客户。

（8）一周后，客户再次联系我店，反映又出现了充电中断的现象，充电一晚上至有6%的电量。邀约客户进店，用诊断仪检测，故障码为P0E5F00蓄电池充电器充电插座1温度过高被动/偶发；P0D9B00蓄电池充电器充电插座温度传感器1对地短路被动/偶发，如图3-3-5所示。

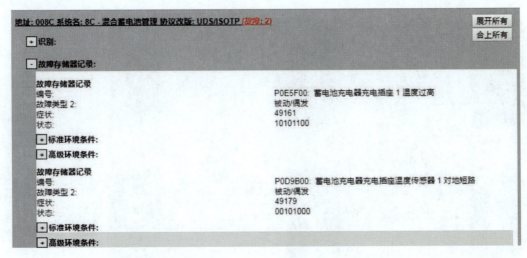

图3-3-5

（9）进行引导查询，检查其充电座温度传感器电阻，未发现异常；检查其充电插座的温度，也正常在合理范围以内，最后结果为更换J1050。但J1050在2019年12月已经更换过一个，再次损坏的可能性不大。

（10）于是根据电路图，再次检查温度传感器G853及G853线束，检查均正常，未发现损坏，退针，未发现松动虚接现象。尝试再现故障，于是连接好高压充电器，进入正常充电状态。在正常充电时，轻轻晃动G853。在晃动过程中，发现出现充电中断现象。读取测量值，发现充电座温度为100℃多。怀疑还是G853线束松动虚接导致，跟客户商量后，尝试更换G853连接J1050端的针脚线束。更换后充电测试均正常，随后建议客户自行使用观察。

（11）更换线束针脚使用3个月后回访客户，客户表示现在使用正常，能正常充电。

故障原因：充电座充电温度传感器G853线束不好。

故障排除：更换G853线束针脚。

故障总结：该车为混动车辆，涉及高压电，需要相关有资质的维修人员，如图3-3-6所示。

以下工作仅允许由高电压技师（HVT）/高电压专家（HVE）或具备同等资质或更高资质的专业人员执行，（在德国例如针对机动车内高电压系统的指定工作电工（EFHT）或机动车内高电压系统电工（EFK）：

- 高电压系统/高电压蓄电池的接通和重新试运行
- 高电压蓄电池的分级

高电压系统上的故障查找及修理仅允许由接受过产品培训的高电压技师（HVT）执行（除了高电压蓄电池温度外）。

在高电压蓄电池上进一步维修仅允许由接受过产品培训的高电压专家（HVE）执行

图3-3-6

了解充电指示灯含义，白色为自检灯，充电指示灯如图3-3-7所示。

LED每隔4s呈绿色闪烁60s，随后熄灭
充电计时器已激活，充电过程按预定起始时间开始进行

LED呈绿色在跳动
充电正在进行

LED呈绿色亮起，随后熄灭
充电结束了

LED呈黄色闪烁
识别出插头了且插头已上锁
例如：家用端接地损坏

LED呈黄色亮起
识别出插头了且插头已上锁
无法充电
例如：无法识别家用电源

LED呈红色亮起 识别出插头了，但插头没上锁
无法充电
例如：车辆高电压故障

图3-3-7

三、2019年奥迪Q7 e-tron无法充电

车型： 奥迪Q7 e-tron。

VIN： WAUA8C4M7KD××××××。

故障现象： 充电桩充电30s左右会自动断电指示灯闪红色两次后又显示绿灯。

故障诊断：

（1）用诊断仪读取故障码，内部无故障码。

（2）更换新的充电桩或者用便携式充电设备进行充电，故障依旧。

（3）替换了高压蓄电池充电插座1 UX4、高压蓄电池充电装置1 AX4、蓄电池调节控制器J840、高压蓄电池开关盒SX6、混合动力蓄电池单元AX1和电驱动装置的功率和控制电子装置JX1后故障依旧。

根据Q7 e-tron的SSP说明：充电指示灯红色说明插头已识别，但未锁止，无法充电，如图3-3-8所示。

显示	说明
亮起红色	插头已识别但未锁止； 无法充电

图3-3-8

根据最新车型奥迪e-tron的SSP说明：充电指示灯红色可能是充电插头在车上的充电接口上没能正确锁定，或者车辆充电系统或者电源有故障，如图3-3-9所示。

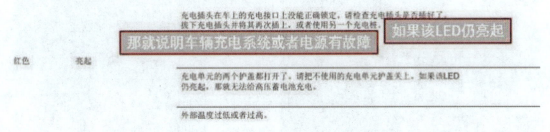

图3-3-9

读取充电时插头锁的数据流，显示插头锁止正常，无法将插头自由拔出，如图3-3-10所示。

读取亮红灯时充电装置的输出电压与蓄电池电压，充电装置的输出电压要小于蓄电池的实际电压，异常（如图3-3-11所示），初步怀疑充电系统出现故障，内部可能出现分压。

回顾维修历史，充电系统中，AX4到SX6之间的电缆还未检查，在拆检该段电缆时，发现可以人为地将电缆从插头尾部拔出来，不正常。仔细检查，发现电缆的锁舌未完全翘起，如图3-3-12所示。

充电插座A充电盖解锁促动	未请求	
充电插座A充电盖锁止状态	未锁止	✓
充电插座A充电盖锁止控制	未请求	✓
插头解锁请求	0	
插头锁止机构请求	0	
高压充电插头锁止件	锁止	✓
插头识别状态	已安装	✓
充电插头最大电流	32A	
AC温度传感器充电插座	25.8 ℃	✓

图3-3-10

高电压充电器当前输出电压	211V	
高压蓄电池实际电压	262V	

图3-3-11

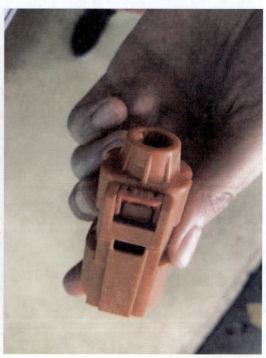

图3-3-12

故障排除：由于暂时没有对高压电缆的深度维修指导，更换该段电缆后故障消失。

四、2019年奥迪Q7 e-tron仪表上提示发动机噪音系统故障

车型：奥迪Q7 e-tron。

VIN：WAUA8C4M5KD××××××。

故障现象：客户描述仪表上发动机噪音系统报警。车辆为奥迪Q7 e-tron车型，当车辆纯电动时噪音系统控制单元，控制噪音发生器发出噪音，提醒他人。

故障诊断：

（1）客户描述行驶中有时仪表发动机噪音系统报警，关闭点火开关后故障消除。行驶一段时间后再次出现。

（2）用诊断仪VAS6150B对车辆进行引导型功能查询，J533里边的故障码，如图3-3-13所示。

```
0009                                          U141500: 属于 30-5 电路
IG_4M_J533___1_0714_fkteinschrkg_00021
故障列表：                                     故障
控制单元地址                                    U112100: 数据总线丢失信息
0017                                          U112100: 数据总线丢失信息
006C                                          U112100: 数据总线丢失信息
006C                                          U112100: 数据总线丢失信息
006C                                          U112100: 数据总线丢失信息
006C                                          U112100: 数据总线丢失信息
006C
YS_4M_J533_____1_0714_21_Extended_defekt_00021
故障列表：                                     故障
控制单元地址                                    U004600: 扩展CAN 损坏
0019
YS_4M_J533_____1_0814_21_Extended_Eindraht_00021
故障列表：                                     故障
控制单元地址                                    U005400: 扩展CAN 单线运行模式
0019
```

图3-3-13

由以上扩展CAN单线运行模式和扩展CAN损坏，根据引导型功能让依次取下扩展CAN上控制单元的插头。此车型为Q7 e-tron车型，首先断开的是J943发动机噪音形成控制单元，断开后CAN线的状态依旧是损坏；接着断开J772倒车摄像系统控制单元，断开后故障消除，扩展CAN的状态为正常，可以确定为J772倒车摄像系统控制单元故障。

倒车摄像系统控制单元的损坏，造成J533报扩展CAN故障。根据维修的步骤，报CAN线故障时，要确定维修步骤，造成CAN线故障时原因只有三种：一种是J533故障，二种是CAN线的线路故障，三种是CAN线路上的控制单元故障。此车辆的后部摄像系统控制单元和发动机噪音形成控制单元都在扩展CAN，后部倒车摄像系统控制单元的损坏，造成扩

展CAN的故障，仪表上发动机噪音系统报警。

故障排除： 更换J772倒车摄像系统控制单元。

故障总结： 此车型为奥迪Q7 e-tron，维修过程中，一定要做好安全工作，正确断电和放好警示牌，保护好自己和他人。新款奥迪Q7（4M）取消了CAN分离插头，当报CAN线故障时，排除线路故障后，只能依次的拔掉控制单元，排除故障。

第四章
宝马车系

故障现象： 2019年华晨宝马530Le，行驶9285km，使用中会出现空调制冷效果差，有时不制冷。

故障诊断： 接车后，着车检查空调制冷情况，在原地将空调温度调制最低，能够感觉到空调出风口温度不怎么凉，使用出风口温度表测量出风口温度在19℃左右，这个出风口温度在高温天气下，根本感觉不到凉爽。首先使用诊断仪读取空调系统的故障记录，所读取的内容如图4-1所示。

801213 电控空调压缩机：通过动力管理降低功率
E71423 信号无效，发射器 BDC-ZGM
E7144D 信号无效，发射器 BDC-ZGM

图4-1

从空调系统的故障码中，通过"E71423 信号无效，发射器BDC-ZGM""E7144D 信号无效，发射器BDC-ZGM"两个故障码马上可以识别出，此空调系统更换过压缩机，而且是拆车件压缩机。原因很简单，新的压缩机安装上去后，是需要做编程设码的，只要是定的原车同型号的压缩机，不会产生此故障码，而且是永久型的故障码，从"801213电控空调压缩机，通过动力管理降低功率"故障码可以分析出，空调压缩机的功率受到了限制，受限制的原因来自发动机系统。

由于此车是一款宝马插混车型，其压缩机采用高压电力驱动，不受发动机皮带传动进行驱动，其压缩机的负荷通过发动机CAN数据进行调节，其实电动空调压缩机，能受发动机影响的只有温度。此车还有一个特点就是，空调系统的散热是通过水散热，而且与发动机冷却系统共用水箱，只是空调系统多了一个与水进行热量交换的热交换器。研究明白这些之后，我们把检查的重点放在散热上。

我们检查水箱，发现水箱散热铝箔上面，严重堵塞，如图4-2所示。

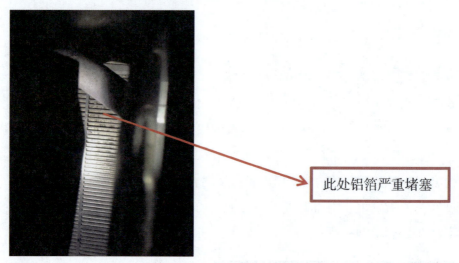

此处铝箔严重堵塞

图4-2

堵塞的铝箔严重影响通风散热，我们对水箱通风进行了清洗，着车读取发动机系统冷却液温度，发现冷却液温度过高，如图4-3所示。

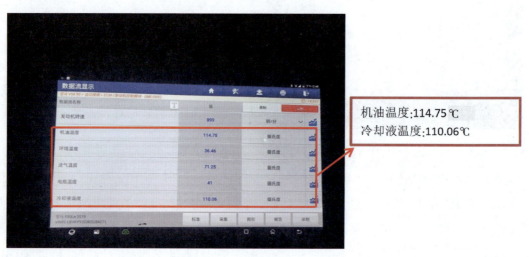

机油温度:114.75℃
冷却液温度:110.06℃

图4-3

在加油门时，冷却液温度不降反升，会达到115℃，这就有些不正常了。我们将车放凉，检查冷却液液位，发现发动机冷却液水壶，液位过低，如图4-4所示。

发动机冷却液水壶水
位已经至最低线位置

图4-4

我们将冷却液补充后，并对系统进行排气，安装好水壶盖后，着车检查冷却液温度，发现冷却液温度不再超过106℃（这里需要补充一点就是，B48发动机在大负荷工作时，冷却液温度不超过106℃），使用诊断仪读取的冷却液温度数据如图4-5所示。

冷却液温度:101.46℃

图4-5

而且现在的冷却液温度最高也只达到101.46℃，并且在加油门时，冷却液温度还会下降4~5℃，冷却液温度已经恢复了正常。仔细检查漏水部位，发现增压器水管有渗水现象，如图4-6所示。

由于是渗漏，我们先不管此处，先解决空调制冷问题，我们将空调高压表连接至空调高压测量口，着车打开空调读取高压表压力值，如图4-7所示。

此高压值太高了，尝试着对制冷剂进行泄放，发现在泄放时，有大量的制冷剂油喷出，如图4-8所示。

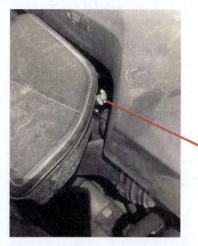

增压器水管漏水部位

图4-6

高压表高压值达到2500kPa(25bar)

图4-7

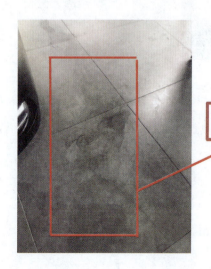

制冷剂油在地上可以踩出明显的脚印

图4-8

　　此空调系统还存在制冷剂油加多的情况，对于电动空调压缩机来说，制冷剂油加多还有一个直接的危害，就是容易造成压缩机断轴，这个在我们维修过程中，已经遇到过案例。我们将高压压力泄放至200kPa（20Bar），其压力值通过诊断仪读取，如图4-9所示。

制冷剂压力：200kPa

图4-9

　　我们试着踩油门，发现压力值还会有200~300kPa的下降，看来散热没有问题。虽然压力还有一些高，但由于现在室外温度已经达到40℃，考虑到制冷剂的膨胀量，其结果不会相差太多。将附件装好，出去路试，跑起来后，空调效果非常地好。此车是由于水箱堵塞造成温度高，从而造成水管漏水，加上缺少冷却液还造成了系统有空气，另一直接原因就是制冷剂油加得多。经过高压泄放，加上散热功能的恢复，空调的制冷效果也恢复了原有的效果。

第五章
保时捷车系

第一节　保时捷Cayenne E-Hybrid

故障现象： 客户反映车辆高压充电器偶尔充不上电，充电器亮红灯，时好时坏，如图5-1-1所示。

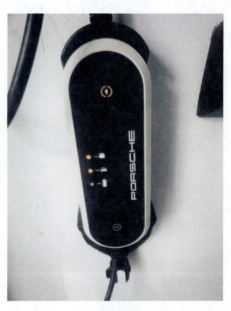

图5-1-1

故障诊断： 邀约客户进店，未存储相关故障码。店内测试充电功能正常。接下来带测量设备至充电桩安装位置检测。安装位置安装环境合适，接线正确，测量火线和零线的电压238V，正常，线色统一且未装反。继续检查地线的安装。该充电器位置有两个地线接线点，首先测量火线与地线1的电压，测量值为163V，不正常，标准值：220~240V。

测量火线和地线2的电压，测量值为237V，正常。说明地线1和地线2之间电阻过大。火线与地线1的电压163V，不正常，如图5-1-2所示。火线与地线2的电压238V，正常，如图5-1-3所示。

图5-1-2

图5-1-3

继续测量地线1和地线2的电阻，测量值为18.9MΩ（如图5-1-4所示），不正常，标准值为≤2.0Ω。进一步检查发现地线1位置的安装点有红色油漆，安装接线螺母时未清洁油漆，导致接触电阻过大。

故障排除：断电后拆卸地线1，打磨掉油漆装复。测量正常，充电器使用正常。跟踪回访故障排除。

故障总结：

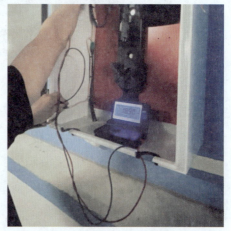
图5-1-4

（1）单相三线制中，一根相线称为火线，是电路中输送电的电源线，用字母L表示，线色为棕色或红色。

（2）一根零线，主要用于工作回路，为中性接地，用字母N表示，线色为蓝色。

（3）一根地线，接入大地，为外壳接地，用字母PE表示，线色为黄绿相间。

（4）火线和零线之间电压为198~235V，火线与地线电压同样为198~235V，零线与地线电压为0。

（5）三相五线制中，有三根相线，相线之间电压为380V，俗称动力电。一个中性接地线称为零线，一根外壳接地线称为地线。

（6）标准接线中，（插座端）一般左侧为零线，右侧为火线，中间为地线，俗称"左零右火"。

二、2016年保时捷Cayenne S E-Hybrid停放一段时间后，启动车辆有时仪表显示混合动力系统故障，车辆无法启动

故障现象：车辆停放一段时间后，启动车辆有时仪表显示混合动力系统故障，车辆无法启动。到现场后对车辆进行断电操作，过了一会儿车辆可以启动，不过在行驶过程中，车辆突然会强烈顿挫一下，仪表提示混合动力系统故障，如图5-1-5所示。

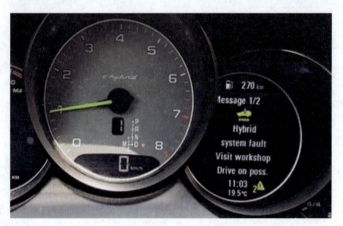

图5-1-5

故障诊断：车辆到店后先检查并读取故障码，在HV-PE中存在故障码：P32B200 高压系统，过压；P0A4100电机转子位置传感器，对地短路或短路；P0A1B00电源电子设备控制单元，功能受限。根据故障码，首先测量转子位置传感器的相关线路，正常，清除所有故障码，路试中仪表再次显示高压系统报警。

在高压蓄电池中存在故障码如图5-1-6所示。

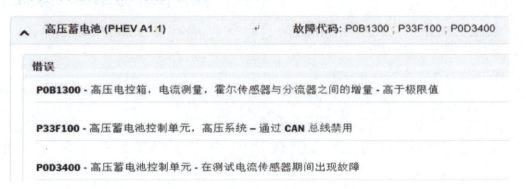

图5-1-6

检查E-BOX的相关插头线正常。再次路试，读取高压蓄电池E-BOX中两个电流传感

器的实际值未发现异常（如图5-1-7所示），依据GFF推断，E-BOX可能存在故障。

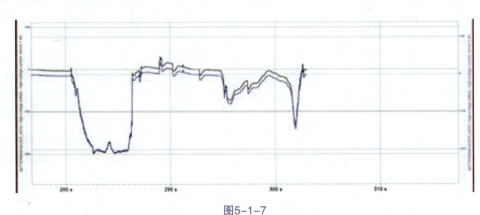

图5-1-7

　　由于数据正常，模拟客户出现故障时候的条件，在早上启动时进行测试，故障再次出现，仪表显示混合动力系统故障，HV-PE存储故障信息P0A4100，连接示波器测量转子传感器波形，发现转子传感器信号异常，如图5-1-8和图5-1-9所示。

　　由于转子传感器无法分解，需更换电机，对车辆进行试车，高压蓄电池故障信息P130B00电控箱电流传感器超过极限值也未出现，两个故障现象均由电机故障导致。

　　故障排除：更换电机。

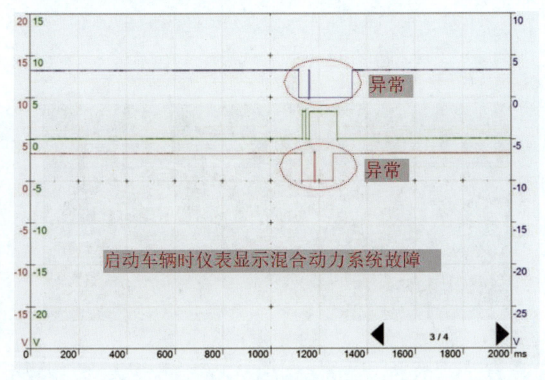

图5-1-8

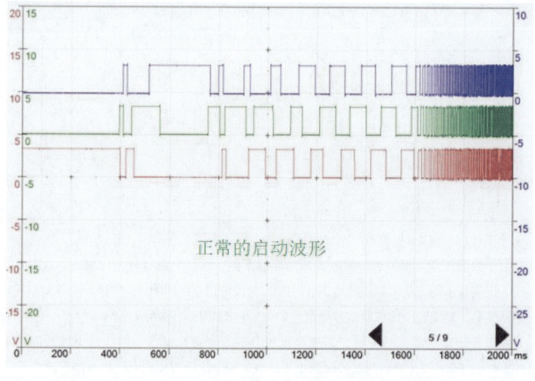

图5-1-9

三、2019年保时捷Cayenne E-Hybrid发动机故障灯亮

故障现象： 发动机故障灯亮，客户反映驾驶无异常。锁车30min后，再次启动车辆，故障提示消失。客户再次驾驶一周左右，故障再次提示，如图5-1-10所示。

图5-1-10

故障诊断： 根据与客户沟通了解，得到客户经常在市区拥堵路段驾驶。故障提示时，车辆频繁在电力驱动和发动机驱动之间互相切换。两次故障提示时车辆都处于行驶

中且室外温度较高。分析客户提供的信息可以得出如下结论：车辆报警提示时处在频繁启停的状态；室外温度高，车辆水温很高，驾驶员很有可能开启了空调；车辆高压电剩余一部分电量，车辆应该可以只用E-power模式行驶，但客户反映来回切换，驾驶比较激烈。

拖车进店后读取故障码：U112300数据总线收到故障值；P0A2E00电机温度传感器缺火；B19ACF0发动机控制故障显示，激活；U041100高压电源电子装置控制单元信号不可靠。对故障码进行总结，故障码可分为两类：由DME和热量管理系统提示的U041100高压电源电子装置控制单元信号不可靠，由高压功率电子设备提示的P0A2E00电机温度传感器缺火。

假设高压电源电子装置控制单元的信号或者通信有问题，分析电路图（如图5-1-11所示），其在混合动力CAN和FlexRay分支1两条网络上，那么在两条网络上的所有控制单元都会与高压电源电子装置失联。

图5-1-11

　　根据电路图分析混合CAN网络上的控制单元并非全部有故障码，如图5-1-12所示红色框选的部件无任何故障记忆存储，而在FlexRay网络上的网关也无相关通信故障，故可以排除该现象是由电源电子装置通信故障造成。

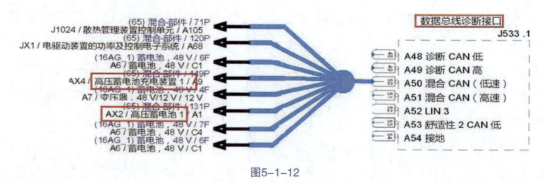

图5-1-12

　　排除了通信故障，查找的目标就回归了电源电子装置本身，可以基本判定该现象是由P0A2E00电机温度传感器缺火造成。根据电路图（如图5-1-13所示），对电机温度传感器进行测量。测量结果，插头无松动损坏迹象，针脚安装完好，线束导通正常。

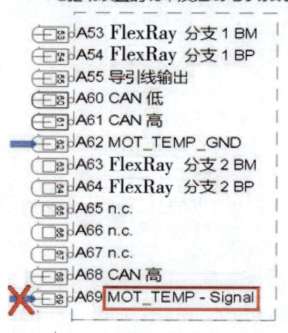

图5-1-13

　　之后对车辆进行路试，模拟客户描述现象发生时的车辆状态。经反复测试，未能重现客户描述现象。在进行一段时间的激烈驾驶后传感器监测的电机温度可以达到将近150℃，之后通过散热系统可以迅速将温度降到正常温度。通过这个试验可以得到一个信息，车辆散热系统工作良好。该故障记忆并非是由传感器检测到车辆高温产生。至此可以判断产生此现象的可能部件为电机温度传感器、电源电子装置，由于传感器线束过长且比较隐蔽不排除线束破损虚接的可能。

由于车辆驾驶里程比较少，维修比较敏感。我们采用对线束进行故障模拟的方法进行诊断，检测在何种情况下，由于线束的故障产生的故障记忆与现象发生时相吻合。首先将信号线断路，读取故障码（如图5-1-14所示）和车辆状态：电机温度实际值为125℃；车辆可以启动，散热风扇常转，仪表报警相同，其他故障码相同。

故障记忆条目：

50500：无法删除以下故障记忆条目：P0A2D00

概述	1	扩展识别	2	故障记忆	3	实际值输入信号	驱动链接检查	5	保养/修理	6	编码编程	7	
控制单元		-		故障代码		启用			说明				
高压功率电子设备				P0A2D00		🕙	电机，温度传感器 - B+ 短路或断路						∧

图5-1-14

信号线接地短路（如图5-1-15所示），读取故障码（如图5-1-16所示）和车辆状态：电机温度实际值为125℃；车辆可以启动，散热风扇常转，仪表报警相同，其他故障码相同。

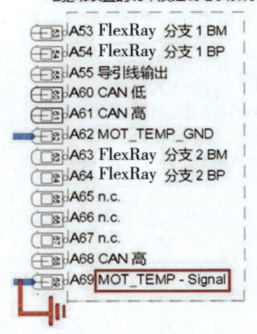

电驱动装置的功率及控制电子系统

- A53 FlexRay 分支 1 BM
- A54 FlexRay 分支 1 BP
- A55 导引线输出
- A60 CAN 低
- A61 CAN 高
- A62 MOT_TEMP_GND
- A63 FlexRay 分支 2 BM
- A64 FlexRay 分支 2 BP
- A65 n.c.
- A66 n.c.
- A67 n.c.
- A68 CAN 高
- A69 MOT_TEMP - Signal

图5-1-15

控制单元		故障代码	启用	说明
底盘控制，空气弹簧 (006)	❶	C10D3FD	🔧	水平高度调节系统，计划升降台检测
	❶	C10D3F0	🔧	水平高度控制系统，手动关闭
后扰流板（型号 003）	🔧			❓
高压功率电子设备		P0A2C00	🔧	行驶电机温度传感器，对地短路
组合仪表 (008)	❶	B19ACF0	🔧	发动机控制故障显示，激活
DME R4 S Hybrid 2.0L（中国）(C5)		U041100	🔧	高压电源电子装置控制单元 – 信号不可靠
		U041100	🔧	高压电源电子装置控制单元 – 信号不可靠
热量管理（具有针对高温/低温系统的热交换器的车型）		U041100	🔧	高压电源电子装置控制单元 – 信号不可靠
		U041100	🔧	高压电源电子装置控制单元 – 信号不可靠

图5-1-16

接地线断路（如图5-1-17所示），读取故障码（如图5-1-18所示）和车辆状态：电机温度实际值为125℃；车辆可以启动，散热风扇常转，仪表报警相同，其他故障码相同。

接地线短路（如图5-1-19所示），读取故障码（如图5-1-20所示）和车辆状态：电机温度实际值为125℃；车辆可以启动，散热风扇常转，仪表报警相同，其他故障码相同。

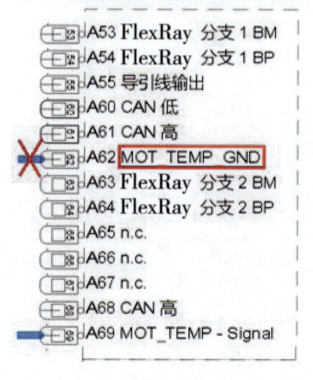

图5-1-17

控制单元	-	故障代码	启用	说明
底盘控制，空气弹簧 (006)	ⓘ	C10D3FD	🕹	水平高度调节系统，计划升降台检测
	ⓘ	C10D3F0	🕹	水平高度控制系统，手动关闭
高压功率电子设备		P0A2D00	🕹	电机，温度传感器－B+ 短路或断路
DME R4 S Hybrid 2.0L（中国）(C5)		U041100	🕹	高压电源电子装置控制单元－信号不可靠
		U041100	🕹	高压电源电子装置控制单元－信号不可靠
热量管理（具有针对高温/低温系统的热交换器的车型）		U041100	🕹	高压电源电子装置控制单元－信号不可靠
		U041100	🕹	高压电源电子装置控制单元－信号不可靠

图5-1-18

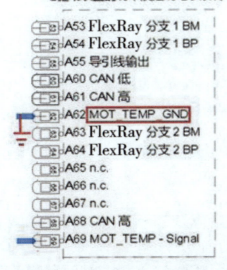

图5-1-19

控制单元	-	故障代码	启用	说明
底盘控制，空气弹簧 (006)	ⓘ	C10D3F0	🕹	水平高度控制系统，手动关闭
高压功率电子设备		P0A2A00	🕹	电机，温度传感器－B+ 短路或断路
		P0A2E00	🕹	电机，温度传感器－缺火
组合仪表 (008)	ⓘ	B19ACF0	🕹	发动机控制故障显示，激活
DME R4 S Hybrid 2.0L（中国）(C5)		U041100	🕹	高压电源电子装置控制单元－信号不可靠
		U041100	🕹	高压电源电子装置控制单元－信号不可靠
热量管理（具有针对高温/低温系统的热交换器的车型）		U041100	🕹	高压电源电子装置控制单元－信号不可靠
		U041100	🕹	高压电源电子装置控制单元－信号不可靠

图5-1-20

接地线与信号线互相短路（如图5-1-21所示），读取故障码（如图5-1-22所示）和车辆状态：电机温度实际值为125℃；车辆可以启动，散热风扇常转，仪表报警相同，其他故障码相同。

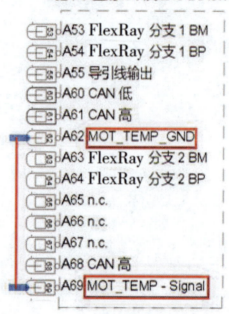

图5-1-21

控制单元	-	故障代码	启用	说明
底盘控制，空气弹簧 (006)	ⓘ	C10D3FD		水平高度调节系统，计划升降台检测
	ⓘ	C10D3F0		水平高度控制系统，手动关闭
后扰流板（型号 003）				❓
高压功率电子设备		P0A2C00		行驶电机温度传感器，对地短路
组合仪表 (006)	ⓘ	B19ACF0		发动机控制故障显示，激活
DME R4 S Hybrid 2.0L（中国）(C5)		U041100		高压电源电子装置控制单元 – 信号不可靠
		U041100		高压电源电子装置控制单元 – 信号不可靠
热量管理（具有针对高温/低温系统的热交换器的车型）		U041100		高压电源电子装置控制单元 – 信号不可靠
		U041100		高压电源电子装置控制单元 – 信号不可靠

图5-1-22

之后又将信号线和接地线分别与2.5V和5.0V电源互相短路，生成的故障码分别与每条线束接地短路的现象相同，都不能与车辆实际发生故障时生成的故障码相吻合。在对线路故障模拟测试过程中，当GND线路与地线短路，虽然产生了P0A2A00电机温度传感器，

B+短路或断路的故障码，但在车辆启动后生成了与故障发生时相同的P0A2E00电机温度传感器缺火故障码。因此可以证明：当控制单元与传感器的GND端出现问题，在启动车辆的时候就会生成此故障码。

根据以上诊断基本把故障锁定在了电机温度传感器和电源电子装置之间，由于车辆并未重现故障现象，所以测量电机温度传感器的电阻值对温度的变化曲线也是正常的。鉴于拆卸的复杂性，首先测量了电源电子装置的工作信号。测量PE电源电子的线束，图5-1-23为电机温度53~58℃的波形变化。从图中可以看出电源电子装置每10s发出一个脉冲信号，温度传感器随着电机温度的升高阻值越来越小，电压逐渐下降。

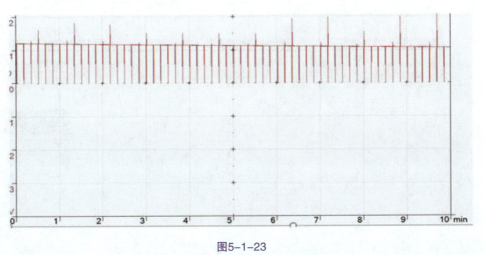

图5-1-23

随着电机温度的继续升高。图5-1-24所示为电机温度58~63℃之间的波形变化。当电机温度升至58.2℃左右的时候脉冲电压停止，此时电压稳定在1V左右不再变化。当温度升至61℃时脉冲电压继续出现且为3.387V，每10s发送一次。

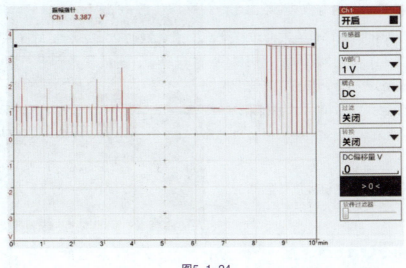

图5-1-24

随着电机温度的继续升高，当温度升到70℃左右之后，电压下降到将近3V时，关闭发动机，如图5-1-25所示。观察随着电机的逐步冷却，温度传感器的阻值上升，电压也随之上升。

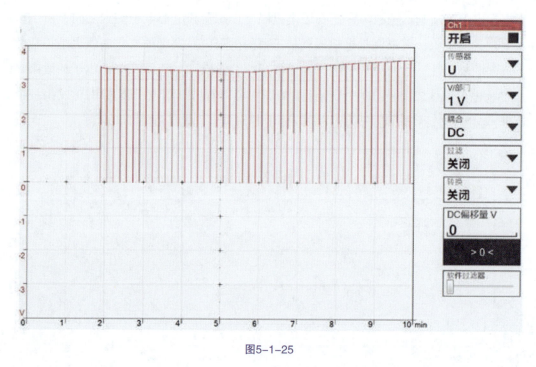

图5-1-25

此过程中可以看出电源电子装置发出的是脉冲信号，而不是单一的5V供电。结合之前的结论，如果电源电子装置内部GND短路，那么短路的点极有可能是壳体短路。这样生成的故障码将会与线路对地短路相同，这样基本上可以排除电源电子装置内部GND短路的可能，拆卸变速器和电机，对电机温度传感器进行测试。

通过测量显示：当用热风枪给温度传感器升温时电阻值随着温度升高持续变小，为正常变化；当温度升高后，用极轻微的力弯折温度传感器，传感器阻值发生很大变化，如图5-1-26~图5-1-28所示。

通过以上诊断，判断电机温度传感器内部故障。

故障排除：更换电机温度传感器，故障排除。

图5-1-26

图5-1-27

图5-1-28

四、2019年保时捷Cayenne E-Hybrid无法启动

故障现象： 无法启动。

故障诊断： 车辆仪表显示车辆电气故障，车辆无法启动，检查车辆有如下几个故障码，如图5-1-29所示。

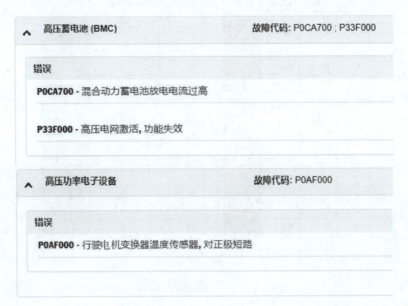

高压蓄电池 (BMC)	故障代码: P0CA700 ; P33F000
错误	
P0CA700 - 混合动力蓄电池放电电流过高	
P33F000 - 高压电网激活, 功能失效	

高压功率电子设备	故障代码: P0AF000
错误	
P0AF000 - 行驶电机变换器温度传感器, 对正极短路	

图5-1-29

根据故障码出现的时间和现象判断主要故障码为P0AF000行驶电机变换器温度传感器，对正极短路。检查查询电路图，无此传感器的信息，怀疑此传感器可能在高压功率电子设备内部，读取热管理模块中电源电子设备温度值显示为215℃，对比正常车异常，如图5-1-30所示。

热量管理（具有针对高温/低温系统的热交换器的...	故障代码：U041100

ECU 信息

测量

高压系统温度：蓄电池温度	35.00 ℃
高压系统温度：高压充电器	42 ℃
高压系统温度：DC-DC 电压转换器温度	57 ℃
高压系统温度：电源电子设备	215 ℃
高压系统温度：电机 - 温度	49 ℃

图5-1-30

温度有异常，首先对低温系统进行抽真空操作，再进行加注冷却液，排除有空气造成温度过高故障，再检查低温回路中的附加冷却液泵插头线路，正常，驱动附加冷却液泵运转正常，说明冷却系统没问题。对HV-PE二极管进行测量，测量结果对比正常值异常（如图5-1-31所示），证明HV-PE内部已经损坏。

故障车测量值

步骤	红表笔	黑表笔	测量值
1	T+	T-	0V
2	T-	T+	0V
3	U	T+	0.37V
4	V	T+	0V
5	W	T+	0.34V
6	U	T-	0.37V
7	V	T-	0V
8	W	T-	0.346V
9	T+	U	0.35V
10	T+	V	0V
11	T+	W	0.36V
12	T-	U	0.35V
13	T-	V	0V
14	T-	W	0.36V

正常参考值

步骤	红表笔	黑表笔	测量值
1	T+	T-	0L
2	T-	T+	0.3+/-0.1V
3	U	T+	0.3+/-0.1V
4	V	T+	0.3+/-0.1V
5	W	T+	0.3+/-0.1V
6	U	T-	0L
7	V	T-	0L
8	W	T-	0L
9	T+	U	0L
10	T+	V	0L
11	T+	W	0L
12	T-	U	0.3+/-0.1V
13	T-	V	0.3+/-0.1V
14	T-	W	0.3+/-0.1V

图5-1-31

安装正常HV-PE测试，一开始车辆可以启动，但仪表会亮故障灯，发动一会儿熄火后，车辆还是无法启动，故障码依旧是P0AF000行驶电机变换器温度传感器，对正极短路。不可能新的有问题，可能是其他部件引起的，HV-PE上连接着高压空调压缩机，对其进行空调线路接口绝缘测试时发现为0.1MΩ（如图5-1-32所示），异常；对空调压缩机进行绝缘测试时为15MΩ左右（如图5-1-33所示），对比正常车测量值偏低；对E-Mchine线路绝缘测试结果正常；判断为空调压缩机内部绝缘故障，造成替换上去的HV-PE再次损坏。

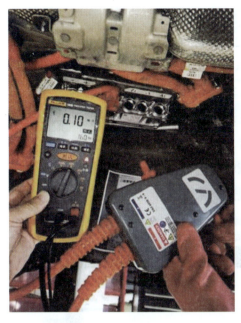

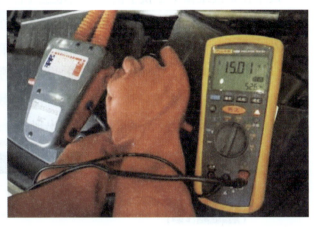

图5-1-32　　　　　　　　　　　　　　　　　　图5-1-33

再次安装正常车HV-PE并断开空调压缩机高压连接车辆启动正常，路试，充电，均正常并无故障码。

故障排除：更换HV-PE和空调压缩机后故障排除。

五、2017年保时捷Cayenne S E-Hybrid车辆启动时经常仪表红色报警，报发电机故障和发动机功率降低故障，关掉钥匙再启动就不提示了

故障现象：车辆经常启动时仪表红色报警，报发电机故障和发动机功率降低故障，关掉钥匙再启动就不提示了，如图5-1-34所示。

图5-1-34

查询电路图（如图5-1-38所示）传感器是统一供电的，测量传感器供电5V，正常，跨接传感器中间插头的传感器线路试车，经多天试车故障再次出现。

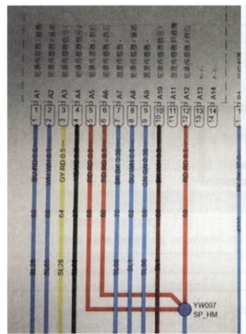

图5-1-38

打开钥匙观察驱动电机位置传感器波形，传感器信号都会先起跳至高电位，然后再按位置归位高电位或低电位，如图5-1-39所示。电机位置信号非常有意思，信号线产生电压比供电电压要提前一些，对比其他车是正常的。

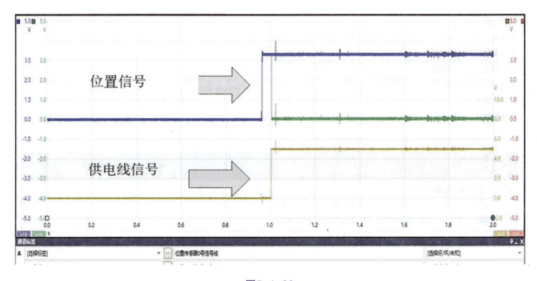

图5-1-39

放大分析一个正常波形，每个位置信号波形从高电位回到低电位，这个过程中必须包含其他两个位置信号的高向低和低向高的电位切换，如图5-1-40所示。

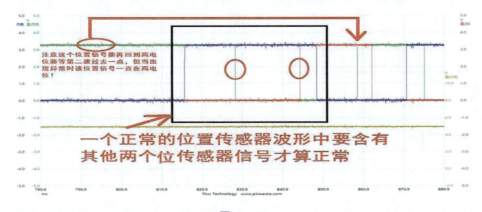

图5-1-40

测量过程捕捉到的故障波形，一个位置信号波形从高电位回到低电位，这个过程中没有包含其他两个位置信号的高向低和低向高的电位切换，如图5-1-41所示。

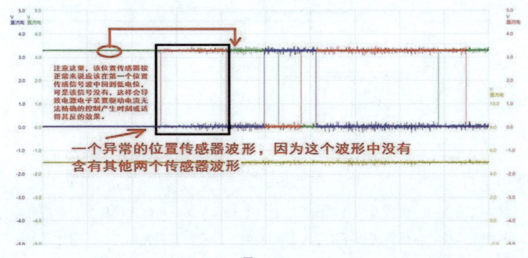

图5-1-41

捕捉到一个启动瞬间出现故障的波形，只有一个传感器发出信号，另外两个没有发出信号。这样就对应上了故障码P0A4100电机转子位置传感器接地短路或断路进行故障导向查找，系统指示位置传感器信号没有按照0→1→0→1→0→1规律变化，如图5-1-42所示。

正常波形和异常波形对比如图5-1-43所示，我们假设在启动电机时刻控制系统得到了一个故障波形信号，这时控制驱动电路给电机时会出现相位错误，导致电流过大或者电机反转。测试中发现，控制系统不会一收到故障波形就会报故障并记录故障码，分析可能存在故障计数器评定出现次数才会报故障码或者连续出现多少次故障波形才会报故障码。

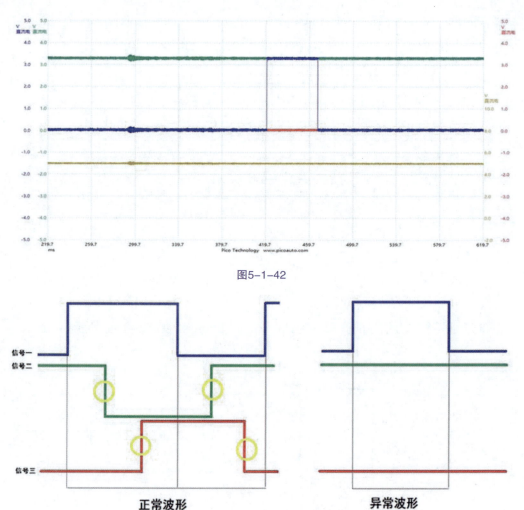

图5-1-42

图5-1-43

正常波形　　　　　　　异常波形

　　拆下故障驱动电机检查,发现该驱动电机的轴承在某一角度比较松旷,分析可能会导致驱动电机位置传感器工作不正常。新驱动电机订货到货后我们进行了对比,发现新驱动电机也存在一定角度松旷,建议改进驱动电机的轴承。

　　故障排除:更换启动电机试车,故障排除。

六、2019年保时捷Cayenne E-Hybrid发动机故障灯亮,同时空调不制冷

　　故障现象:客户反映发动机故障灯亮,同时空调不制冷。

　　故障诊断:到店后用诊断仪查看车辆网关及热量管理系统的故障码为C11C5F2高电压系统,线路2打开;U112300数据总线收到故障值;P0D6D00电动空调压缩机,电机电压过低;00FF1A-50502未记录故障记忆条目,如图5-1-44所示。

网关连接 (004)	故障码: C11C5F2；U112300
ECU 信息	
测量	
编码	

错误

C11C5F2 - 高电压系统，线路 2 打开

U112300 - 数据总线 - 收到故障值

热量管理 (具有针对高温/低温系统...	故障码: P0D6D00；00FF1A
ECU 信息	
测量	
编码	

错误

P0D6D00 - 电动空调压缩机，电机－电压过低

00FF1A - 50502：未记录故障记忆条目。

图5-1-44

根据故障码P0D6D00电动空调压缩机电机电压过低，同时压缩机也不工作，在热量管路系统找到该实际值发现：压缩机电压为0V，如图5-1-45所示。

电动空调压缩机: 电机电流消耗	0.00 A
电动空调压缩机: 高压电源电压	0 V
电动空调压缩机: 空调压缩机功率油耗，实际值	0.00 kW
压缩机转速限制	无

图5-1-45

分析可能原因查看高压系统链接图（如图5-1-46和图5-1-47所示）发现：

（1）压缩机故障。

（2）PE空调压缩机输出端故障。

（3）PE与压缩机之间线路故障。

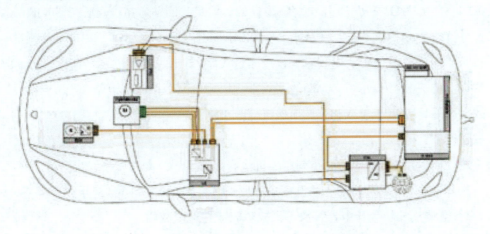

图5-1-46

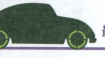

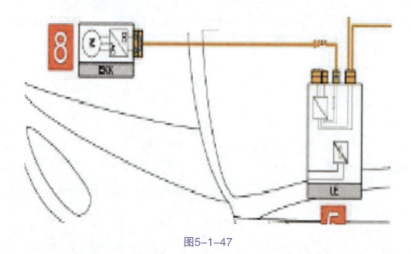

图5-1-47

对车辆断电后将适配器安装在PE于压缩机之间线路上（6558/9-6）启用高压系统。用绝缘表检修发现该路电压为0.6V，再次断开压缩机侧接头用线路短接适配器的导航线，再次测量压缩机线路依旧没有电压输出（判断当前PE无电源输出而且非自主切断输出）。

在过去维修老款保时捷卡宴（92A）混动时发现压缩机损坏有可能烧毁保险丝所以判断PE内部保险丝已经烧毁，断电后测量发现PE输入的B+与压缩机输出的B+是断路，对比正常的是导通。确定PE内部保险丝烧毁后需要继续检测整个系统绝缘性，重点检查压缩机线路及压缩机的绝缘。绝缘测试都是良好的，绝缘良好不等于不会烧保险丝，反过来也一样。绝缘测试只检查B+与B-或相位与屏蔽的关系，故障现象是不建立高压或者通过切断电控箱里面的接触器断开高压。烧保险丝是由于电流过大或短路导致其烧毁。检查PE下游的压缩机及线路的电阻，从PE断开压缩机，线路接头测量B+与B-，然后用适配器测量电阻为0.2MΩ。0.2MΩ按道理是不会烧保险丝的。但是我们知道在检查适配器时的100kΩ电阻，正负极各有一个0.1×2=0.2（MΩ），减去附加电阻后实际为0（不用适配器测量）。

排除压缩机故障是否线束故障，直接测量线路B+与B-之间电阻，结果大于550M（如图5-1-48和图5-1-49所示）。判断线路正常，压缩机高压端内部短路。

故障排除：更换PE总成和空调压缩机故障排除。

故障模拟：

（1）PE检测到有高压，而空调压缩机没有报故障码：高压系统，线路2打开。

（2）E-BOX有高压，但是PE没有报故障码：高压系统，线路1打开。

（3）空调压缩机高压电器接头不报故障码：导航线故障。

（4）断开高压充电器与E-BOX接头，由于适配器接头不匹配原因无法接入E-BOX模拟。

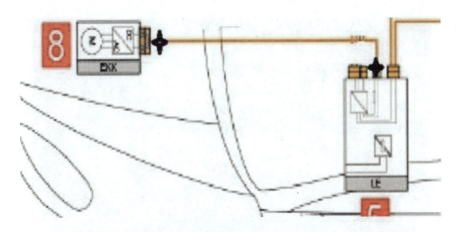

图5-1-48

图5-1-49

七、2019年保时捷Cayenne E-Hybrid行驶中熄火，车辆无法启动

故障现象： 行驶中熄火，车辆无法启动，拖车入场。仪表报红色警告信息："车辆电气系统故障"，如图5-1-50所示。

故障诊断： 故障是客户在正常公路行驶时突然出现的，熄火后就无法启动，进厂后检查底盘未发生碰撞，初步判断该故障类型属于仪表报出的"车辆电气系统故障"，与机械状况无关。诊断仪检测有多个控制单元存在故障，共49个故障码。经筛选，与高压系统相关的故障码统计如图5-1-51所示。

图5-1-50

PE	P060600 - 功能限制　2020 11 23 9:22:31
	P33D800 - 高压电源电子装置控制单元，电源模块 2，内部故障 2020 11 23 9:21:48
	P33D700 - 高压电源电子装置控制单元，电源模块 1，内部故障 2020 11 23 9:22:31
热量管理	U059900 - 高压电源电子装置控制单元 (DC/DC) - 信号不可靠 2020 11 23 9:22:33
DME R4 Hybrid	U041100 - 高压电源电子装置控制单元 - 信号不可靠　2020 11 23 9:21:49
	U041300 - 高压蓄电池控制单元 - 信号不可靠 2020 11 23 9:22:33
高压蓄电池 (BMC)	P0AFC00 - 混合动力/高电压蓄电池，传感器故障 2020 11 23 9:22:33
	P0B1B00 - 混合动力/高电压蓄电池总电压3，对地短路 2020 11 23 9:22:33

图5-1-51

　　第二次打开点火开关，再次读取全车故障码，发现多了一个：高压蓄电池（BMC）P0A9500高压系统保险丝（在这期间没有动过其他的，只是诊断仪检测）。根据故障码产生的时间判断，PE里面的P33D800故障码产生的时间最早，其次是P33D700，都是当前存在无法删除，这两个故障码的GFF相同，故障引导如下：

・97000管路未正确连接

・97000管路已损坏

・97000管路松动

・27930 High-voltage line-绝缘故障（高压线路，相位U）

・27930 High-voltage line-绝缘故障（高压线路，相位V）

·27930 High-voltage line-绝缘故障（高压线路，相位W）

·27910电源电子装置存在故障

·P060600功能限制GFF指向

　　高压蓄电池（BMC）P0AFC00/P0B1B00/P0A9500这3故障码的GFF均指向E-BOX。考虑到正常情况下，PE和E-BOX两个部件同时损坏的可能性很小，应该先对PE进行检查。按照GFF提示，检查PE控制单元线路连接正常，未有松动。拆下高压线路进行目视检查：连接正常，垫圈都正常。接下来测量PE的绝缘值，都在正常范围内。拆下PE的连接导线，用万用表二极管挡在PE的输出端测量整流器的二极管，发现负极与U相之间的二极管损坏，如图5-1-52和图5-1-53所示。

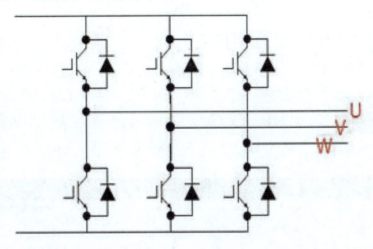

图5-1-52

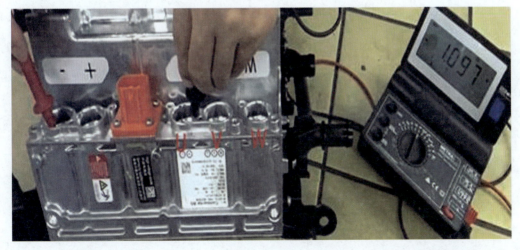

图5-1-53

　　从测量的结果判断，PE内部的二极管已经击穿，如图5-1-54所示。从试驾车上拆下PE进行替换。然而故障车辆更换PE后仍然无法启动。使用PT3G对故障车辆进行诊断，发

现高压蓄电池的故障码仍然存在：有"高压蓄电池（BMC）P0AFC00/P0B1B00/P0A9500"这3个故障码。

二极管测试	红表笔 (+)	黑表笔 (-)	测量值	
1	T+	T-	OL	
2	T-	T+	0.65 +/- 0.1 V	
3	U	T+	0.3 +/- 0.1 V	
4	V	T+	0.3 +/- 0.1 V	
5	W	T+	0.3 +/- 0.1 V	
6	U	T-	OL	
7	V	T-	OL	
8	W	T-	OL	
9	T+	U	OL	
10	T+	V	OL	
11	T+	W	OL	
12	T-	U	0.3 +/- 0.1 V	1.0V击穿
13	T-	V	0.3 +/- 0.1 V	
14	T-	W	0.3 +/- 0.1 V	

图5-1-54

现在判断E-BOX内部确实存在故障，为了进一步确认，先对E-BOX做一个预充电测试：断开加热器插头，连接适配VAS 6558/9-6，用示波器测量预充电波形。在打开点火开关的瞬间，系统高压的波形没有任何反应（如图5-1-55所示）。多次尝试也无法建立正常的预充电波形，同时在E-BOX处也听不到接触器吸合的声音。

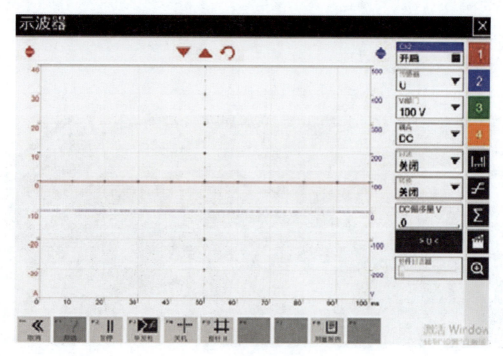

图5-1-55

参考SIT，从E-BOX的结构原理图（如图5-1-56所示）得知内部有两个保险丝，一个60A，另一个是350A。对于60A的保险丝，通过测量高压充电器的正极和电源电子装置的正极之间的阻值可以判断其是否损坏。测量结果是正常的，阻值为0Ω，可以确定60A的保险丝正常。350A的保险丝无法直接通过测量判断好坏，但是从另一方面推测：如果350A的保险丝熔断，是无法建立系统高压的，这与故障码P0A9500相吻合。

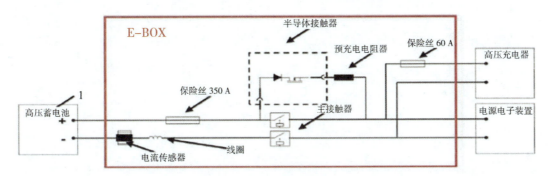

图5-1-56

为了验证推理是否正确，拆下E-BOX，进行分解，用万用表测量350A保险丝两端的电阻，发现不导通（如图5-1-57所示），判断该保险丝熔断。

图5-1-57

故障排除：更换PE和E-BOX，故障排除。

故障总结：

（1）此故障案例损坏了两个部件：PE和E-BOX，这种故障很少见。

（2）通过分析故障码产生的时间可以判断出，先是PE的二极管损坏，然后E-BOX保险丝熔断。PE内部的二极管击穿后造成短路，瞬间电流过大，E-BOX来不及切断高压电输出，因而烧断了E-BOX内部的350A保险丝，高压电无法输出，最终导致车辆抛锚。

八、2019年保时捷Cayenne E-Hybrid变速器故障灯亮，行驶中熄火

故障现象： 变速器故障灯亮，行驶中熄火，有时熄火后可以重新启动，有时不能重新启动。

故障诊断： 用诊断仪检查故障码为以下几个，均为偶发，如图5-1-58和图5-1-59所示。

控制单元	-	故障代码	启用	说明
辅助系统 (ZFAS AU516 001)	①	U112300	⬧	数据总线 - 收到故障值
Porsche 稳定管理系统 (PSM 9) (A1)	①	U122B00	⬧	底盘控制单元不可信
	①	U112300	⬧	数据总线 - 收到故障值
		UD40100	⬧	数据总线 - 消息不可靠
制动助力器变型 (EBKV)	①	U140A00	⬧	端子 30 电源电压 - 断路
变速箱电子装置 (Tiptronic)		P0C2F00	⬧	电气驱动控制单元，速度不可信
高压功率电子设备		P0C5200	⬧	牵引电动机转子位置传感器1, 对地短路
		P0C5C00	⬧	牵引电动机转子位置传感器2, 对地短路

图5-1-58

控制单元	-	故障代码	启用	说明
DME R4 Hybrid 2.0L（中国）(C6b)	①	U041500	⬧	制动电子设备的控制单元 (PSM) - 信号不可靠
		U041100	⬧	高压电源电子装置控制单元 - 信号不可靠
	①	P162400	⬧	发动机控制指示灯已开启
		U041100	⬧	高压电源电子装置控制单元 - 信号不可靠
		U041100	⬧	高压电源电子装置控制单元 - 信号不可靠
热量管理（具有针对高温/低温系统的热交换器的车型）		U041100	⬧	高压电源电子装置控制单元 - 信号不可靠
		U041100	⬧	高压电源电子装置控制单元 - 信号不可靠

图5-1-59

总结一下故障码信息：

·ZFAS/PSM：网络U开头的故障记录为"收到故障值"

·DME/热管理：网络U开头的故障记录直接报电源电子装置控制单元-信号不可靠

·变速器：电气驱动控制单元速度不可信

·电源电子装置控制单元：牵引电机转子传感器1对地短路，牵引电机转子传感器2对地短路

从各控制单元报的故障码中不难看出，故障信息指向电源电子装置控制单元，关键的故障码是电源电子装置控制单元中报的转子传感器对地短路。因为故障没有重现，我们参考GFF进行前期的检查。

右侧GFF信息，故障可能原因：

（1）电源电子装置控制单元。

（2）电源电子装置控制单元与电机之间的线路。

（3）转子位置传感器。

值得注意的是故障设置条件"转子传感器正弦信号电压低于0.35V"，如图5-1-60所示。

故障设置条件

· 正弦信号电压 < 0.35 V

故障影响

· 电机不工作

· 如果在完成**两个完整**驾驶周期后仍存在状态为 **[1]** "**启动**" 的这个故障，则启动**黄色**混合动力警示灯。

图5-1-60

图5-1-61是测量到的电机转子正常信号，它的正弦信号电压范围在1.2~4V之间。

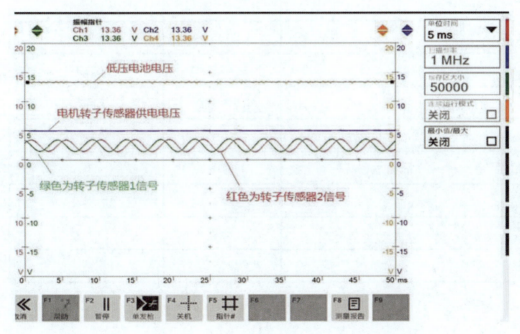

图5-1-61

因为故障是偶发的，车辆在怠速时故障一直不会重现，我们在第一天的路试中故障出现过一次，当时车辆自动熄火，可以重新启动发动机，并且重启后故障不再重现，当时我们读取了相关的数据流信息，如图5-1-62所示。

类型	名称	值
	电机标准转速	0.000000
	中间电路电压	419
	高压功率电子设备 - 低压范围 - 车辆电气系统的设定点电压	13.500
	高压功率电子设备 - 低压范围 - 电压（外部）	13.48
	电机 - 转子位置 - 角度（偏移）	0.00
	电机 - 转子位置超出测量范围	否
	电机 - 转子位置传感器 - 校准请求	怠速
	电机 - 转子 - 频率	0

图5-1-62

对比正常和故障的数据（如图5-1-63所示）：

	正常时(怠速)	故障时
电机标准转速	950	0
中间电路电压	427	419
低压范围-设定电压	13.39	13.5
低压范围-电压	13.41	13.48
电机-转子位置-角度(偏移)	0	0
电机-转子位置超出测量范围	否	否
电机-转子位置传感器-校准请求	怠速	怠速
电机-转子-频率	253	0

图5-1-63

因为故障时会自动熄火，当时电机已经停转，数据流里能看到的数据对故障点的判断作用不大。

根据电路功能图（如图5-1-64所示）：为了能实测到故障时信号的状态，我们在电机与PE之间的连接器处将测量线安装完成，以便故障出现时马上进行测量。

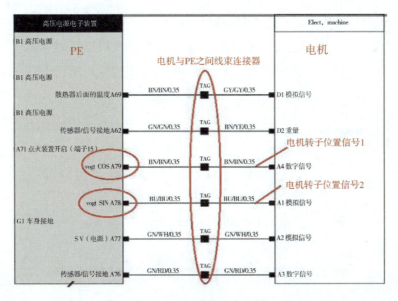

图5-1-64

经过两天一再重复路试，故障在第3天早上重现，当时车辆在车间通道上行驶时自动熄火，并且不能重新启动，当时我们马上对信号进行了实测，转子位置传感器1（红色）信号为0V（低于故障阈值0.35V），转子传感器2（蓝色）信号0~2V之间变化（同样会低于故障阈值0.35V），如图5-1-65所示。

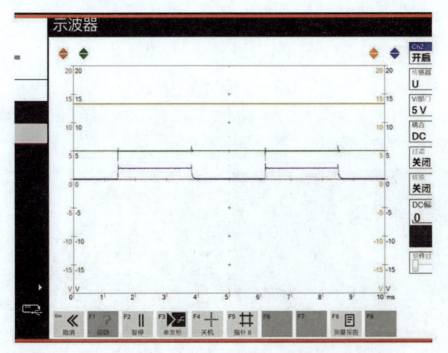

黄色为低压电池电压值；绿色为传感器基准电压值；蓝色为位置传感器2信号；红色为位置传感器1信号

图5-1-65

使用万用表测量电机位置传感器1线路对地电阻约为4.68Ω，电机位置传感器2线路对地电阻为4.91kΩ，断开中间连接器测量传感器1从连接器至PE端线路电阻仍为4.68Ω（如图5-1-66所示），然后再断开PE侧连接器，传感器1线路对地电阻约为3.63Ω，确认传感器1此段线路对地存在短路，排除电机与PE故障可能性。

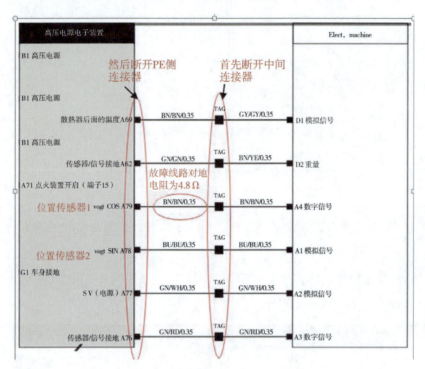

图5-1-66

检查故障线路，因为此段线路在变速器与车身之间并且由一块隔热板挡住，需要将变速器支座卸掉将变速器往下降一点，拆掉隔热板，仔细检查此段线束发现故障点，如图5-1-67所示。线路被挤压受损如图5-1-68所示。

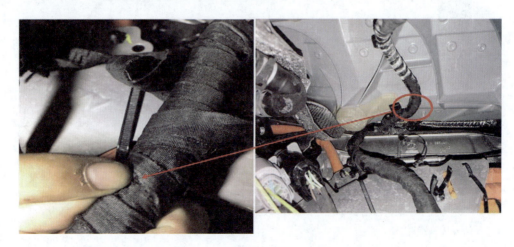

图5-1-67

图5-1-68

故障排除：修复受损信号线，故障排除。

第二节　保时捷Panamera

一、2020年保时捷Panamera 4 E-Hybrid仪表提示电气系统故障，车辆可以正常行驶

故障现象： 客户反映仪表提示电气系统故障，车辆可以正常行驶。

故障诊断： 到店后检查发现故障为P0AA600（如图5-2-1所示），故障设置条件为（00A003）绝缘电阻（警告＜675kΩ）；（00A007）绝缘电阻（警告＜225kΩ），如图5-2-2所示。

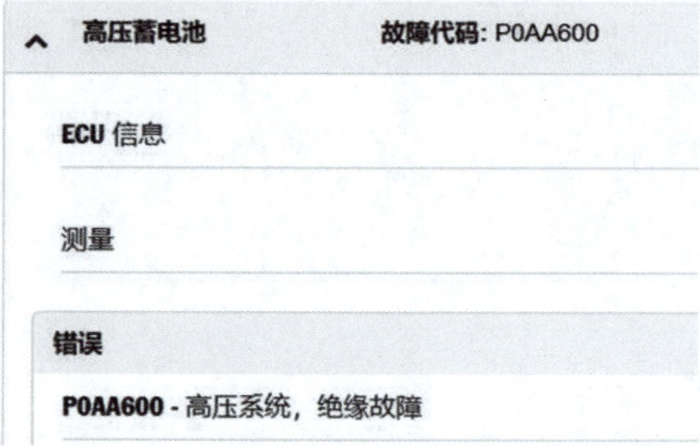

高压蓄电池	故障代码: P0AA600
ECU 信息	
测量	
错误	
P0AA600 - 高压系统，绝缘故障	

图5-2-1

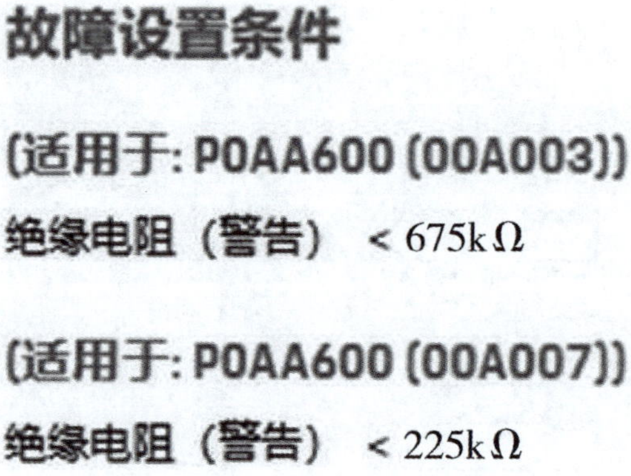

故障设置条件

（适用于: P0AA600 (00A003)）
绝缘电阻（警告）　＜675kΩ

（适用于: P0AA600 (00A007)）
绝缘电阻（警告）　＜225kΩ

图5-2-2

检查故障记录内的数据发现正负极电阻都比较低，正极绝缘电阻低于警告标准所以报警，如图5-2-3所示。

扩展故障信息: - - 20_出现故障 - 测量值 - 高压蓄电池 - 绝缘正极 - -		20470 kΩ	
扩展故障信息: - - 20_出现故障 - 测量值 - 高压蓄电池 - 绝缘正极 - 状态		无效	
扩展故障信息: - - 20_出现故障 - 测量值 - 高压蓄电池 - 绝缘负极 - -		20470 kΩ	
扩展故障信息: - - 20_出现故障 - 测量值 - 高压蓄电池 - 绝缘负极 - 状态		无效	
扩展故障信息: - - 20_出现故障 - 测量值 - 高压系统 – 绝缘正极 - -		130 kΩ	
扩展故障信息: - - 20_出现故障 - 测量值 - 高压系统 – 绝缘正极 - 状态		有效	
扩展故障信息: - - 20_出现故障 - 测量值 - 高压系统 – 绝缘负极 - -		240 kΩ	
扩展故障信息: - - 20_出现故障 - 测量值 - 高压系统 - 绝缘负极 - 状态		有效	

图5-2-3

查看实际值发现当前绝缘电阻都是10000kΩ，如图5-2-4所示。由于当前故障不存在，直接测量绝缘并没有发现问题，通过询问故障发生条件，行驶时出现，最近温度较高肯定使用空调，初步排除充电器及加热器的可能性。通过摇晃高压线及高压部件绝缘电阻无变化，用水枪将高压部件打湿观察绝缘电阻无变化。

高压蓄电池	高压蓄电池 - 绝缘负极: -	20470		kΩ
	高压蓄电池 - 绝缘负极: 状态	无效		
	高压蓄电池 - 绝缘正极: -	20470		kΩ
	高压蓄电池 - 绝缘正极: 状态	无效		
	高压系统 - 绝缘负极: -	10000		kΩ
	高压系统 - 绝缘负极: 状态	有效		
	高压系统 – 绝缘正极: -	10000		kΩ
	高压系统 – 绝缘正极: 状态	有效		
	高压蓄电池 - 用于绝缘测量的测试电压	500	≤ 500	V

图5-2-4

路试车辆发现高压绝缘电阻发生变化，正极尤其明显，但路试未能重现故障，绝缘电阻未低于故障设定点225kΩ，如图5-2-5所示。

通过数据的对比发现绝缘电阻波动的车辆会报对应绝缘故障码，为了证实这一点用一辆正常的车辆进行对比，发现波形如图5-2-6所示，电阻一直为10000kΩ。

通过实际值发现最大的测量范围应该就是10000kΩ，低于10000kΩ就显示实际值，而我们的绝缘测试表可以测量550MΩ=550000kΩ，就是说我们的绝缘表能检测更大的绝缘电阻，如图5-2-7所示。通过正常和故障绝缘测试对比发现空调绝缘电阻存在差异，故障车辆明显低一些（但符合绝缘测量标准）。虽然知道空调压缩机及线路绝缘电阻存在差异，但是未能判断电阻低是谁导致的。通过断开压缩机接头测量线路绝缘电阻正常。拆压缩机高压接头时发现压缩机竟然有渗油痕迹，荧光灯检测还有点荧光。后来发现上面是一层胶状物，其他车也有。

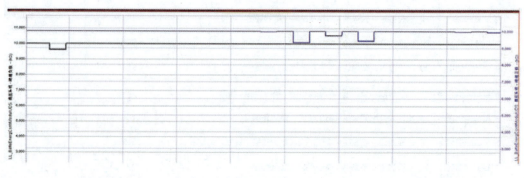

图5-2-5

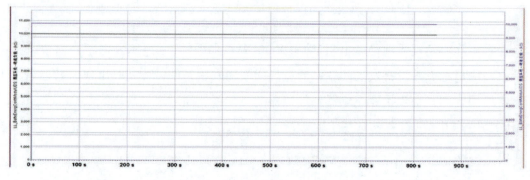

图5-2-6

图5-2-7

　　确定存在差异的是压缩机，但是不能确定产生波动或者导致故障的就是压缩机。因为故障是动态的。接下来就是要替换压缩机路试，但是这种工程量较大，检查专用适配器发现旁边背面有电路图，从电路图（如图5-2-8所示）得知TP2是常通的，Pilot out是通过A/B端子连通的，再通过A/B的接头组成导航线回路。

　　在了解结构后制定了断开压缩机后的绝缘电阻测试方案。由于直接拔掉高压接头会导致导航线故障，无法上电。为了解决拔掉后导航线线路断路，通过适配器上的导航线的预留接头将Pilot out及Pilot in A/B链接在一起，如图5-2-9所示。并将适配器上输出接头做好绝缘保护，路试未发现绝缘电阻波动的情况出现。

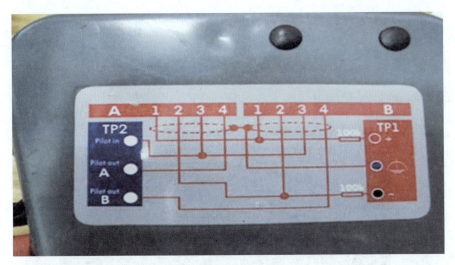

图5-2-8

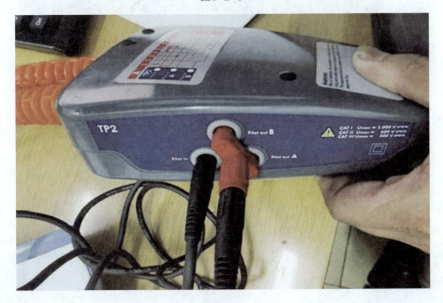

图5-2-9

故障排除：更换高压空调压缩机后故障排除。

故障总结：

（1）如果静态时绝缘电阻实际值低于10MΩ的话，直接测绝缘电阻能判断故障。因为绝缘测试最低要求是10MΩ。

（2）动态绝缘故障要通过车辆出现条件先排除一些可能性，或者确定一些可能性（如只出现在充电时）。

（3）故障模拟法：如摇晃线束或模拟使用条件。

（4）断开高压部件，或替换排除法。压缩机绝缘测量提示：只需要解锁高压接头后往后移动确定触点分离即可测量，若要移除需要拆下压缩机固定螺丝。

二、2020年保时捷Panamera 4 E-Hybrid组合仪表提示发动机故障，驱动模式不可调，车辆可以正常行驶

故障现象： 客户反映组合仪表提示发动机故障，驱动模式不可调，车辆可以正常行驶，如图5-2-10所示。

图5-2-10

故障诊断： 到店后故障不存在，路试正常，驱动模式可调。查看有许多故障码，分析后HV-PE中P0A2E00为核心故障码，如图5-2-11所示。

整理分析所有故障信息，以为仪表发动机故障报警是由故障码P0A2E00电机温度传感器缺火导致的，如图5-2-12所示。

根据客户反映车辆在5月27日，车辆里程10860km时车辆产生了同样的故障现象。对高压充电器和高压蓄电池进行编码后，删除相关故障码，故障信息未再次重现，所以这些故障信息不会导致发动机警告灯亮。

根据SIT得知电机温度传感器是用来测量电机定子的温度，是NTC负温度系数传感器，在高温下的电流传导性能要优于低温下的传导性，电机温度传感器为单独传感器安装在电机上，对温度传感器的线路进行检查测量，线路正常，插头和针脚均正常。

查阅GFF说明，电机温度传感器信号不可靠的故障设置条件为电机温度测量（定子）信号跳跃10℃（如图5-2-13所示），可能会导致电机不工作。查看电机温度传感器实际值，使发动机怠速运转，检查发现电机温度传感器在试车过程中出现了一次异常跳动，经过多次测试，电机温度测量跳动没有出现。根据车主反映，故障需要在高速上长时间

高压功率电子设备　　　　　　　　　　故障代码: P0A2E00

错误

P0A2E00 - 电机，温度传感器 – 缺火

图5-2-11

控制单元	故障信息		里程数	日期时间
DME	U041100 - 高压电源电子装置控制单元–信号不可靠	005B92	11135 km	03.06.2020 15:15:38
	U041100 - 高压电源电子装置控制单元–信号不可靠	008217	11961 km	22.06.2020 11:32:31
	P0E5E00 - 高压充电器 – 内部故障	00C000	12662 km	30.06.2020 14:56:21
高压充电器	B201200 - 编码	100130	12890 km	2000.0.0.0:00:00
高压功率电子设备	P0A2E00 - 电机，温度传感器 – 缺火	00783C	11020 km	2020.05.31.18:42:16
组合仪表	B19ACF0 - 发动机控制故障显示, 激活	EA6609	11020 km	2020.05.31.18:42:51
	B19B0F0 - 车载电网故障显示, 激活	EA660E	12074 km	2020.06.23.15:24:15
	B19E4F0 - 蓄电池电压过低显示, 激活	EA664D	12065 km	2020.06.23.15:17:54
热量管理	U041100 - 高压电源电子装置控制单元–信号不可靠	009012	11135 km	03.06.2020 15:15:40
	U041100 - 高压电源电子装置控制单元–信号不可靠	009312	11135 km	03.06.2020 15:15:40

图5-2-12

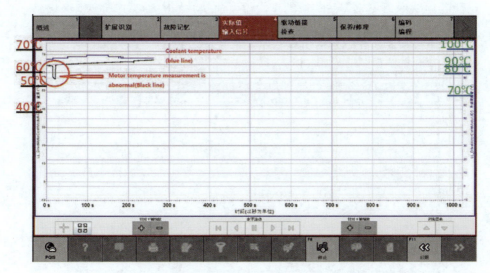

黑色.电机温度　蓝线.冷却液温度

图5-2-13

行驶后会出现，所以再次进行长距离路试。

在长距离行驶过程中大于30km，组合仪表提示"驱动模式不可用"和"发动机控制装置故障"，此时HV-PE出现故障码：P0A2E00电机温度传感器缺火显性故障。同时查看并检测故障时电机温度出现明显的跳动，温度测量值从107℃突然跳到了125℃，温差瞬间18℃，大于故障设置值的10℃温差，确认故障点为电机温度传感器故障，如图5-2-14所示。

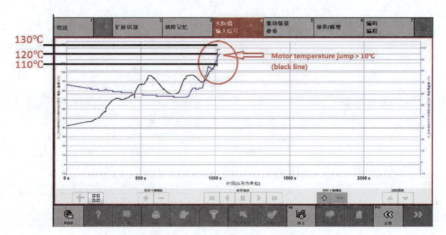

黑色.电机温度　蓝线.冷却液温度

图5-2-14

故障排除：更换电机温度传感器故障排除。

此案例在于分析故障码出现的时间节点，分析并筛选出导致故障现象的核心故障码，以及对于偶发故障出现的前提条件——温度、行驶距离、时间等并且需要持续的检测过程。更换电机温度传感器后测量的正常温度曲线，如图5-2-15所示。

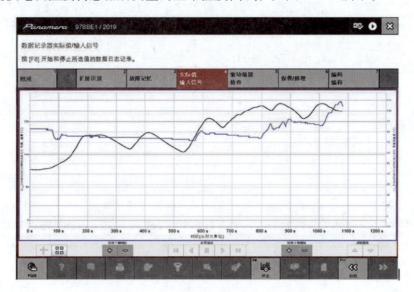

图5-2-15

三、2020年保时捷Panamera 4 E-Hybrid行驶中车辆自动熄火，仪表红色报警车辆电气系统故障，再次启动车辆没有反应

故障现象：行驶中车辆自动熄火，仪表红色报警车辆电气系统故障，再次启动车辆没有反应，如图5-2-16所示。

图5-2-16

到店后先查看故障码，其中故障码都指向了E-BOX，如图5-2-17所示。

高压蓄电池	U014600 - 网关控制单元 - 无通信
高压蓄电池	U014100 - 后端电子设备控制单元 - 无通信
高压蓄电池	U010000 - 发动机电子装置 (DME) 控制单元 – 无通信
高压蓄电池	U012100 - 制动电子装置 (PSM) 控制单元 – 无通信
高压蓄电池	P0AFC00 - 高压电控箱 – 传感器故障
高压蓄电池	P06B400 - 高压电控箱，端子30 - 接地短路
高压蓄电池	P0B3500 - 高压电控箱，接触器的电源 - 接地短路
高压蓄电池	P0B2000 - 高压电控箱，高压保险丝（高压充电器），电压传感器 - 接地短路
高压蓄电池	P0B1E00 - 高压电控箱，高压保险丝（高压充电器），电压传感器 - 断路
高压蓄电池	P0C4700 - 附加冷却液泵，启用 - 断路
高压蓄电池	P0AF800 - 高压蓄电池，信号不可靠
高压蓄电池	P056200 - 电源 - 低于极限值
高压蓄电池	U140000 - 功能限制 - 电源电压过低
高压蓄电池	P0D1500 - 导航线路 - 断路

图5-2-17

对E-BOX进行测量，1-3之间电阻无穷大，2-4之间电阻为0.05Ω，确认E-BOX内部的60A保险已经熔断，如图5-2-18所示。

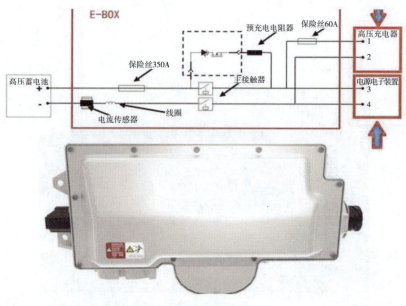

图5-2-18

分析导致E-BOX 60A保险丝熔断的原因。

测量E-BOX内部60A保险丝后方的高压设备，HV加热器短路测试正常。OBC内部电阻正常，充电器绝缘正常，压缩机绝缘正常，如图5-2-19和图5-2-20所示。

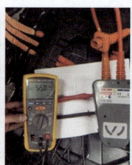
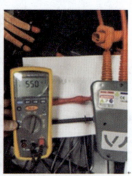

图5-2-19

根据故障码分析压缩机工作时内部短路，导致E-BOX保险丝熔断，更换E-BOX和HV压缩机后车辆可以正常启动，PE电压输出为13.16V。

再次试车仪表报警：车辆电气系统故障，发动机故障灯点亮，如图5-2-21所示。

测量PE电压输出为11.7V，此时PE不发电。锁车10min后再次启动车辆，系统恢复正常，仪表警告消失，但是PE电压输出上升至14.99V，说明PE存在故障。

故障排除：更换PE后，PE供电电压正常，故障排除。

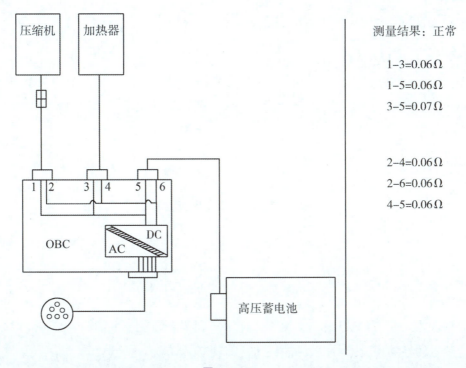

测量结果：正常

1-3=0.06Ω

1-5=0.06Ω

3-5=0.07Ω

2-4=0.06Ω

2-6=0.06Ω

4-5=0.06Ω

图5-2-20

图5-2-21

故障总结：最终为这辆车更换了E-BOX、HV空调压缩机和PE，试车500km，没有发现故障，PE电量输出维持在13.2V。

第六章
比亚迪车系

第一节　比亚迪汉

故障现象： 打开FM界面自动搜索，搜索不到调频频段（如图6-1-1所示），手动调到当地信号较好的频段，可以收听但是信号不好有杂音。

图6-1-1

故障诊断：

故障可能原因有：

（1）天线故障。

（2）天线放大器故障。

（3）多媒体主机故障

（4）线路故障。

首先检查排除信号干扰，此类现象怀疑信号不良导致。检查多媒体主机天线插接件和天线放大器插接件，均没有问题。检查相关线束未发现异常。重新插拔主机总成上天线插接件，故障未见好转。外挂一个天线放大器后故障依旧，如图6-1-2和图6-1-3所示。

图6-1-2

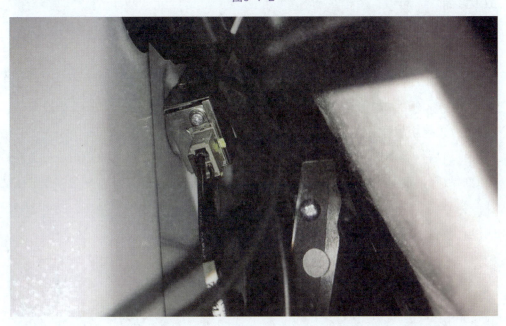

图6-1-3

查看一下资料，PAD只是显示作用，天线直接连接主机，线路和天线放大器均无故障，判定为多媒体主机故障，更换主机后故障排除。

故障总结：汉DM电路图系统上还没有，借鉴汉EV电路图查看。汉DM电路图和汉EV电路图基本相同，天线放大器也基本相同，可倒换测试。

二、比亚迪汉DM车型偶发性气囊灯亮

故障现象： 客户来电话反映该车正常行驶中突然间组合仪表显示请检查SRS系统（如图6-1-4所示），反复熄火重启，故障均不能消失。

图6-1-4

故障诊断：

故障可能原因有：

（1）SRS系统配置故障。

（2）左前碰撞传感器故障。

（3）SRS控制单元故障。

（4）有关线路故障等。

车辆到店后仪表上的气囊警报灯熄灭，VDS扫描车辆SRS系统无故障记录。上路试车半个小时后故障再现。诊断仪扫描气囊系统报B165700左前碰撞传感器配置错误故障码，故障性质为当前故障，无法删除，如图6-1-5所示。读取软件版本为最新，断电无效，检查车辆没有贴膜，无泡水迹象。

图6-1-5

检查左前碰撞传感器针脚及接插器无进水、无退针，如图6-1-6所示。查看左前碰撞传感器，装配位置上有定位销和螺丝孔，还有安装方向的箭头，避免装配方向错误的情况，如图6-1-7所示。倒换左前碰撞传感器试车，故障再现。

图6-1-6

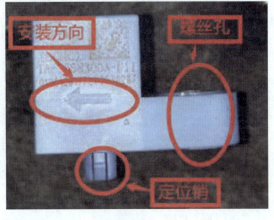

安装方向　　　螺丝孔

定位销

图6-1-7

由于故障是偶发性，基本上可以排除系统配置问题导致的故障。经过与技术督导电话沟通，结合故障发生的情况，怀疑线路的可能性极大。通过LMS查看该车SRS系统电路图，左前碰撞传感器的1、2号脚分别与SRS控制单元模块的43、44号脚连接，线束中间还经过一个BJK02接插器，如图6-1-8所示。

在检查中发现，晃动BJK02接插器附近的线束时故障再现。拔开BJK02接插器发现接插器的2号针脚有轻微退针导致接触不良（如图6-1-9所示）。查看电路图，BJK02的2号脚与左前碰撞传感器的2号脚连接。为了确认故障点，验证故障，人为将该针脚从接插器中拔出，这时SRS系统报与左前碰撞传感器连接断开故障，与原来故障不符。后来经过了解得知，汉车型上的SRS系统，针对传感器连接情况的检测分两种故障模式定义，如果是完全断开传感器连接，系统会报断开连接故障；如果是接触不良，系统不一定会报断开连接故障，而报碰撞传感器配置错误故障。也就是说报碰撞传感器配置错误故障也是断开连接故障的一种故障模式。

重新修复针脚接插器，装复车辆反复试车，故障不再出现，故障彻底排除。

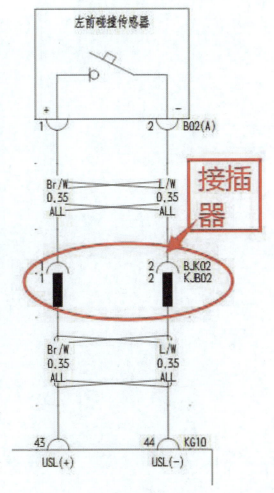

接插器

图6-1-8（图注省略）

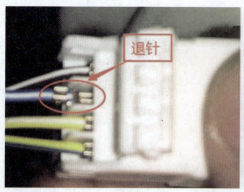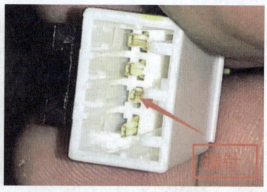

图6-1-9

故障总结：了解车辆的设计及控制原理，结合车辆故障分析，以缩小故障范围，参考电路图，快速排除故障。掌握有效检测方法，提高检查准确性。

第二节　比亚迪秦

一、比亚迪秦Pro DM偶发性无法充电

故障现象：客户反映车辆有时候充电一晚上只能充20％的电，有时候又能正常充满。

故障诊断：

故障可能原因有：

（1）程序故障。

（2）车载充电器故障。

（3）PTC驱动器故障。

（4）相关低压电路故障。

车辆到店检查无程序更新，对车辆进行充电测试。充电30min左右，车辆出现充电自动断开。VDS读取故障码为P157216：车载充电器直流侧电压低（如图6-2-1所示），故障时读取数据流，车载充电器直流侧电压只有103V。

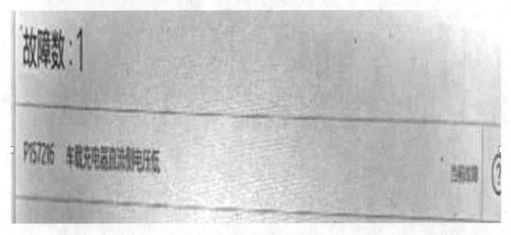

图6-2-1

因直流侧电压是经过动力电池到PTC驱动器再分去PTC和车载充电器，查看PTC母线电压数据为381V（如图6-2-2所示），有可能车载保险丝存在烧结或虚接情况。拆检PTC保险盖检查保险丝等发现无虚接情况。测量PTC驱动器母线端到车载母线端阻值为0.16Ω（如图6-2-3所示），为正常状态。考虑车载充电器拉低母线电压，倒换车载充电器测

图6-2-2

数据流		当前	右限	单位		
散热片温度		42	0/170	℃		
PTC预置档位		0	0/100	%		
PTC实际档位		0	0/100	%		
右侧散热片温度			0/170	℃		
冷却液温度			0/170	℃		
低压侧电源		14.2	0/24	V		
高压侧电源		381	0/900	V		
位置电流		0.0	0/50	A		

图6-2-3

试，充电半小时左右，故障重现。考虑故障出现的时间规律，应该是有地方存在虚接导致电压拉低，动力电池到PTC母线电压正常，但PTC控制器到车载充电器母线电压偏低，判定为PTC驱动器内部有虚接情况导致，更换PTC驱动器总成，故障解决。

故障总结：维修时注意细节及数据观察，结合控制原理检修。

二、比亚迪秦Pro DM无法上OK挡

故障现象：车辆无法启动，仪表提示请检查电子驻车系统，请检查动力系统，请检查ESP系统，请检查行人探测系统，请检查预测性碰撞报警系统，请检查自动紧急制动系统，多功能视频故障而且P挡不停闪烁。

故障诊断：用VDS2000扫描后发现各类故障码，但均有一个特性，与电机控制器通信故障。而且电机控制器模块扫描不出来，显示应答超时，由此可以确认为驱动电机本体或者插件CAN线以及供电电源问题。经查阅线路图后，测量电机控制器插件的37号针脚CAN-H和36号针脚CAN-L后发现电压均为2.5V左右且正常。其次测量60和62号针脚后发现电压只有5V，正常应该是12V。经测量F1/24保险丝后发现电压只有5V左右。通过电路图发现该电源是从IG4继电器过来后到电机控制器保险丝，再到电机控制器。拔掉IG4继电器后测量底座发现有12V电压，判定为继电器内部故障导致，更换后故障排除。

故障总结：遇到仪表报多个故障的需寻找其线路共同点，做到快速判断。

三、比亚迪秦Pro DM行驶过程中发动机故障灯亮，熄火后可消失，行驶一段时间后会再次出现

故障现象：客户反映车辆行驶过程中发动机故障灯亮，熄火后可消失，行驶一段时间后会再次出现。

故障诊断：车辆进店检查，使用VDS扫描发现发动机控制模块内报：P1621中冷冷却系统故障。故障码为永久故障，可清除。清除后试车使用发动机行驶一段时间故障依旧。

故障可能原因有：

（1）循环水泵故障。

（2）水泵控制线路故障。

（3）相关控制程序异常。

（4）中冷器故障。

试车时观察数据流发现，发动机的进气温度与增压气体温度温差不大且进气温度数值较高，中冷没有起到降温的作用。将车辆举升，检查冷却液循环泵，发现在发动机启动时该水泵不工作。使用万用表测量水泵的供电及搭铁，发现搭铁正常，供电存在异

常。检查前舱配电盒内水泵保险丝正常，水泵继电器集成在前舱继电器模块上，对该模块进行倒换，故障依旧。水泵继电器是由发动机控制模块发出搭铁信号控制吸合，检查搭铁信号，使用试灯测量时该信号非常不稳定，有时非常弱，有时正常，有时还会消失。控制信号弱会导致继电器无法吸合。此信号为发动机控制模块提供，找相同车型倒换进行测试，故障依旧。因发动机控制模块输出是一个拉低信号，遂怀疑为线束的搭铁不良，所以影响到了控制模块的信号输出。检查发动机线束及前舱线束的搭铁线，发现有一处锈蚀较严重，如图6-2-4所示。

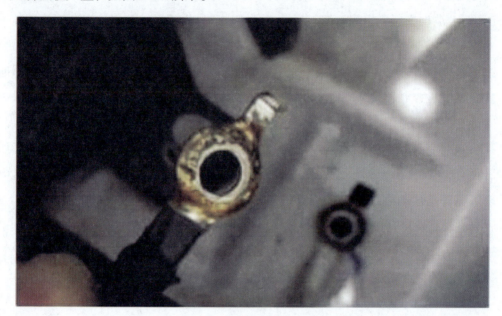

图6-2-4

将搭铁部位进行处理后试车，发现发动机控制模块信号变强了，使用试灯测试也非常明亮。但发动机启动后检查发现水泵依旧无电过来，水泵继电器依旧不吸合。重新分析该控制线路，继电器的控制有了，水泵的电源及线束连接也没问题，那问题就出在继电器的吸合线圈的供电上。将前舱配电盒打开，测量保险至继电器盒的线束，阻值在8.3MΩ，明显异常（从保险丝针脚的下方直接破线测量阻值为0.5Ω）。该线是与氧传感器的电源线接在一起的（如图6-2-5所示），晃动该线束测量阻值会来回变化，有时会降至0.5Ω以下。故障点找到了，维修线束后故障排除。

故障总结：思路清晰，快速查出根本原因，提升一次性修复率；该车故障其实很简单，就是循环水泵不工作导致的发动机报故障。在检查线路的过程中要关注每一个细节，对线路图的分析也很重要。多熟悉相关元件的控制原理及其逻辑对故障的快速排查有很大帮助。

两根线束接在一起的
即为故障点

图6-2-5

四、比亚迪秦Pro DM驾驶辅助系统故障

故障现象：一辆比亚迪秦Pro DM行驶7191km，客户反映车辆驾驶辅助系统故障。仪表和PAD提示：请检查电子驻车系统、请检查行人探测系统、请检查预测性碰撞系统、请检查自动紧急制动系统、请检查车道偏离系统，如图6-2-6所示。

图6-2-6

故障诊断：

故障可能原因有：

（1）多功能视频控制器故障。

（2）线路故障。

（3）整车控制器故障。

（4）ESP故障。

用VDS2000读取故障码，ESP报故障码：①BLS开关信号故障或间隙异常；②压力传感器信号故障。EPB报故障码：接收到ESP的无效信息故障。自适应巡航系统报故障码：①制动踏板状态错误；②ESP信号无效。多功能视频控制器报故障码：ESC无效信号故障。因系统报BLS开关信号故障或间隙异常、制动踏板状态错误、ESP信号无效等故障码，考虑到驾驶辅助系统都要收到ESP有效信号才能正常工作，根据故障码首先检查制动灯开关和制动深度传感器及相关线路，未发现异常。用VDS2000扫描不到整车控制器，但测量整车控制器的两路电源搭铁正常、CAN线电压电阻均正常。从诊断口测量各网络电压电阻也正常。分析整车控制器的制动信号没有给出，但尝试倒换整车控制器测试故障依旧。随后尝试用VDS1000发现可以扫到整车控制器，整车控制器无故障，数据流也正常（防盗清码编程都正常，车辆也可以行驶），所以可以排除控制器的问题。VDS2000扫描不到整车控制器因联网不及时或VDS未完全更新等原因造成，如图6-2-7所示。

图6-2-7

进一步读取ESP数据流发现主缸压力在制动踏板未踩下状态时为50130kPa（501.3bar）（异常）（如图6-2-8所示），正常最大值为42500kPa（425bar）。对比正常车辆在制动踏板未踩下时主缸压力为-10kPa~100kPa，但故障车ESP数据流在不踩制动踏板时主缸压力为50130kPa且数据异常。分析是ESP ECU检测到主缸压力高认为是制动踏板已经踩下了，但是BLS信号和制动深度信号又是未踩下状态，这几个信号对比是冲突的，所以ESP会报出来BLS开关信号故障或开关间隙异常，并给其他模块发出无效信息的故障。结合ESP报压力传感器信号故障（仅ESP有）故障码，分析此故障为ESP内部压力传感器异常导致。到此判定ESP总成故障，更换后故障排除。

故障总结：当系统中有多个故障码时候一定要找到这些故障码之间的关联性，这样

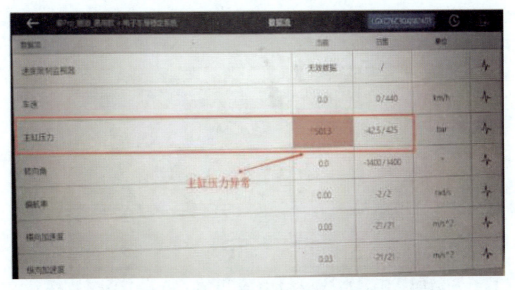

图6-2-8

故障排除效率会大大提升。VDS设备需要定期进行更新，特别是发现部分系统进入不了的情况，先考虑更新软件。数据流分析非常重要，针对数据流不熟悉的情况，建议最好找个同样的车辆进行对比分析。

五、比亚迪秦Pro DM充电功率异常

故障现象：客户反映秦Pro DM车辆充电时仪表显示充电功率为10kW且SOC值越充越低，从90%逐渐降落至70%且还在继续降。

故障诊断：

故障可能原因有：

（1）仪表显示故障。

（2）车载充电系统故障。

（3）车辆程序异常。

（4）电池包故障。

更换充电桩进行测试，故障依旧。排除充电桩等故障影响。使用VDS2000进行诊断，系统无故障码输出，程序无更新。查看数据流，车辆充电时车载高压侧输出电压为445V，输出电流为6.6A，计算值2.93kW，车载内充电功率数据正常。移除充电枪将车辆上电观察车辆，车辆在原地仪表显示有8kW的功率输出，此为非正常状态。无大功率电器工作且车辆未行驶的工况下仪表显示功率应不超过1kW，显示应为0kW才正常。读取电池管理器的数据流，电池组当前总电流为17A，数据异常。车辆为静止状态且无高压电器工作，数据流明显超出正常值。分析车辆的霍尔电流传感器有故障，因此车型的高压配电

箱集成在电池包内部，霍尔传感器也在电池包内部，将车辆顶起检查电池包的低压接插件发现有针脚退出现象，如图6-2-9所示。

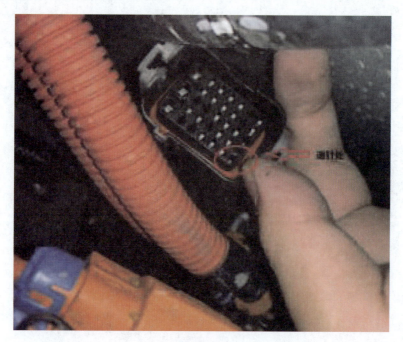

图6-2-9

故障总结：仪表功率表主要信号由霍尔电流传感器提供。霍尔电流传感器有两个电源，+15V和-15V，若丢失一个电源，传感器还能工作，但是提供的信号是错误的。

六、比亚迪秦Pro DM无法充电

故障现象：一辆比亚迪秦Pro DM车型，经反映无法充电，仪表一直显示充电连接中，如图6-2-10所示。

图6-2-10

故障诊断：

故障可能原因有：

（1）车载充电器故障。

（2）低压或高压线路故障。

（3）软件故障。

（4）BMS故障。

使用VDS扫描车辆，读取OBC无故障码，但是有程序更新。更新完程序后测试，依旧无法充电。车辆连接上充电枪后，读取数据流发现，没有高压侧输出电压，但是有交流侧输入电压，如图6-2-11所示。初步分析是车载充电32A保险丝或车载充电器本身故障。

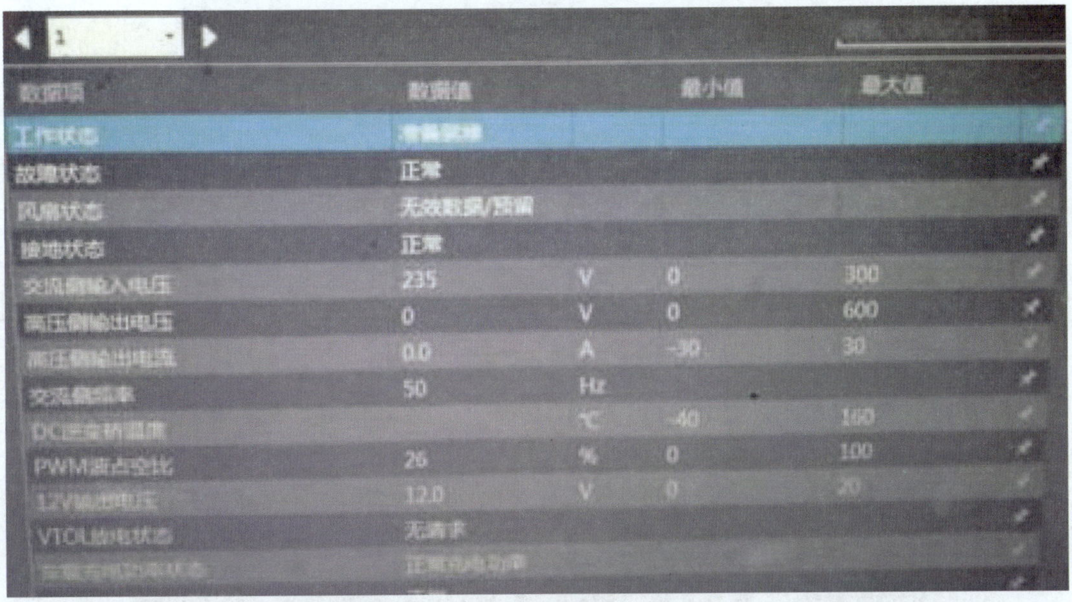

图6-2-11

车载充电器保险丝在副驾驶座椅下方PTC驱动器内部，检查保险丝正常。对车辆进行上OK挡电，OBC高压直流线束端测量高压电正常，说明电池包没有问题。分析OBC内部故障，从其他正常车上倒换了OBC后，故障依旧。也把故障车的OBC换到正常车上充电测试正常，排除OBC自身故障。将两车的OBC互换时发现异常，OBC高压线束退针（如图6-2-12所示）。修复针脚后，故障排除。

故障总结：思路清晰，快速排除故障；在维修没有任何故障码的车辆时，要多去分析数据流，从数据流里观察异常项，从而进行分析其工作原理。

图6-2-12

七、比亚迪秦Pro DM无法上OK电

故障现象：一辆比亚迪秦Pro DM，在地下车库停放一夜后无法上OK电，仪表显示请检查车辆网络，如图6-2-13所示。

图6-2-13

故障诊断：使用VDS2100扫描车辆，发动机控制模块显示故障码为U0102ECM与TCU通信失败，而且扫描不到TCU模块。

故障可能原因有：

（1）TCU模块故障或供电电源线路故障。

（2）ECM模块故障。

（3）ECM与TCU之间网络故障。

　　检查TCU供电问题，首先查看保险丝，F1/6、F2/34均没有烧断，测量F2/34处电压正常。通过查看电路图，又测量了BJA01的11号针脚，电压也正常。由于TCU插头位置不便于拔插将车辆拖回服务店继续检查。车辆进店以后发现故障消失，车辆能够正常行驶。由于未处理任何地方，故障肯定还是存在的。于是模拟故障，拔下F2/34号保险丝和BJA01插头仪表都会出现请检查发动机系统，应该不是这两处问题。单独拔下TCU插头故障与之前一样，仪表上只报请检查车辆网络，怀疑此处有问题。拔下TCU插头，测量A28的9号针脚电压正常，针脚及插针也未发现异常，TCU供电应该没有问题。再次插上插头发现故障重现，怀疑应该是TCU本身问题或者线路中有虚接问题。再次拔下TCU插头测量供电，仍然没有问题，测量CAN线A28的14和15号针脚之间电阻为600Ω左右正常，CAN-H和CAN-L电压分别为2.7V和2.3V左右，电压也正常。供电和CAN线均没有问题，继续测量搭铁，测量A28的8号针脚与搭铁不导通，应该是搭铁问题。

　　查看电路图搭铁点为Ea04，发现在左前纵梁上有两处搭铁点，并且一处搭铁点已经松动，拧紧此搭铁点（如图6-2-14所示），故障排除。

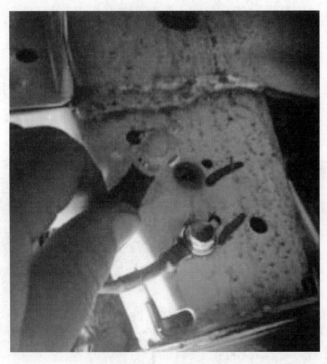

图6-2-14

　　故障总结：搭铁不良可能会出现各种偶发性的故障，在日常维修中也比较难排查，因此在怀疑模块问题的时候，搭铁的排查也是非常重要的。

八、比亚迪秦Pro DM静态耗电量异常

故障现象：客户反映一辆秦Pro DM车辆停放后出现无法启动情况。

故障诊断：

故障可能原因有：

（1）低压蓄电池故障。

（2）模块问题导致静态耗电量异常故障。

（3）相关线路内部故障。

（4）客户操作问题。

将蓄电池充满电后用蓄电池检测仪检测蓄电池正常，如图6-2-15所示。锁车后测量静态耗电量时发现电流比较大（2A）且来回跳动，逐个拔掉仪表配电盒里面的室内灯、多媒体电源、模块常电源，静态耗电量还是一样。

逐个拔掉前舱、仪表、后舱配电盒上面保险丝，断开前舱到仪表配电盒的电源线，静态耗电量均没有到正常值。当断开IKEY控制器K117B插接件后静态耗电电流变到正常范围内。查阅电路图，K117B插头上面并没有电源线且只有两根CAN线，下游用电器是高频接收器、左右门微动开关及行李箱开关，需进一步检查。测量K117B线束对地阻值都在正常范围内，怀疑是下游模块或是线束接插件的问题。首先拔掉高频接收模块没有排除故障，其次断开左前门线束和右前门线束均没有排除故障。根据电路分析把K117B上面的针脚一个一个地挑出来试，当把9号脚挑出来后耗电量正常，如图6-2-16所示。

图6-2-15

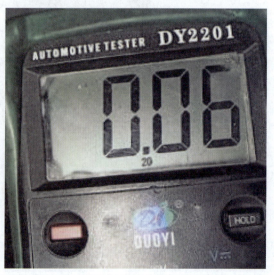

图6-2-16

顺着线束找到KJG08插接件时发现上面有水迹，插接件内部有锈蚀（如图6-2-17所

图6-2-17

示），吹干接插件上面的水迹后静态耗电量正常。

车辆里面有水迹，于是重点检查外围天窗等密封情况，当用高压水枪冲洗前挡风玻璃时发现角落里面有滴水情况，前挡风玻璃重新打胶处理后故障彻底排除。

故障总结：遇到线束插接件生锈问题类似故障，要仔细检查漏水原因，做到一次修复。漏水问题可以使用高压水枪冲洗检查。

九、比亚迪秦Pro DM加油口盖无法上锁

故障现象：一辆比亚迪秦Pro DM，使用遥控器或微动开关正常锁车后，加油口盖还能打开。

故障诊断：

故障可能原因有：

（1）加油口盖执行器故障。

（2）线束故障。

（3）BCM故障。

实际测试，使用遥控器或微动开关锁车，车门能正常锁上，但用手按压加油口盖后加油口盖还能弹开。进一步检查发现充电口盖在锁车状态也可以通过按压的方式打开，明显异常。查看电路图得知加油口盖执行器和充电口盖执行器共用同一路解锁/闭锁电源，两个执行器同时出故障的概率不大，可排除执行器损坏的可能。从加油口盖执行器插头K40处测量：K40-1—车身地按下闭锁键时有12V电压（正常）、K40-2—车身地按下解锁键时无电压输出（异常）和K40-1—K40-2闭锁或解锁时均无电压输出（异常），

电路图如图6-2-18所示。直接从仪表板配电盒（BCM）处测量G2E-34—G2E-26，闭锁或解锁时均有12V电压输出，由测量结果分析判断为执行器至BCM之间的解锁电源线路断路，导致执行器电源回路断开而无法执行闭锁/解锁动作。

从电路图（如图6-2-19所示）中看出闭锁电源线路走地板线束左侧，解锁电源线路走地板线束右侧。检查右A柱下端的接插件GJK07/KJG07发现18号公端针脚歪斜（如图6-2-20所示），处理该针脚后测试故障排除。

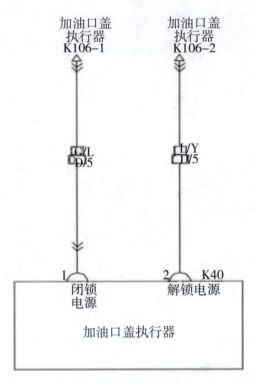

图6-2-18

图6-2-19

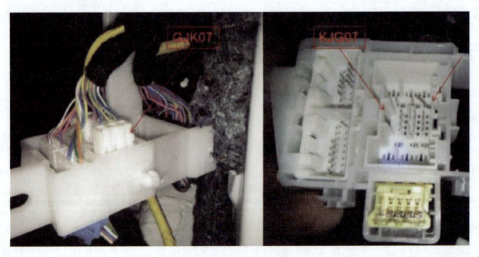

图6-2-20

故障总结：从电路原理图上看出，秦Pro DM加油口盖执行器和充电口盖执行器是由BCM共同供电，既然都失效，故障应出在公共部分。

十、比亚迪秦Pro DM无法充电

故障现象：客户打电话反映车辆无法充电，插枪后仪表一直显示充电连接中，如图6-2-21所示。

图6-2-21

故障诊断：

故障可能原因有：

（1）交流充电口故障。

（2）车载充电器故障。

（3）电池管理器故障。

（4）高压配电箱故障。

（5）电池包故障。

（6）线路故障。

车辆到店后，故障如客户所说。用本店的3.3kW充电机给车充电，仪表有插枪信号，一直处于充电连接状态中。用VDS扫描发现该车无故障码。拔掉枪重新插枪能听到电池包接触器吸合的声音，但是仪表一直显示充电连接状态中，过了15s又能听到配电箱里各接触器吸合的声音，仪表同样显示充电连接状态中，突然仪表出现请检查充电系统。用VDS扫描报P157216车载充电器直流侧电压低故障码。读取车载充电器数据流没有交流电输入和直流电输出。读取电池管理器的数据流，发现充电允许，充电感应信号也允许，预充也完成，电池包的各接触器也都吸合，总电压也正常，读取DC-DC的电压也都正常。结合秦Pro的充电原理和数据流分析排除交流充电口、电池管理器、高压配电箱、电池包。

检查车载的充电保险丝导通正常，更换车载充电器试车故障依旧。通过秦Pro整车高压电器分布图得知，电是通过车载充电器升压之后通过PTC驱动器把高压直流电充到电池包的。电池包的高压直流电也是通过PTC到车载充电器的，通过车载充电器对外放电。仔细检查PTC驱动器上的3个保险丝，测量都是处于导通状态，分别观察3个保险的正负极连接状态，发现有一个保险丝的负极连接处有烧蚀的痕迹（如图6-2-22所示）。用手轻轻能晃动，发现负极线的螺栓上偏了，导致没有拧紧。通过电路图得知这个负极线就是到车载和电池包的负极线，更换新的PTC驱动器故障排除。

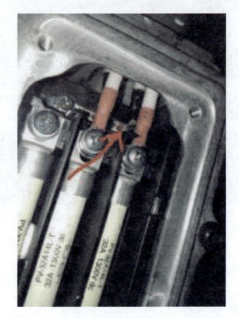

图6-2-22

故障总结： 关于新能车辆的维修要仔细认真，熟知各高压零部件的工作原理，结合数据流才能快速精准地判断出问题的所在。

十一、比亚迪秦Pro DM无法充电

故障现象： 一辆秦Pro DM，客户反映车辆在行驶过程中不充电，电量能用到4%，车辆其他功能正常，如图6-2-23所示。

故障诊断：

故障可能原因有：

（1）电池包故障。

（2）BSG电机及BSG电机控制器故障。

（3）冷却水泵故障。

（4）相关线路故障。

图6-2-23

经检查确认该车SOC只有4%，发动机转数在700~1500r/min波动，在P挡位时仪表上有-7kW的回充功率，但SOC没有增加，稍后充电停止；测试车辆原地发电功能也无法正常发电。用诊断仪扫描整车控制模块，均为最新程序，无故障码。检查BSG保险丝正常。根据第三代DM技术工作原理行车发电和原地发电均由BSG电机来实现，故重点检查BSG系统。当BSG电机工作，仪表显示功率为-7kW，发现BSG电机控制器数据流中IPM的温度瞬间升至103℃。检查冷却水泵保险丝正常，拆下水泵插头也有12V电源，接地正常。倒换新水泵后，测试驻车发电和原地发电均正常，更换水泵故障排除。

故障总结：该故障由于没有故障码导致维修起来没有方向指导，因此在平时工作中必须要多了解各部件的工作原理，多学多思多积累。

十二、比亚迪秦Pro Dm偶发性EV功能受限

故障现象：一辆秦Pro DM，行驶时偶发性报EV功能受限，低压供电系统故障，请安全停车并联系服务店。

故障诊断：

故障可能原因有：

（1）线路故障。

（2）CAN网络故障。

（3）DC故障。

车辆进店时仪表无故障，使用VDS读取整车控制器内报：P1D6300整车控制器水泵驱动故障、U029800与DC通信故障、P1D7800稳压故障、P1D6E09 BSG电机故障、P1D7100高压系统故障-BMS放电不允许、电池管理器报负极接触器回检故障、主接触器回检故障、电池管理器与DC通信故障等，均为历史故障码。根据故障码判断可能是DC偶发性不工作，检查DC低压固件测量未发现异常，清除故障码后反复路试车辆未试出故障现象。

与客户沟通得知第一次出现故障时是因为过了一个减速带后出现的EV功能受限。根据客户所提供的信息针对不平路面进行反复试车，发现出现EV功能受限时仪表同时报低压供电系统故障，请安全停车并联系服务店，持续2~3min后低压供电系统故障消失。使用诊断仪读取故障码与之前读的一样。连上VDS再次试车，报低压供电系统故障时扫描系统模块发现报故障时DC不工作。查看线路图针对DC供电等排查，发现前诊断盒内的IG3继电器线束针脚有退针现象（如图6-2-24所示），处理针脚后试车故障排除。

图6-2-24

故障总结：偶发性故障要与车主确认故障是在什么工况下时容易出现，根据故障码及故障现象，结合线路图分析，快速判断故障点。

十三、比亚迪秦Pro DM电量始终显示100%

故障现象：一辆比亚迪秦Pro DM，组合仪表始终显示100%电量（如图6-2-25所示），其他功能一切正常。

故障诊断：

故障可能原因有：

（1）组合仪表故障。

（2）电池管理器故障。

（3）电池包故障。

用VDS检查整车控制器报P1D7100高压系统故障BMS放电不允许，其他模块都没有故障。读取电池管理器数据流发现电池包总电流为-399.9A，此项数据异常，正常在ON电的情况下总电流为0A，只有车辆充电或者回馈电能的时候为负值，使用电的时候电流为正值。电池总电流是电流霍尔传感器检测，测量霍尔传感器正负15V电压，K45-27对地电压为14.7V，K45A-18对地电压为12.4V，信号线电压为5V；测量数据没问题，倒换电池管理

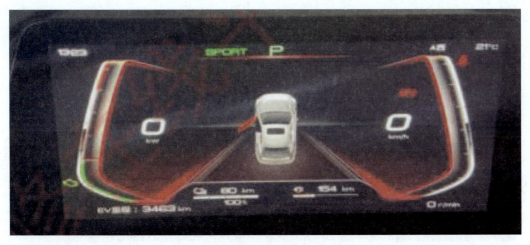

图6-2-25

器测试故障相反，电池包总电流为+400A，电池在2min内掉到0%，由此判断电池包内部霍尔传感器故障。更换电池包故障解决。

故障总结： 根据故障现象结合诊断仪数据流进行故障分析，快速找到故障点提高维修效率。

十四、比亚迪秦Pro DM插枪充电跳闸

故障现象： 客户描述插枪充电时，壁挂充电盒出现跳闸现象。

故障诊断：

故障可能原因有：

（1）充电桩故障。

（2）交流充电口故障。

（3）双向车载电源。

（4）动力电池包故障。

车辆进店后，换交流充电桩测试，只要一插枪，车内就有接触器吸合声，但几秒后充电桩内空开跳闸，无法充电。每个充电桩都会跳闸，排除充电桩故障。也说明了车辆有过载、欠压或者短路现象。用VDS2000扫描查看双向车载电源，没有升级，没有故障。并可以上OK挡电，读OK挡下双向车载电源数据流，车载有377V的电池包直流电压，能上OK挡电，又能EV行驶，并且车载直流侧有电池包电压说明电池包没有问题，重点检查充电系统这一部分。测量双向车载电源交流口正负极对壳体阻值有29.8MΩ、31MΩ，绝缘阻值正常。用万用表二极管挡位测量车载交流口正、负极正反导通情况，两者数值相差不大（如图6-2-26所示）。测量其他车辆两者有一个为无穷大，倒换测试故障排除。

图6-2-26

故障总结：该案例通过数据流确认故障方向，并能结合其他正常车辆的数据与故障车进行对比，最终排除故障。

第三节　比亚迪宋

一、全新一代比亚迪宋DM提示请检查发电系统

故障现象：一辆全新一代比亚迪宋DM，车辆仪表提示：请检查发电系统，如图6-3-1所示。

图6-3-1

故障诊断：

故障可能原因有：

（1）BSG保险损坏。

（2）BSG电机故障。

（3）BSG控制器故障。

（4）BSG系统高压线束故障。

车辆行驶中仪表报"请检查发电系统"，车辆可EV、HEV行驶，读取整车控制器故障码：P1D6C00 BSG启动发电机故障、P1D6E09 BSG电机故障。读取BSG故障码：P180616高压欠压。启动发动机读取BSG数据流发现，BSG母线电压为111V，无电流。拆检BSG保险丝正常，拆下BSG保险丝启动发动机，测量BSG输出端无电压如图6-3-2所示。拆下BSG电机连接线束小盖，线束连接可靠。判定BSG电机内部故障。

更换BSG电机试车，故障依旧。启动发电机，测量BSG控制器的三相侧有25V交流电

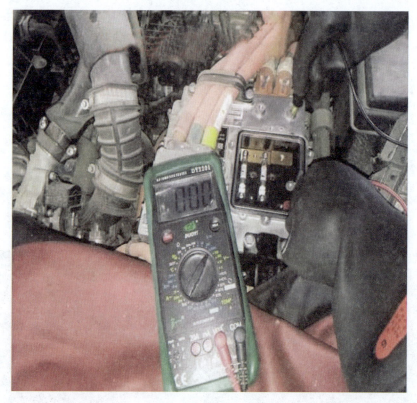

图6-3-2

压输入（如图6-3-3所示），BSG控制器直流侧有84V直流电压输出。拔下BSG与PTC小线连接DC/DC端插接件发现BSG正极母线退针（如图6-3-4所示），针脚无法固定，更换BSG与PTC小线故障排除。

图6-3-3

图6-3-4

故障总结： 此故障一开始就抓住BSG控制器直流侧电压不正常入手的话，可以少走弯路。

二、比亚迪宋Pro DM行驶时无空调

故障现象： 一辆比亚迪宋Pro DM，客户反映车辆行驶过程中偶发性无空调。

故障诊断：

故障可能原因有：

（1）压缩机故障。

（2）系统回路异常。

（3）线束故障。

试车确认，车辆开空调行驶十几千米后，没有空调。用诊断设备读取系统故障，发现压缩机无法进入；更换过空调控制器及网关，路试十几千米出现故障没有空调。检查压缩机控制低压线束无异常，测量电源、地线无异常。测量CAN-H 3.8V左右，CAN-L无电压，CAN电阻无穷大，CAN线存在异常。测量前舱与发动机线束对接插件BJA01/21号（压缩机CAN-L）针脚也是无电压。插好线束过几分钟后空调又可以工作，压缩机模块

可以扫描到。再次路试在有故障时测量线束BJA01/21号针脚CAN-L有1.84V电压，并且会缓慢往上升到2.2V，停了3min左右一下就跳到2.8V左右，压缩机就工作，空调制冷。只要出现故障就无法扫描到压缩机控制模块，其他模块可以正常扫描到。怀疑压缩机内部故障，更换压缩机后故障依旧，怀疑线路中有断路。尝试跨接BJA01/21到网关，路试故障依旧。更换网关、空调控制器，故障依旧。在故障出现时，测量网关舒适网CAN-L电压正常，而前舱舒适网CAN-L电压异常。现怀疑线路中有虚接，对前舱线束逐段排查，发现当摇晃左前大灯位置舱线束时，CAN-L电压恢复正常，剖解发现左前大灯CAN-L线束损坏引起CAN信号异常（如图6-3-5所示），处理线束后故障排除。

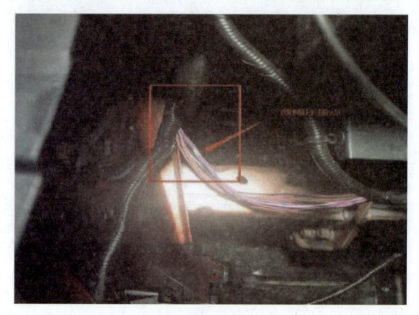

图6-3-5

故障总结： 根据故障现象逐步排查，并结合现象分段检修，注意排查细节。

三、比亚迪宋DM严重漏电

故障现象： 一辆老款比亚迪宋DM车辆无法使用EV，上OK挡电发动机直接启动，仪表提示EV功能受限。

故障诊断：

故障可能原因有：

（1）预充失败故障。

（2）高压漏电故障。

（3）其他高压模块故障。

（4）低压供电或低压控制线路故障。

试车上OK电过程中，听到高压配电箱内有接触器吸合的声音，发动机启动后仪表提示EV功能受限。VDS读取BMS报严重漏电故障。读取BMS数据流，在ON挡电绝缘阻值为65535Ω，上OK电瞬间下降到0Ω，预充与负极接触器断开后又回到65535Ω。拔下漏电传感器与高压配电箱插头，再次上OK电一切正常。读取BMS及漏电传感器数据流绝缘阻值正常，排除漏电传感器误报。因前、后电控线路较易测量，首先测量后电控部分。逐个测量与后电控连接的高压配电箱、车载充电器、后驱动电机的绝缘阻值，发现连接车载部分的高压母线绝缘电阻值为0Ω（如图6-3-6所示）。其他高压组件对地阻值为22.9MΩ（如图6-3-7所示），确认漏电来自车载充电器部分。断开车载充电器上除高压输出接插件外的其他接插件，测量车载充电器到后电控直流线阻值，依然为0Ω，拆下车载充电器，测量高压输出口与壳体阻值为0Ω，确认车载充电器存在故障，更换车载充电器后试车故障排除。

图6-3-6

图6-3-7

故障总结： 熟练新能源车辆上电流程与必要条件的关联性，可以根据故障状态与数据流快速排查缩小故障范围。

四、比亚迪宋Pro DM空调不制冷

故障现象： 客户反映比亚迪宋Pro DM空调不制冷。

故障诊断：

故障可能原因有：

（1）空调系统传感器故障。

（2）线路接插件故障。

（3）控制器故障。

到店对车辆系统进行检查，没有软件需要升级。读取故障码，故障码读取为

"B2A1012板式换热器制冷剂出口温度传感器短路"，如图6-3-8所示。

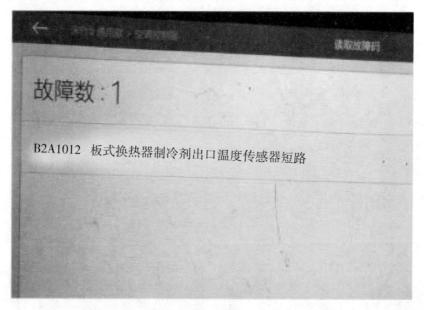

图6-3-8

逐个检查保险丝，发现没有异常。找到板式换热器制冷剂出口温度传感器，拔掉后没有变化。拔掉板式换热器制冷剂出口温度传感器插头，故障码依旧是短路故障。找来试驾车对比测量，拔掉试驾车出口温度传感器插头，故障码显示"板式换热器制冷剂出口温度传感器断路"，两辆车同一插头拔掉后显示不同故障码。再测量插头电压，BK-72电压为5V，故障车BK-72电压为2V。考虑到插头处电压供电应是空调控制器提供。断开试驾车插头时报的故障码，正常情况下拔掉插头应该报"断路或开路"但报的是短路，是否是控制器本身故障。此时将试驾车空调控制器调换至故障车，故障排除。又将故障车控制器拆回，再次验证，空调依旧不制冷，验证的同时又发现制热功能也不能用，这一反应更加证实了控制器故障。更换空调控制器后故障排除。

故障总结： 思路清晰，快速查出根本原因，提升一次性修复率。排除故障一定要心细，不要错过每个细节，故障点找到后，仍对故障件进行反复验证。

五、比亚迪宋DM偶发性无EV

故障现象： 一辆比亚迪宋DM，客户反映行驶过程中偶发性无EV，仪表提示EV功能受限，同时提示请检查电子驻车系统。

故障诊断：

故障可能原因有：

（1）高压系统故障。

（2）低压控制故障。

（3）线束故障。

　　车辆进店后多次试车确认，故障不再现。与客户沟通得知，车辆出现故障的概率随机，无法确认是否与路况及时间有关。与客户一同试车确认，行驶一段时间后故障再现，仪表提示EV功能受限同时发动机启动，过几秒钟后发动机又突然熄火，车辆无法启动。用VDS检查电子车身稳定系统故障码：U100304 EPB超时。整车控制器故障码：U01100与电池管理器（BMS）通信故障；U012800与EPB通信故障；U029800与DC通信故障；P1B6000发动机启动失败。发动机系统里故障码：P0627油泵控制线路断路故障；P0087油轨压力过低等。同时，车载充电器、DC、电池管理器、EPB、漏电传感器等无法通信。怀疑模块供电有问题，准备检查保险丝时，车辆又恢复正常。测量所有模块又可以通信，保险电源及CAN系统无异常。因多个模块同时无法通信，怀疑这些模块的电源及接地存在异常。查询电路图（如图6-3-9所示），寻找这几个模块共同点发现，很多模块电源都在后舱配电盒，怀疑是后舱配电盒供电或接地存在异常。检查后舱配电盒确认，发现后舱配电盒电源螺栓未完全拧紧（如图6-3-10所示）。重新紧固并清除故障码，交车，一周后回访，客户反映故障排除。

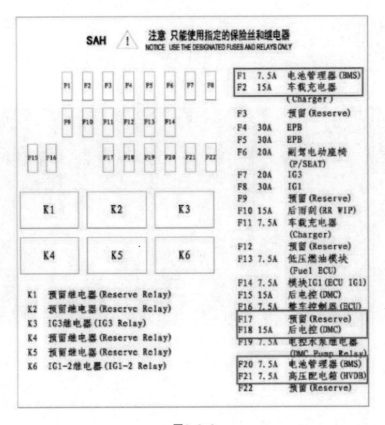

图6-3-9

图6-3-10

故障总结： 能结合电路图在故障现象中找出共同点，分析可能存在的原因，排故思路值得鼓励。

六、比亚迪宋DM偶发性EV功能受限

故障现象： 一辆比亚迪宋DM行驶总里程300km，客户打电话到店里反映车辆无法启动，仪表显示EV功能受限（如图6-3-11所示），请检查电子驻车系统。

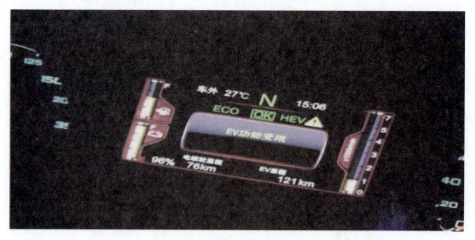

图6-3-11

故障诊断：

故障可能原因有：

（1）电池包故障。

（2）高压部件故障

（3）网络故障。

（4）相关线束故障。

车辆拖入店里检查，仪表报"EV功能受限""请检查电子驻车系统"，启动车辆时启动机转但是发动机着不了。使用VDS2000检查发现发动机ECU报P0627：油泵控制线路断路故障；整车控制器报U01110与高压BMS通信故障；U012800与EPB通信故障；U029800与DC通信故障；P189716动力电池总电压严重过低。低压BMS报U011100：BMS与高压电池管理器失去通信。前驱动电机控制器中报P1BB500：前驱电机控制器高压欠压。各模块故障码均有与高压BMS通信故障，再次扫描各模块发现扫描不到高压BMS和EPB模块，怀疑高压BMS处线束连接故障导致；检查主驾驶座椅下BMS插头连接良好无松动现象；检查车辆后部EPB线路，晃动线束后可以扫描到BMS/EPB模块；再次仔细检查线束时发现在摇晃电动配电盒的时候故障会再次出现，并且能听到"啪啪"跳火声，拆下配电盒检查发现配电盒后面的主电源线螺丝松动（如图6-3-12所示），紧固螺丝后反复试车故障排除。

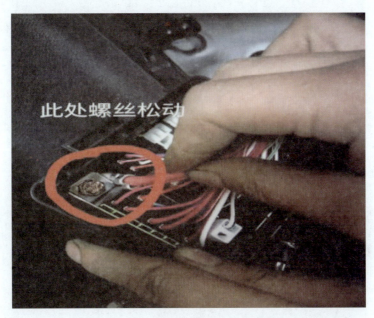

此处螺丝松动

图6-3-12

查看宋DM的电路图发现高压BMS的常电源保险丝F4-1和IG3电源保险丝F4-20都位于右C柱下面的保险盒中，发动机系统的低压燃油模块的常电源F4-13（7.5A）保险丝也位于此配电盒，EPB模块的常电源保险丝F4-4和F4-5也位于此配电盒，所以确定车辆的故障是由于此配电盒中电源线固定不牢导致以上模块无法工作，至此故障彻底排除。

故障总结：此类故障要从各模块所报的共同故障查找，在确定某个模块扫描不到时要查找原因，故障点找到后要结合电路原理图分析故障原因，确定故障原因后彻底排除。

七、比亚迪宋DME V功能受限

故障现象： 一辆全新一代比亚迪宋DM，客户反映车辆无法使用EV模式，仪表报"EV功能受限"故障（如图6-3-13所示）。

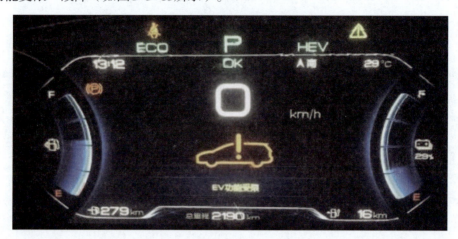

图6-3-13

故障诊断：

故障可能原因有：

（1）动力电池故障。

（2）电机故障。

（3）散热不良故障。

（4）相关线路等故障。

实车测试，启动车辆后仪表报EV功能受限故障，无法切换至EV模式，故障属实，同时电子风扇高速运转。使用诊断仪进行整车扫描，前驱动电机控制器报前驱动电机过温告警故障，如图6-3-14所示。

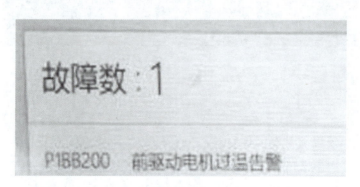

图6-3-14

查看数据流，发现IPM散热器温度为35℃，电机温度为155℃（如图6-3-15所示），温度差异过大（异常），分析驱动电机冷却系统故障。

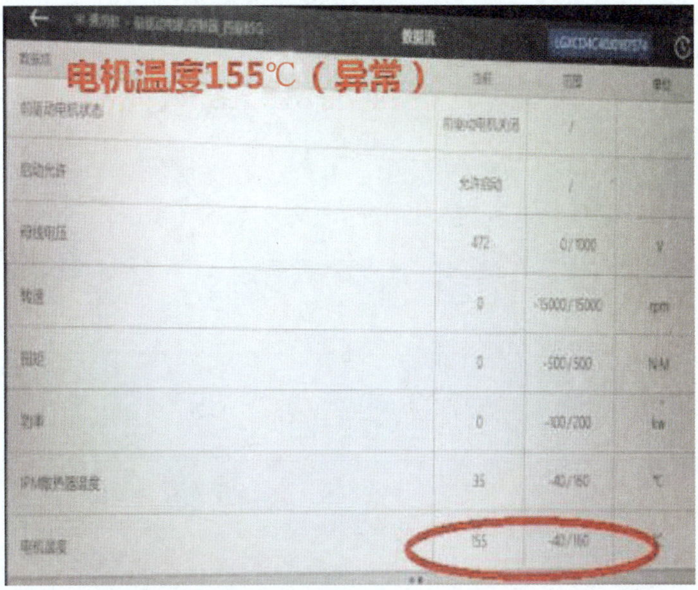

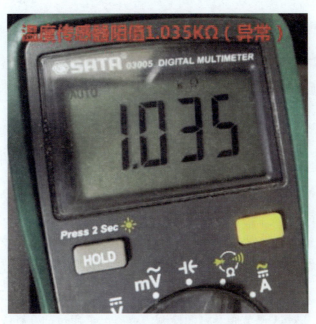

图6-3-15

　　检查冷却系统，发现电子风扇、电子水泵、管路等均未见异常。数据流中温差过大，分析电机温度可能存在误报，断开电机温度传感器接插件后，数据流中电机温度变为-40℃，说明线路方面没有故障。实测电机温度传感器电阻仅为1.035kΩ（异常）（如图6-3-16所示），参照驱动电机温度与传感器阻值对应表（如图6-3-17所示），这个阻值不在正常范围。

图6-3-16

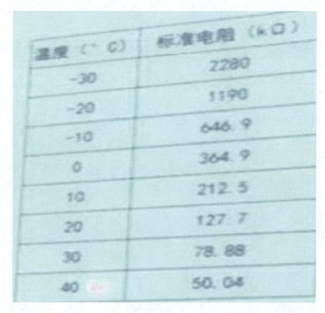

图6-3-17

判断为温度传感器故障，因温度传感器在驱动电机内部，故需要更换变速器分总成处理，更换后故障排除。

故障总结：尽可能试车再现故障，便于更快发现问题点，以解决故障。过温问题比较常见，结合数据流能很快发现问题。遇到过温故障时，应先确认车辆冷却系统是否存在异常，忌盲目换件。对于过温故障，注意测量对比电机温度传感器的阻值与温度是否相符，避免随意更换配件。

八、比亚迪宋DM报请检查机油检测系统

故障现象：一辆全新一代比亚迪宋DM，车辆行驶中仪表报请检查发动机系统和请检查机油检测系统，如图6-3-18和图6-3-19所示。

故障诊断：

故障可能原因有：

（1）机油检测传感器供电保险丝故障。

（2）机油检测传感器故障。

（3）线路故障。

用VDS读取发动机ECU故障码（如图6-3-20所示），清除故障码路试时，故障重现。分析故障码涉及1个传感器和1个凸轮轴调节阀，不应该会同时出现故障。

举升车辆，检查机油检测传感器无磕碰，线路无虚接。结合故障码，通过电路图发现前/后氧传感器、OCV调节阀及机油检测传感器都是通过F1/1氧传感器7.5A保险丝供

图6-3-18

图6-3-19

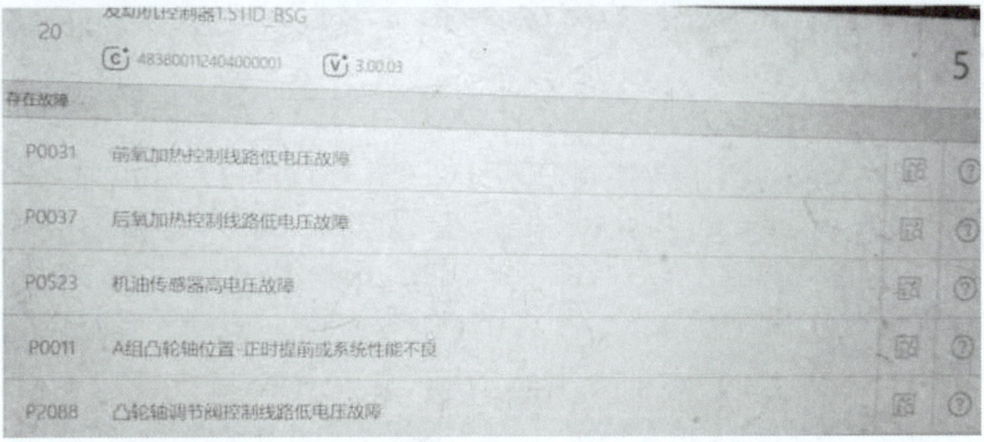

20	发动机控制器1.5TID_BSG			5
	© 483800112404000001　Ⓥ 3.00.03			
存在故障				
P0031	前氧加热控制线路低电压故障			⊠ ⑦
P0037	后氧加热控制线路低电压故障			⊠ ⑦
P0523	机油传感器高电压故障			⊠ ⑦
P0011	A组凸轮轴位置-正时提前或系统性能不良			⊠ ⑦
P2088	凸轮轴调节阀控制线路低电压故障			⊠ ⑦

图6-3-20

电。检查保险丝已烧蚀。上OK电，测量保险丝输入端面13.5V供电，保险丝输出端与车身无导通搭铁，更换保险丝后上OK电正常。启动发动机后保险丝再次烧蚀，故障依旧。拔出F1/1氧传感器7.5A保险丝，万用表持续测量保险丝输出端与车身阻值，发动机启动时，将相关传感器接插件逐个断开，在断开OCV调节阀时，不再出现偶发导通。更换OCV调节阀，启动发动机时车辆恢复正常。路试时故障再次出现，检查线路时发现空气滤清器外壳压住线导致破皮搭铁（如图6-3-21所示）。重新包扎线束，故障排除。

图6-3-21

故障总结：该故障是在做首保之后出现的，导致此次故障的原因是维修技师在做保养装配空气滤清器壳时压住线束导致发动机启动抖动时线束搭铁，保养时需要注意。

九、比亚迪宋DM充满电忘记拔枪，启动车辆将充电枪拔断了

故障现象：客户充满电忘记拔枪，启动车辆将充电枪拔断了。

故障诊断：

故障可能原因有：

（1）车载充电器。

（2）电池管理器。

（3）充电口及线路故障。

试车进行测试验证，SOC 60%时候仪表一直有插枪信号，无法上OK电；SOC 90%时候依旧无法上OK电；SOC 100%后仪表黑屏且充电指示灯消失，此时上ON挡电唤醒车载，发现充电指示灯亮起一会儿就灭了，此时可以上OK挡并挂D挡时车辆可以行驶，确认充满电后插枪状态可以上OK挡，挂D挡车辆可以行驶。充电指示灯在插枪状态熄灭。

分析原因：车载CC信号5V电源丢失，检测不到插枪信号；车载到管理器充电连接信号异常；车载到管理器充电感应信号异常；管理器到仪表充电指示灯信号异常。

按照分析检测故障时候（SOC 100%）车辆：充电口CC到车载、充电连接信号线、充

电感应信号线、充电指示灯信号线阻值无异常且对地不短路；测量控制信号，发现不插枪时候车载CC脚没有+5V电源输出（异常），管理器充电连接信号线引脚有+12.10V输出（正常）；插枪时车载CC脚输出1.536V（异常），管理器充电连接信号脚+1.238V（拉低正常），此时充电指示灯消失，挂挡行驶，说明车载端没检到插枪信号，分析是车载CC+5V电源丢失，无法检测CC信号。

分析车载充电器工作环境存在异常，分析是丢失电源或接地不良。检查车载常电源，发现车载常电源15A保险损坏（如图6-3-22所示）。更换新保险丝并充满电后，模拟取掉车载常电源保险丝，插枪发现可以上OK电并挂D挡行驶，故障复现。装回保险丝充电时一直检测到有插枪信号，无法上OK电，测试正常。

图6-3-22

故障总结：其实客户进店之前反映充电慢，只有1.5kW左右，属于半功率应急充电，此时应该能分析出来车载丢失电源，因没有注意导致检查时走了弯路，请大家注意。车载充电丢失常电源将导致无法正常检测充电枪插枪状态。

十、比亚迪宋Pro DM充电时SOC增加8%充电停止，上OK电仪表报"低压供电系统故障，请安全停车并联系服务店"

故障现象：一辆比亚迪宋Pro DM，充电时SOC增加8%充电停止，上OK电仪表报"低压供电系统故障，请安全停车并联系服务店"，如图6-3-23所示。

故障诊断：

故障可能原因有：

（1）车载及DC电源故障。

（2）低压线束故障。

（3）电控冷却系统故障。

发现无法充电后，用VDS2100扫描整车模块无更新，整车控制器报故障码：P1D6300整车控制器水泵驱动故障（如图6-3-24所示），仪表提示"供电系统故障，请安全停车并联系服务店"。启动发动机后立即熄火且整车断电，低压电池进入超低功耗模式。

图6-3-23

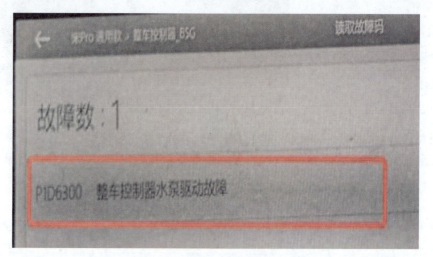

图6-3-24

  按左前门微动开关唤醒低压蓄电池，插枪充电读取车载及DC电源模块数据流观察发现DC可以正常降压，1min后充电功率从3kW降到0.8kW，同时DC停止降压，DC系统状态为故障，车载停止充电。结合仪表故障提示，DC数据流及整车控制器切换记录提示都指向DC故障，如图6-3-25所示。

  拆除后备箱附件、车载DC电源发热严重，等待温度下降到50℃充电测试，观察数据流温度超过65℃，DC故障停止充电，反复测试都是如此，如图6-3-26所示。对比数据流及车载电源实际温度分析，宋Pro DM车载DC电源是水循环冷却，温度异常应该与整车控制器报水泵驱动故障有关。检查前驱动电机控制器下方的电控冷却水泵OK电时不工作，用万用表测量低压接插件无工作电压；检查水泵控制电源发现F1-22电控冷却水泵保险丝熔断，更换保险丝后测量低压接插件电压正常。恢复水泵接插件，再次上OK电时水泵还

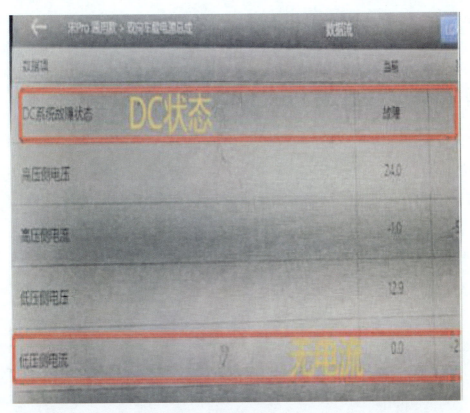

图6-3-25

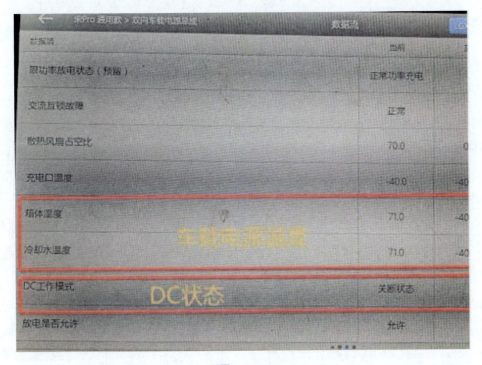

图6-3-26

是不工作且保险丝再次熔断，此时可以确定水泵内部短路故障导致保险丝熔断，更换电控冷却水泵后故障彻底排除。

故障总结：宋Pro DM车载与DC组合全新模块，在充电状态车载DC同时工作升温较快，又因电源总成为液冷，水泵故障冷却液不循环，温度达到DC保护温度就会停止降压工作。

十一、比亚迪宋Pro DM仪表提示"请检查发动机系统"

故障现象：比亚迪宋Pro DM车型，客户到店反映仪表提示"请检查发动机系统"。

故障诊断：VDS读取发动机故障码为"中冷冷却系统故障"，如图6-3-27所示。

故障数：1

P1621　中冷冷却系统故障

图6-3-27

故障可能原因有：

（1）发动机ECM及温度传感器故障。

（2）低温散热器或中冷器堵塞。

（3）冷却泵故障或冷却液不足。

（4）相关线束故障。

首先检查冷却液液位正常，为了确定故障是否再现，清除故障码后试车，发现行驶一段时间增压气体的温度与进气温度基本相同且温度在73℃左右，发动机ECM再次报中冷冷却系统故障，故障再现。然后将车辆停放一会儿让其冷却观察增压气体温度和进气温度基本同步下降至30℃左右，温度差无明显异常，排除温度传感器故障。根据秦车型的低温散热器容易堵塞，于是用水冲洗该车的低温散热器及中冷器，未堵塞，冲洗后试车故障还是再现。检查冷却水泵，用手摸冷却水泵发现无振动感，测量水泵的电源有13V电压，占空比控制有3V电压（该水泵与传统秦车型不一样，是占空比控制的），线路正常，分析为水泵故障。更换一个新的水泵后发现仍然没有振动感。仔细分析该水泵是占空比控制的与传统不一样，是否因水温过低水泵转速小而没有明显的振动感，于是用听诊器仔细听，发现新水泵其实是工作的。将旧的水泵接上测试发现旧水泵确实不工作，仔细检查发现旧水泵内部被异物卡住导致不工作（如图6-3-28所示），更换新水泵后试车故障排除（增压气体温度与进气温度相差10℃以上）。

图6-3-28

故障总结：思路清晰，熟悉电路及故障原理，一次性排除故障，提升顾客满意度。

十二、比亚迪宋DM行车过程中无法切换HEV模式，仪表提示请检查发动机系统

故障现象：一辆全新一代宋DM，客户反映行车过程中无法切换HEV模式，仪表提示请检查发动机系统，如图6-3-29所示。

图6-3-29

故障诊断：

故障可能原因有：

（1）启动系统故障。

（2）发动机控制系统故障。

（3）整车控制器故障。

（4）线路故障。

车辆到店以后，尝试启动发动机，发现发动机可以被BSG正常拖起，并且转速很高，同时可以听到BSG皮带打滑的声音。此时仪表上发动机转速为0r/min。等到发动机转速正常下降到快接近怠速时，仪表上又会出现转速信号。用VDS诊断读取故障码，整车控制器-四驱BSG系统报：P1B6000发动机启动失败；P1D7D00 BSG皮带严重打滑；P1D6C00 BSG启动发动机故障等。发动机控制系统报：P0337曲轴传感器线路无信号故障；P0A0F发动机堵转或启动电机故障等，如图6-3-30所示。查看BSG电机及皮带张紧轮未发现异常，拆下张紧轮用手转动BSG电机并无干涉异响；张紧轮张紧力度正常，外观无损坏且皮带表面无油渍，无异常磨损。

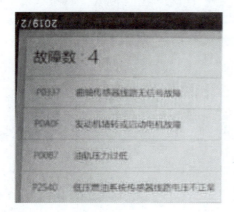 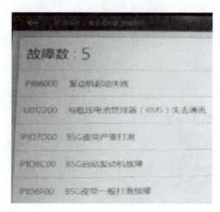

图6-3-30

通过诊断仪读取数据流，发现发动机运转正常后，诊断仪上可以正常读取到发动机转速，目标油压和实际油压均为5000kPa（50bar），油压正常；检查节气门开度正常，电机无发卡现象，检查有关线束无异常。从故障现象来看，发动机在启动瞬间，仪表上并没有转速出现，但稳定以后却又出现了发动机转速信号，怀疑是转速信号输出不稳定。476发动机中，凸轮轴信号和曲轴位置信号任意一路正常，都是可以检测到发动机信号的。尝试断开凸轮轴位置传感器（这个更方便拆装），再次测试发现发动机无法启动，发动机转速始终为0r/min，说明曲轴位置信号有问题。检查曲轴位置传感器，发现曲轴位置传感器线束接插件被老鼠咬断（如图6-3-31和图6-3-32所示），重新更换发动机线束以后，故障排除。

故障总结： 476发动机电喷系统中，曲轴位置信号和凸轮轴位置信号任何一路信号正常，均可以启动发动机（优先采集曲轴信号）。宋DM发动机的曲轴位置传感器非常难拆，通过测试发现，可以从车底下通过拆卸排气管、右侧传动轴、电动压缩机（无须放制冷剂，把压缩机移到旁边即可）、压缩机支架等附件，然后拆卸曲轴位置传感器。刚

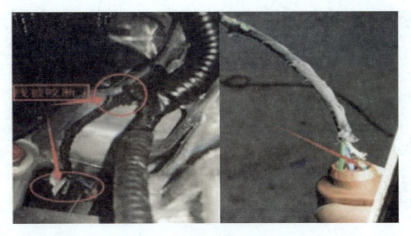

图6-3-31

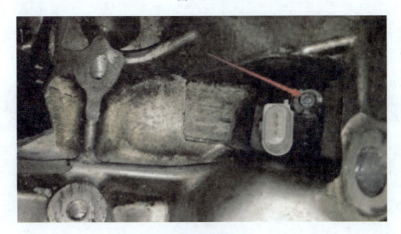

图6-3-32

开始启动发动机时，由于曲轴位置传感器转速信号丢失，导致BSG拖起发动机高速运转，皮带已经超过BSG张紧轮调整极限，引起打滑异响。

十三、比亚迪宋 MAX DM无EV模式

故障现象： 一辆比亚迪宋MAX DM车辆偶发性EV功能受限，之后一直EV功能受限，只能燃油模式行驶，如图6-3-33所示。

故障诊断：

故障可能原因有：

（1）高压系统故障。

（2）线束故障。

（3）变速器故障。

（4）软件故障。

客户打电话到店反映车辆在有电的情况下无EV模式，前几日就开始存在偶发性的无

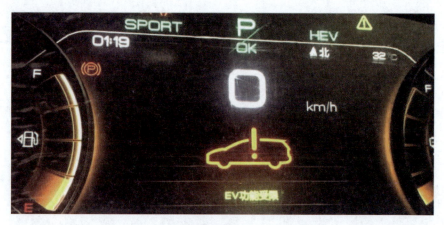

图6-3-33

EV模式。邀约客户进店检查，到店后试车发现该故障确实存在，只要车辆上OK电发动机立即启动，扫描车辆发现前电控系统、整车控制器、发动机控制器等有程序更新（如图6-3-34所示），更新后故障依旧。

图6-3-34

程序更新并清除故障码后扫描系统读取到变速器报P1625未定义故障（如图6-3-35所示），由于故障码没有解释定义，查阅维修手册也并未找到该故障码的含义，调取车辆EV和HEV切换记录查明发动机启动原因。

图6-3-35

切换记录全部为11，根据图6-3-36得知11代表电机直接挡故障，再结合变速器报有故障码且无法清除，证明故障最终还是来自变速器或者变速器控制线路故障。因为变速器报的故障码没有说明故障定义，为了进一步确定故障，尝试用其他车型读取该车辆的故障码。于是进入全新一代唐DI车型来读取该车辆故障（因为宋MAX DM车型刚出来不久，后台可能还没完善故障码的定义）。故障码为P161E EV挡传感器线路故障，P1625 EV挡传感器磁场故障，如图6-3-37所示。

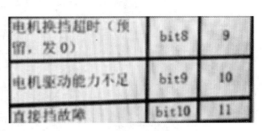

电机换挡超时（预留，发0）	bit8	9
电机驱动能力不足	bit9	10
直接挡故障	bit10	11

图6-3-36

图6-3-37

从以上故障码分析，应该是TCU未接收到EV挡的信号，导致车辆无法使用纯电模式，因为变速器TCU是要接收EV挡传感器信号，来判断电机直接挡是否挂入到位，从而实现EV模式。在得知故障码含义后首先检查线路，根据电路图得知EV挡传感器线路未通过任何插头直接进入的TCU，凭借以往的经验，首先检查线束部分有没有与车身发生挤压和磨损导致信号线路搭铁现象。

通过仔细检查发现从TCU出来的线束，再通过变速器电液模块外壳处时，与电液模块外壳挤压，并且电液模块外壳已经磨得发亮，线束也有磨损（如图6-3-38所示）。将线束与电液模块外壳分离，并对线束重新包裹后，将车辆上电，重新读取故障码，之前报的P161E EV挡传感器线路故障消失，剩下P1625 EV挡传感器磁场故障一直存在。

通过分析报磁场故障存在以下两种可能：（1）EV挡传感器损坏；（2）EV挡传感器未检测到信号发生器信号，可能有异物对传感器遮挡导致采集不到EV挡信号。于是找到EV挡传感器并将其拆下，观察传感器顶部未见任何异物（如粉末状的铁屑）。用手

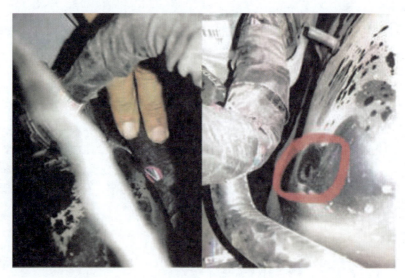

图6-3-38

指触摸传感器安装孔发现变速器内部有两块铁皮，用手指能够将其移动，并且两块铁皮就刚好位于EV挡传感器的顶部。试图将铁皮通过传感器安装孔取出，由于孔太小无法取出，最终铁皮掉入变速器底部。正常的变速器内部是不应该有可移动的铁皮，分析为变速器内部损坏，导致铁皮遮挡住了EV挡传感器的信号，故而导致的EV功能受限。后来将EV挡传感器复原，车辆上电EV功能恢复正常，决定更换变速器分总成。

故障总结：因为车辆在行驶过程中车辆状态为动态，车上的零部件会运动，如果线束固定点较少的话，难免会出现位置移动的现象，所以在检查线束时需要注意线束的固定点是否牢靠，如线路固定点较少可以想办法将其固定，避免运动过程中与其他零件摩擦引发的故障。在面对未定义的故障码时，可以参考其他车型进行故障诊断。

十四、比亚迪宋 MAX DM车型EV功能受限

故障现象：客户进店反映车辆无法纯电模式行驶，组合仪表上报EV功能受限，如图6-3-39所示。

图6-3-39

故障诊断：

故障可能原因有：

（1）某高压部件故障。

（2）低压电器零部件故障。

（3）线束故障。

（4）其他故障。

维修技师和客户沟通车辆加速无力，组合仪表报EV功能受限。到达本店后车辆无法启动，测量低压蓄电池为9.8V且严重亏电。外接蓄电池给发动机着火后测量低压蓄电池12.13V，确定DC没有输出低压电。

用诊断仪读取模块均为最新版本，读取模块故障只有动力电池管理器里报P1A6000：高压互锁1故障（当前），如图6-3-40所示。确定因高压互锁故障导致BSG电机不工作，DC-DC没有高压电输入，无法降压给低压蓄电池充电。

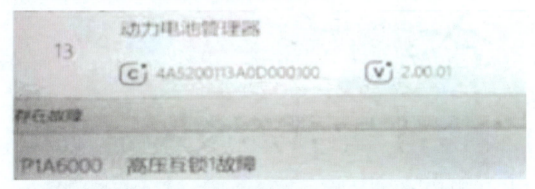

图6-3-40

根据高压互锁1系统框图（如图6-3-41所示）并结合电路图秉承从易到难的思路，测量动力电池管理器互锁针脚K45（B）-5和K45（B）-4通断正常，观察针脚无退针、歪针、腐蚀现象。确认是否为某高压电器互锁针脚虚接导致，短接电池管理器互锁1针脚后读取故障码依旧，确定动力电池管理器内部故障，更换动力电池管理器后故障排除。

故障总结： 遇到此类问题时要结合车辆故障现象秉承从简到难的思路一一排除。当报高压互锁1故障时，整车无高压电时BSG无法工作，导致DC无法降压输出低压电。当动力电池或配电箱故障，DC无法接收到电池的高压电时，系统将启动稳压发电功能，即发动机带动BSG电机发电，BSG电机控制器将交流电转换成高压直流电给DC供电，DC降压后给整车低压供电，此时车辆进入跛行模式，限速60km/h。

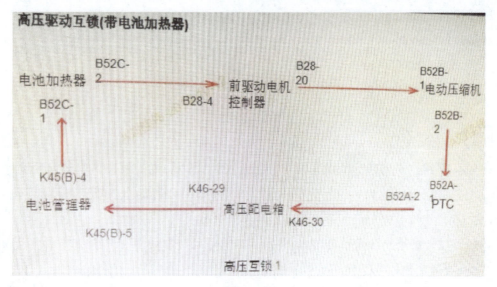

图6-3-41

十五、比亚迪宋MAX DM报EV功能受限

故障现象： 一辆比亚迪宋MAX DM车型行驶了20000km，客户反映车辆在EV模式行驶中突然切换HEV模式，仪表报EV功能受限，如图6-3-42所示。

图6-3-42

故障诊断：

故障可能原因有：

（1）电池包故障。

（2）电池管理器故障。

（3）高压系统零部件故障。

（4）其他故障。

用VDS扫描整车故障，读取电池管理器故障码为P1CA100严重漏电故障、P1CA200一般漏电故障，而且都是当前故障，如图6-3-43所示。

图6-3-43

逐个检查高压系统各零部件绝缘阻值。先断开蓄电池负极，断开驱动电机控制器高压母线测量绝缘阻值，结果驱动电机及控制器绝缘阻值正常。再测量母线绝缘阻值，发现母线对车身短路。因为母线连接高压配电箱，拆下中央扶手，断开全部高压接插件，逐步测量高压接插件对车身绝缘阻值，结果发现电动压缩机对车身短路。更换电动压缩机故障排除。

故障总结：该车辆是电动压缩机损坏导致高压系统报严重漏电，从而车辆EV无法行驶。维修高压严重漏电问题只要把高压零部件逐步排除，问题便可以解决，而且维修高压系统一定要戴绝缘手套去测量。

十六、比亚迪宋DM遥控锁车充电枪无法锁止

故障现象：一辆比亚迪宋DM，车辆遥控锁车后充电枪无法锁止。

故障诊断：

故障可能原因有：

（1）充电枪故障。

（2）充电口电锁故障。

（3）充电口电锁线路故障。

（4）仪表配电盒故障。

客户报修车辆锁车后充电枪还可以拔出来，经确认在遥控锁车时充电口锁销有锁枪动作但是会马上回弹。手动上锁可以正常锁止，车辆充电功能正常，可排除CC、CP信号异常，试倒换充电枪故障依旧。插上充电枪测量电锁K22-3闭锁电源（遥控闭锁时有电过来），K22-4开锁电源（遥控开锁时有电过来），K22-5闭锁状态检测（开锁闭锁都有电过来），但注意到一个细节，测量K22-3号脚闭锁时有电过来，但在锁销回弹时也有瞬间电压，怀疑闭锁控制线路有短路现象。根据电路图分段测量线束GJK12和KJG12对接接插

件的GJK12-10号脚电压和测量电锁K22-3号脚时的电压一致，可以排除地板线束故障，再测量仪表配电盒G20-8号针脚电压也是闭锁后锁销回弹时有瞬间电压，测量到此故障点指向仪表配电盒BCM，更换仪表配电盒后故障排除。

故障总结： 需要注意的是，充电口电锁工作的控制逻辑是需要连接充电枪测到CC、CP信号，仪表配电盒才会输出电压到充电口电锁，测量充电口电锁电压时需要连接充电枪。

十七、比亚迪宋DM HEV ECO模式发动机异常启动

故障现象： 客户反映车辆在HEV/ECO模式且车速在40km/h时，启动机工作将发动机打着，而且车辆在收油减速且车速至20km/h时发动机才熄火，正常HEV/ECO模式且车速在40km/h时发动机启动是靠电机反拖启动，确认该车发动机启动及熄火存在异常。

故障诊断：

故障可能原因有：

（1）程序不是最新版本或程序存在不匹配的情况。

（2）变速器存在故障导致无法反拖发动机启动。

（3）驱动电机控制器或整车控制器等相关控制模块故障。

（4）相关线路故障。

试车，车辆在HEV/ECO模式且车速在40km/h时听见启动机工作的声音并将发动机打着火，并非是在40km/h时变速器反拖将车辆打着的，确认故障属实。与客户沟通该现象是更换完变速器后出现的，在多次试车后发现，车辆第一次上电行驶车速到达40km/h是通过变速器反拖启动发动机，此为正常的；但是当发动机熄火后再次行驶到40km/h是启动机工作启动发动机的。用VDS扫描故障码无故障，各模块均为最新版本，做离合器和挡位自适应故障依旧，标定转角依旧，重新强制烧写TCU和ECU程序故障依旧。读取BMS数据流容量及电压，放电功率均正常。读取TCU半离合1和2位置为500多和700多及ECU数据流并无异常。第二天早上试车后车辆又恢复正常，怀疑可能和温度有关。将车辆原地打着火半小时后试车故障再现，用VDS读取发动机水温、变速器温度、离合器温度、电池包温度，数据流并无异常。调试发动机控制模块后试车故障依旧。用VDS再次扫描模块时发现TCU模块内报P1703发动机转速传感器无转速（历史故障）（如图6-3-44所示）。读取ECU模块并无故障码，发动机ECU数据流、发动机转速并无异常。查看曲轴位置传感器接头并无异常。TCU模块

图6-3-44

数据流中发现TCU发动机转速传感器转速为0r/min且正常。查看电液模块转速传感器有松动，热车后导致采集信号异常，重新固定后故障排除。再次模拟故障将传感器拔出一点后试车故障再现。确定因电液模块上的转速传感器松动导致故障。

　　故障总结：遇到此类问题时要熟知控制原理，首先车辆在正常情况下：

　　（1）HEV/ECO模式，车速在40km/h时是通过变速器反拖来启动发动机（用电功率要小于70kW，大于75kW或更大功率时通过启动机启动发动机），车速大于60km/h后收油门时车速降到60km/h以下发动机熄火。

　　（2）HEV/ECO模式（车辆实际SOC小于多媒体设置的SOC平衡点）实际电量在25%以下车速大于60km/h后收油门时车速降到20km/h以下发动机熄火。

　　（3）TCU发动机转速传感器是通过与ECU发动机转速传感器进行对比，TCU发动机转速传感器故障时（或者用电功率比较大，电池包温度过高或过低，电池包容量低，放电功率小等）无法实现变速器反拖启动发动机。

第四节　比亚迪唐

一、比亚迪唐DM仪表报自动紧急制动及EV功能受限

故障现象：一辆2021年全新一代比亚迪唐DM仪表报自动紧急制动功能受限及EV功能受限，如图6-4-1所示。

图6-4-1

故障诊断：

故障可能原因有：

（1）二合一电控总成故障。

（2）自适应巡航系统故障。

（3）相关线路故障。

客户进店反映车辆仪表报自动紧急制动功能受限及EV功能受限，但EV模式可以用。用VDS扫描车辆，系统无升级。读取车辆故障码，自适应巡航系统：U011086 MC2信号无效。整车控制器BSG：P2B5C00高压附件压差故障。三元电池管理系统100：U023487未定义的。怀疑是二合一电控总成或整车控制器给的错误信号，对调后故障依旧。跟技术督导电话沟通，技术督导告知故障相关的部件低压线路是否导通，针脚是否退针，扫描整车模块是否有哪个模块扫描不到等维修思路，测量相关故障部件。低压线束都导通，电源正常，再次扫描车辆整车系统，发现电池加热器模块扫描不到，对比正常车辆电池加热器是可以扫描得到的，目标锁定在电池加热器上，车辆顶起来后发现有一个电池加热器上有个针脚退针（如图6-4-2所示）。看了电路图，发现此针脚为动力网CAN-H，重新处理线束后，电池加热器可以扫描得到，仪表没再报故障，路试正常，故障排除。

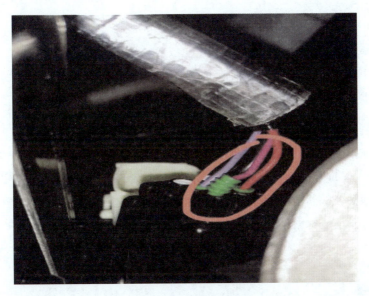

图6-4-2

故障总结：维修过程中一开始没测量各个网络的CAN-L、CAN-H电压及电阻，走了一些弯路，今后维修过程思路要清晰，结合网络拓扑图及线路图维修，节约维修时长，提高客户满意度。

二、比亚迪唐 DM偶发性EV功能受限

故障现象：一辆全新一代比亚迪唐DM，客户描述车辆行驶中会偶发性出现EV功能受限（如图6-4-3所示），并会出现全车断电。故障出现后有时候重新上电故障消失，有时候多次上电故障才能消失。

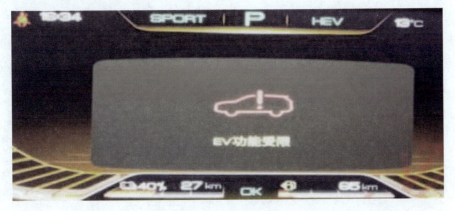

图6-4-3

故障诊断：

故障可能原因有：

（1）高压系统故障。

（2）DC输出故障。

（3）高压系统相关线路故障。

客户描述车辆会突然断电，低压蓄电池报故障码：智能充电中DC不输出故障。怀疑DC输出或者低压蓄电池有问题，不上OK电，开灯放电，测试智能充电，多次测试车辆智能充电正常。试车发现车辆并不好试出故障，车辆留店多次测试后发现，车辆会出现仪表提示EV功能受限，之后出现仪表显示充电指示灯，发动机会启动，故障偶发性，一会儿自动消失。EV行驶中车辆发动机启动后几秒又会熄灭，原地停留，发动机也会启动后几秒又熄火。故障出现非常短暂，很难试出来。读取故障码，大部分高压电器中都报与电池管理器失去通信。怀疑BMS通信或者电源问题，如图6-4-4所示。

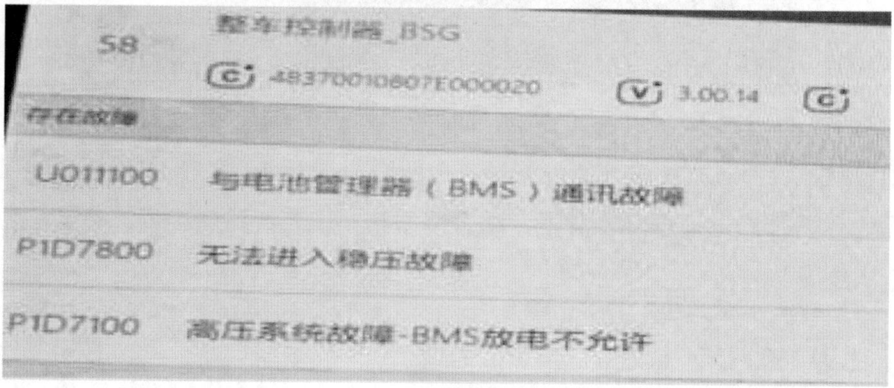

图6-4-4

所有高压模块均报与BMS通信超时或无法通信，如图6-4-5所示。故障出现时，VDS扫描BMS，也无法扫描到BMS。查询电路图，BMS有一路常电源，一路IG3电。由于BMS在高压配电箱下面，无法测量，拆卸高压配电箱后，车辆无法上OK电，无法测试故障出现时BMS的通信问题。将BMS上的电源线和CAN线并线引出后，方便测量，安装好后测试发现，故障出现时，BMS两路电源、搭铁线、CAN线均正常。判断BMS内部偶发性故障。更换BSM后故障排除。

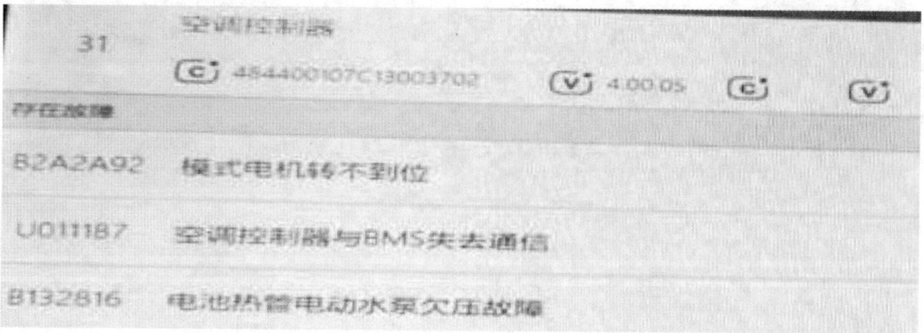

图6-4-5

故障总结：第二代DM车型，增加了BSG，取消了发电机。车辆在EV受限后，DC不能输出，低压小蓄电池只能短暂供电，出现EV受限后应尽快靠边停车，切勿继续驾驶，小蓄电池电量耗尽后行驶中的车辆会突然全车断电。

三、比亚迪唐DM无法上OK电

故障现象：车辆在高速服务区正常行驶停车后，再次启动时，无法上OK电，仪表显示：请检查充电系统，请检查行人探测系统，请检查预测性碰撞报警系统，冷却液信号异常等，如图6-4-6所示。

图6-4-6

故障诊断：

故障可能原因有：

（1）车辆网络故障。

（2）某个模块故障。

（3）线路故障。

车辆拖车至店后，首先对车辆上电，确如客户电话中描述，仪表显示多个故障且无法上OK电。首先用诊断仪进行扫描，结果为多个模块都报故障且均有与ECM通信故障码，如图6-4-7所示。

图6-4-7

查看诊断仪上ECM网络，发现发动机控制模块为灰色，未扫描到，如图6-4-8所示。

翻阅电路图，按照常规思路查看发动机控制模块电源及搭铁、CAN线。先查看电源保险丝F1/6（15A）、F2/34（15A），正常。在上ON挡电时，查看F1/16（氧传感器）、

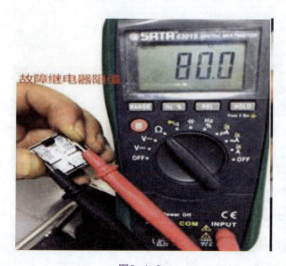

图6-4-8

F1/17（点火线圈）、F1/18（电池阀）、F1/19（燃油压力调节阀），均无12V电源。根据线路图此电源来自K1-1（电喷继电器），测量F1/20（电喷BCU）无电源，测量F1/5（电喷40A）有12V电源，保险丝正常，故障锁定为电喷主继电器。拔出继电器，测量B01/53有12V电源，随即短接B01/53与B01/55后，仪表上故障消失，同时用试灯测试B01/51确有12V电源。用万用表测试B01/51与B01/52有12V的电压，确定主继电器控制信号线正常。查看继电器底座接插件正常，故障应为电喷主继电器故障。更换继电器后故障消失，测量故障继电器线圈阻值80Ω（如图6-4-9所示），测量正常继电器线圈80.2~80.4Ω不等（如图6-4-10所示）。对比正常继电器线圈阻值说明故障继电器线圈基本正常，再次插上故障继电器，故障依旧。敲打继电器外壳后，故障消失，再次反复敲打继电器，故障不再现。至此，判断故障继电器应为间接性不吸合，更换新继电器后，反复测试，故障排除。

故障总结： 我们在维修过程中做到反复测试，反复测量，借助资料，做到排除所有嫌疑点，一次修复车辆故障。

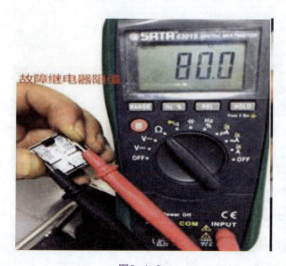

图6-4-9

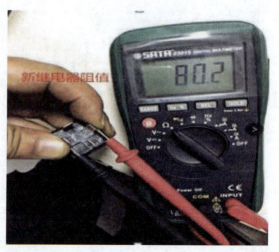

图6-4-10

四、比亚迪唐DM仪表提示请检查发动机系统，发动机故障灯点亮

故障现象：一辆国六系统的全新一代比亚迪唐DM，仪表提示请检查发动机系统，发动机故障灯点亮，但车辆行驶正常。

故障诊断：

故障可能原因有：

（1）发动机控制模块故障。

（2）发动机电喷系统传感器及其线路故障。

（3）尾气净化系统故障。

车辆进店检查，仪表提示请检查发动机系统。根据仪表提示用诊断仪重点检查发动机系统，读取故障码P120F且未定义。根据国六系统故障码列表查询实际故障为P120F：GPF移除故障，如图6-4-11所示。

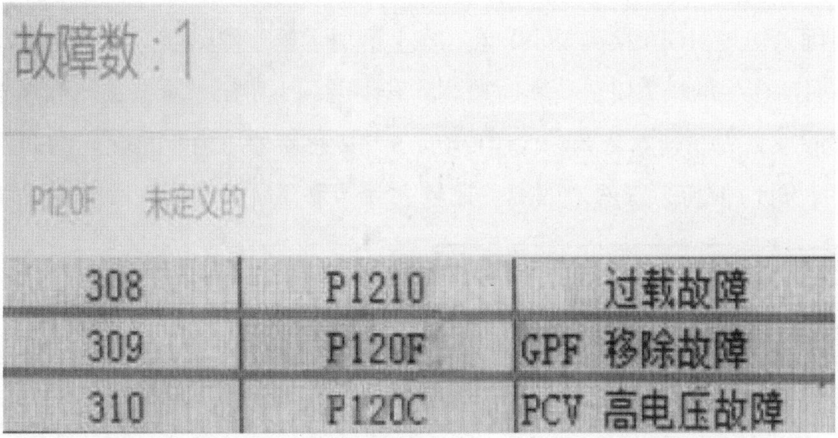

图6-4-11

首先清除故障码，仪表不报故障，此时系统也无故障码，试车3km后仪表未再报警，VDS也没有故障码出现，怀疑是ECM误报。车辆交付客户后，第二天客户反映车辆故障再次出现，重新读取故障码和之前一样。由于GPF的检查是由压差传感器监测，对比压差传感器数据流发现和正常车辆的数据流没有区别。拆下压差传感器的两根压力监测管，发现管子里有水（如图6-4-12所示）。分析是尾气中的水蒸气凝结在压差传感器的两根压力监测管上，时间长了就会越来越多，由于北方冬天天气冷，在车辆停放一夜后压力管里的水会冻成冰，进而影响压差传感器的监测结果。重新清理管路里的水分后，跟踪试车一周，故障不再出现。

故障总结：由于OBD系统里对排放的监测级别是比较高的，故障灯亮后即使实际故障消失了也不会自己熄灭，所以这类故障不能只看数据流（因为在维修的时候数据流可

图6-4-12

能是正常的）。维修故障时一定了解系统的原理，不是报GPF故障就一定要维修或更换GPF。针对国六法规对GPF检测要求，在GPF上增加了压差传感器，压差传感器可以对排气流经GPF时所产生的压力降进行实时检测。若上游和下游压差维持在较低水平，则可以判定GPF移除或丢失。国六全新一代唐DM的压差传感器的压力管是金属的而且比较长，在发动机启动的时候压力管两边的温差比较大，导致容易使水蒸气凝结，建议厂家可以把管路做短一点。

五、比亚迪唐DM报EV功能受限

故障现象：车辆无EV模式，组合仪表提示EV功能受限，请检查低压供电系统，SOC值不显示，如图6-4-13和图6-4-14所示。

故障诊断：

故障可能原因有：

（1）前驱动电机控制器故障。

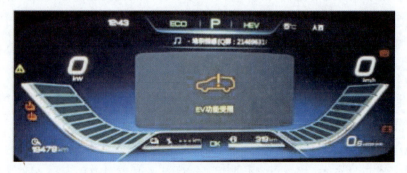

图6-4-13

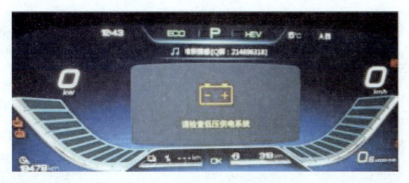

图6-4-14

（2）高压电池管理器故障。

（3）程序版本低。

（4）相关线路故障。

仪表上显示动力系统、低压蓄电池、动力电池故障，动力电池过温警告灯点亮，SOC值不显示。接车之后尝试熄火重启车辆，断低压蓄电池负极线，故障依旧；用VDS扫描没有程序更新，动力网很多模块报与动力电池管理器通信故障，而且故障码无法清除，如图6-4-15所示。

图6-4-15

怀疑电池管理器故障或者供电异常导致。电池管理器安装在高压配电箱下方，不便拆卸。拆下方向盘下方装饰板，发现仪表板配电盒有个保险丝接根导线，正是连接在高压BMS F2/22保险丝上，拆下保险丝发现已经熔断。询问客户得知，之前在外面改装过CD机，从高压BMS保险丝处取的电。断开所接线路，更换保险丝，故障排除。

故障总结： 遇到电气方面故障时，要多与客户沟通，搞清故障发生时车辆状态，详细分析电路图，不要忽略改装导致的故障，才能快速地排除故障。

六、比亚迪唐DM报EV功能受限

故障现象： 一辆全新一代比亚迪唐DM，客户反映仪表提示EV功能受限（如图6-4-16所示），启动时发动机直接介入，无法切换到EV模式，车辆只能加速到60km/h（跛行模式）。

图6-4-16

故障诊断：

故障可能原因有：

（1）驱动电机控制器故障。

（2）驱动电机故障。

（3）高压配电箱故障。

（4）动力电池故障。

读取故障码，BMS报：P1A3400预充失败故障；整车控制器报：P1D7100高压系统故障BMS放电不允许，如图6-4-17所示，初步判断为此故障因预充未完成导致。

图6-4-17

BMS报预充失败，首先排查预充失败的原因，测量预充电阻阻值为204.7Ω（正常）（如图6-4-18所示），检查预充接触器吸合正常。进一步根据预充成功的条件排查，检查DC模块无低压报警，BMS无严重漏电故障报警。在上电瞬间读取前电控直流母线电压数据流发现无电压输入（预充失败的原因：前电控，直流母线电压未达到设定值）。

拆下电池包正负极母线短接互锁，在上电瞬间实测电池包输出电压（此步骤一定要谨慎操作做好防护），实测电压为0.004V（异常）（如图6-4-19所示），判定为电池包无电压输出导致预充失败。进一步测量负极接触器阻值为17.5Ω（正常）（如图6-4-20所示），分压接触器阻值为0.44MΩ（异常）（如图6-4-21所示），到此确定为分压接触器故障导致电池包无电压输出进而导致预充失败车辆EV功能受限，更换电池包故障排除。

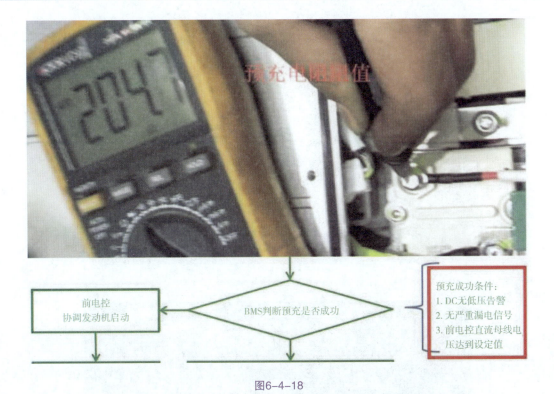

预充电阻阻值

| 前电控 协调发动机启动 | BMS判断预充是否成功 | 预充成功条件： 1.DC无低压告警 2.无严重漏电信号 3.前电控直流母线电压达到设定值 |

图6-4-18

实测电池包输出电压0.004V

图6-4-19

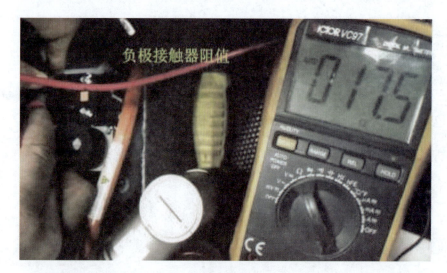

图6-4-20

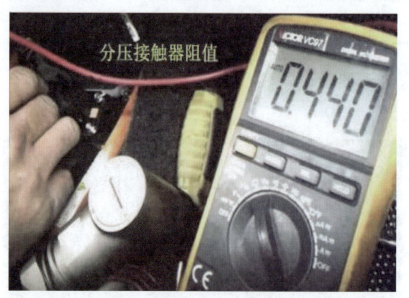

图6-4-21

　　故障总结： 处理故障时一定要熟知原理，结合故障码和数据流逐步分析验证排查。

　　注：对于装有BSG系统车辆，当动力电池或配电箱故障，DC无法收到电池的高压时，系统将启动稳压发电功能，即发动机带动BSG电机发电，BSG电机控制器将交流电转换成高压直流电给DC供电，此时车辆进入跛行模式，限速60km/h。当动力电池或配电箱故障时，DC无法接收到电池的高压电，系统将启动稳压发电功能，即发动机带动BSG电机发电，BSG电机控制器将交流电转换成高压直流电给DC供电，DC降压后给整车低压供电，此时车辆进入跛行模式，限速60km/h。

七、比亚迪唐DM报EV功能受限

故障现象：上电时无法上EV挡，HEV模式直接启动发动机。

故障诊断：

故障可能原因有：

（1）高压互锁。

（2）高压系统漏电。

（3）模块故障。

（4）线路故障。

对车辆进行VDS扫描故障码非常多，有高压系统、低压系统故障码，还有跟EV功能无关的系统故障码，先记录并直接清除后再把有新程序的都更新好并断电5min。重新上电还是报"EV功能受限"，这时扫描系统发现整车控制器BSG报P1D7100高压系统故障（如图6-4-22所示）、BMS放电不允许；电池管理系统报P1A3400预充失败故障（如图6-4-23所示）；自适应巡航系统报U012186 ESP信号无效；低压电池管理系统报B1FB900未定义的。

图6-4-22

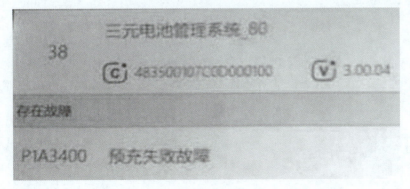

图6-4-23

根据这些故障码可以认定是预充无法完成导致EV功能受限，断开低压蓄电池负极，拆掉中央控制台把高压配电箱上的前PTC和后PTC的接插件拔了，短接好互锁后，上电还是报EV功能受限。这时怀疑会不会是前电机控制器和后电机控制器把高压电给拉低了，在HEV模式下用VDS看前电机控制器的数据流母线电压为521V（如图6-4-24所示），后电机控制器数据流母线电压为524V（如图6-4-25所示），而电池管理系统数据流总电压为669V（如图6-4-26所示），电压相差太大，而且前后电机控制器的母线电压一样，说明高压配电箱出来的母线电压只有500V左右。

前驱动电机状态		的驱动电机关闭	/
启动允许		禁止启动(防盗接触失效/正在充电/盖子打开)	/
母线电压		521	0/10
转速		0	-15000/15
扭矩		0	-500/50
功率		0	-100/20
IPM散热器温度		35	-40/16

图6-4-24

后驱动电机状态		电机关闭	/
启动允许		禁止启动(防盗接触失效/正在充电/盖子打开)	/
母线电压		524	0/100
转速		0	-15000/150
扭矩		0	-500/500
功率		0	-100/200
IPM散热器温度		35	-40/160

图6-4-25

SOC		91	0/1(
电池标记		Ad5.6	/
电池包品检代号		Ad5.6	/
电池组当前总电压		669	0/1C
电池组内前的电流		-0.1	-500/1(
最大允许充电功率		18.0	0/5(
充电次数		3	/

图6-4-26

在上OK挡电时，有时还能上EV挡，能上EV挡时都正常，只要退电后再上电故障又出现，怀疑会不会是预充接触器烧结或者预充电阻阻值不正常。拆下高压配电箱测量预充接触器无异常，测量预充电阻阻值为776Ω（如图6-4-27所示），正常值是200Ω左右。倒换预充电阻后再测量预充电阻阻值为199Ω（如图6-4-28所示），试车后故障排除。

故障总结：在维修新能源车时首先要注意安全，再按故障状况和故障码并结合资料才能更快地找到故障点。

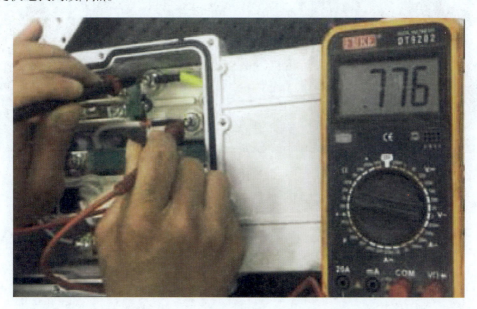

图6-4-27

图6-4-28

八、比亚迪唐DM报EV受限

故障现象： 全新一代比亚迪唐DM，客户到店报修该车行驶中报EV受限，伴随空调不制冷，并且自动切换到HEV发动机运转状态，如图6-4-29所示。

图6-4-29

故障诊断：

故障可能原因有：

（1）电动空调压缩机故障。

（2）前驱动电机控制器内部故障。

（3）电池PTC故障。

（4）线路或保险丝故障等。

诊断仪检测发现BMS系统报故障码P1AC300：高压互锁3故障，如图6-4-30所示。

图6-4-30

检测ACC空调压缩机控制器系统报故障码B2AB049电流采样电路故障，如图6-4-31所示。

图6-4-31

　　用VDS读取整车各模块软件版本为最新。把所有系统清除故障码后对车辆重新上电，故障依旧。测量ACC空调压缩机控制器数据流发现异常，如图6-4-32所示。

　　根据数据流分析，压缩机负载电压为2V，负载电流为0A，说明没有高压电到压缩机。断开前电控上的压缩机、BSG的高压插接器，测量压缩机1号、3号配电端口无高压电输出，如图6-4-33和图6-4-34所示。

　　打开前电控上部的保险丝小盖，测量压缩机、电池PTC的32A保险丝，发现电阻无穷大，说明保险丝已经损坏，如图6-4-35和图6-4-36所示。

图6-4-32

图6-4-33

压缩机、BSG

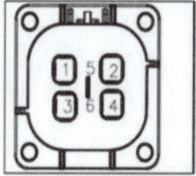

4针		
1	+	压缩机配电：额定
3	-	2kW
2	+	BSG配电：额定 15kW
4	-	
5		高压互锁输入
6		高压互锁输出

图6-4-34

图6-4-35

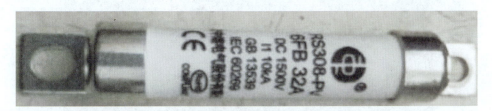

图6-4-36

　　按常理，保险丝烧断，说明电路中有过流的情况；而该保险丝是给压缩机及电池PTC供电的。分别测量压缩机及电池PTC的电阻，电池PTC的电阻为1.099MΩ，数值正常；压缩机电阻为0.32Ω，数值明显异常，如图6-4-37所示。

图6-4-37

更换压缩机及保险丝后，故障排除。

故障总结：通过读取有关系统的数据流，可以缩小故障范围。保险丝不会无缘无故损坏，要找到故障的根源，而不能只更换保险丝。

九、比亚迪唐EV模式下仪表能量流程图不显示能量流向指示

故障现象：车辆EV模式下仪表能量流程图中能量流向状态不显示，如图6-4-38所示，正常照片如图6-4-39所示。

图6-4-38

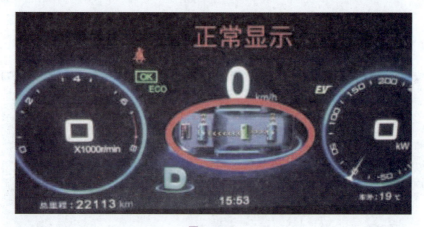

图6-4-39

故障诊断：

故障可能原因有：

（1）相关模块程序问题。

（2）仪表本身故障。

（3）前电控故障。

（4）相关线路故障。

　　首先，诊断仪扫描整车模块无更新提示，读取相关模块无故障码。询问客户得知，该故障是从上次更新EPB和仪表程序后出现的，让仪表重新更新程序（已最新版本），试车故障依旧，ACC挡电断开蓄电池负极线，仪表程序重新学习，试车故障依旧。考虑分析在HEV模式下能量指示显示正常，只有EV模式无能量流向显示，可以排除仪表本身故障。根据控制原理分析，能量流向指示是由前电机机械挡位传感器发送给前电控，再由前电控发送至仪表。联系大区技术督导协助，指导检查前电机EV挡位传感器及线路是否正常。将车辆升起，检查发现挡位传感器插头松动（如图6-4-40和图6-4-41所示），重新处理插头，试车故障排除。

图6-4-40

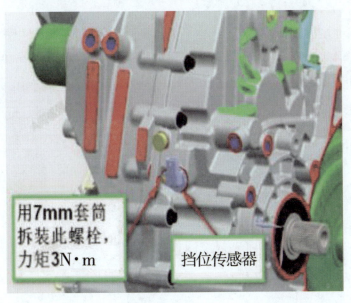

图6-4-41

进一步分析原因，维修技师在更换挡位传感器密封圈时，未将此插头安装到位，车辆行驶一段时间后，此插头松动，导致该故障发生。

故障总结：车辆在做升级时，严格按照指导书进行操作，升级完成后车辆各项功能都要测试是否正常，避免因人为原因导致车辆故障发生。

十、2015年比亚迪唐无法使用EV模式

故障现象：一辆2015年比亚迪唐在行驶一段时间后，无法使用EV模式，如图6-4-42所示。

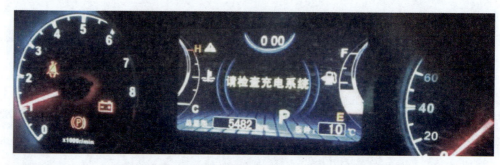

图6-4-42

故障诊断：

故障可能原因有：

（1）动力电池包故障。

（2）某一个高压负载零部件故障。

（3）漏电传感器本身故障。

首先用VDS对此车进行了扫描，漏电传感器报严重漏电和一般漏电两个故障码（如图6-4-43所示），清除故障码以后车辆重新上电切换到EV模式，在原地可以使用且EV模式可以使用空调，挂入D挡行驶一段时间后，车辆就从EV模式自动切换到HEV模式，在此情况下观察数据流发现车辆的绝缘阻值在瞬间切换为0kΩ且BMS报严重漏电和一般漏电故障。

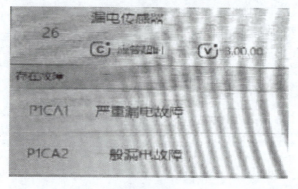

图6-4-43

得到这两个故障而且是在行驶过程中报的漏电，这说明高压驱动系统有漏电迹象。首先对前后电机及电控测量绝缘阻值，分别都大于兆欧级别，正常。再次对压缩机/PTC/OBC进行了逐一测量，测量数值均都大于2MΩ（如图6-4-44所示），说明电池包和漏电传感器可能存在故障。

图6-4-44

用动力电池包专用检测工具对电池包进行测量后，计算得到的绝缘阻值为大于500Ω/V，说明电池包不漏电。测量了其他负载都没有漏电迹象，说明漏电传感器误报漏电导致无法使用EV。为了确认故障，倒换电池包后故障排除。

故障总结：这辆车是在行驶时出现这类情况，很容易想到是驱动系统漏电，检修时要多全面考虑，比如假漏电等。

十一、比亚迪唐DM仪表偶发性乱跳

故障现象：一辆全新一代唐DM，客户反映车辆行驶中偶发性仪表故障灯全部点亮，车速不显示，方向盘无助力，重新启动也无法解决，如图6-4-45和图6-4-46所示。

图6-4-45

图6-4-46

故障诊断：

故障可能原因有：

（1）线路故障。

（2）信号干扰。

（3）CAN网络故障。

（4）车辆某个模块异常。

车辆进店检查，用VDS扫描，无程序更新，车辆故障为偶发性。读取车辆模块自适应巡航、仪表、助力转向、变速器等多个模块都与ESP失去通信，如图6-4-47和图6-4-48所示。

图6-4-47

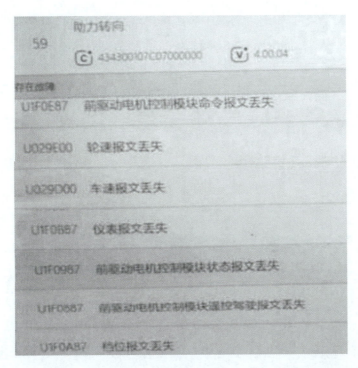

图6-4-48

　　根据故障码、车速不显示、无助力现象，查看电路图发现转角传感器和ESP都属于ESC 网。为进一步确认故障点，测量ESP B03插头1号、25号、28号电压12.4V正常，地线正常。测量CAN–H 1.690V、CAN–L 0.729V，电压偏低、异常，如图6-4-49所示。

图6-4-49

测量OBD接口ESC网CAN线电压同样是1.690V、0.729V异常，测量阻值正常。为确认故障点缩小故障范围，逐个断开ESC网络模块ESP、EPB、MR、MPC、SAS、R-EPS、MPC，分别测量断开时数据没有变化。后咨询技术部告知4G模块也共用ESC网络，4G模块安装在PAD内部，断开PAD测量电压正常，更换后故障排除。

故障总结： 维修此类故障，要细心熟悉CAN系统的组成，少走弯路。

十二、比亚迪唐DM报EV功能受限

故障现象： 车辆报EV功能受限。

故障诊断：

故障可能原因有：

（1）互锁故障。

（2）漏电故障。

（3）预充失败。

维修人员试车确认故障存在，踩制动踏板按启动按钮后无EV，发动机启动，仪表显示EV功能受限。用VDS读取BMS故障码为预充失败及其他故障码（如图6-4-50所示），清除故障码后再次上电，仅剩一个预充失败故障码，确认因预充故障导致无EV。

图6-4-50

读取各高压模块上电瞬间高压母线电压值，发现最大电压仅能达到280V左右，异常。怀疑电池包电压不足，用专用测量工具实测电池包电压能达到额定电压，正常，排除电池包故障。怀疑高压配电箱内接触器或预充电阻故障，测量预充电阻200Ω正常，测量接触器无异常，各连接片安装力矩正常，无发黄等高温迹象。怀疑外部高压模块异常拉低了母线预充电压，逐个拔掉外部高压模块并处理互锁。拔掉电池加热PTC后预充电压正常，预充成功。确认电池加热PTC故障，倒换新的PTC后故障再次出现，预充电压再次被拉低。再次拔掉PTC后故障又排除，实测预充电压666V正常，维修陷入僵局时发现PTC加热器有擦碰痕迹，仔细检查PTC线束端插接件有事故维修撬过的痕迹，怀疑母线针脚插反。对比正常车辆发现该车PTC母线确实正负相反，倒换针脚后故障排除。

故障总结： 多个指向不一的故障码同时存在且故障能再现时，最好记录好原始故障码后再清除故障码，让故障再现后再次读取新故障码，能更好地确定故障指向。预充成功条件：无严重漏电信号、前电控直流母线电压达到设定值。用电池包测量工装实测电池包时，由于工装里两个方口插头外形一样且无车型备注，一定要根据电路原理图针脚定义确定该使用哪个电池包的低压插接件，避免插错插头导致误判。测量时母线端口一定要使用防护胶套后再测量。除了高压模块本身故障会拉低母线电压外，母线正负针脚插反也会拉低预充母线电压。

十三、比亚迪唐DM偶发不能充电

故障现象： 客户反映车辆偶发插枪时仪表一直显示正在连接中（如图6-4-51所示），不能充电，正常充电时偶发会断开。

图6-4-51

故障诊断：

故障可能原因有：

（1）软件版本需更新。

（2）车载充电器故障。

（3）壁挂充电器故障。

（4）线路、外接电压或接地不正常故障。

客户的充电桩在企业厂房院内安装，充电桩安装完成时可以正常充电，第二天就出现故障不能充电了。因刚安装的充电桩，我店到达现场检查。用VDS连接车辆扫描所有模块无故障无更新，排除软件问题。检查3.3kW壁挂充电器L、N、PB、接地线路接线都正常，插枪可以正常充电，故障暂时不出现。读取车载充电器数据流均正常，排除充电桩故障。怀疑偶发电压不稳且过高导致充电时跳枪。因为故障为偶发不能充电或者断开，只能在客户厂房内等待故障重现，等了2个小时左右故障没出现，就在我们准备回店时，故障出现了，充电口指示灯显示黄色，充电断开。故障出现时重新拔插充电枪，仪表显示"充电连接中，请稍候"。VDS2000连接车辆，读取车载充电器数据流，交流侧输入电压显示265V（如图6-4-52所示）。用万用表实际测量充电桩旁边的插座电压为269.3V（如图6-4-53所示），在开启其他用电器时，电压下降到220V左右，车辆可以正常充电。客户关闭其他用电器时电压升高，车辆进入自我保护禁止充电。观察发现充电桩距离变压器太近，可能受电网电压波动影响大，帮客户在壁挂充电器前安装了一个稳压器，车辆可以正常充电，跟踪故障未再出现，故障排除。

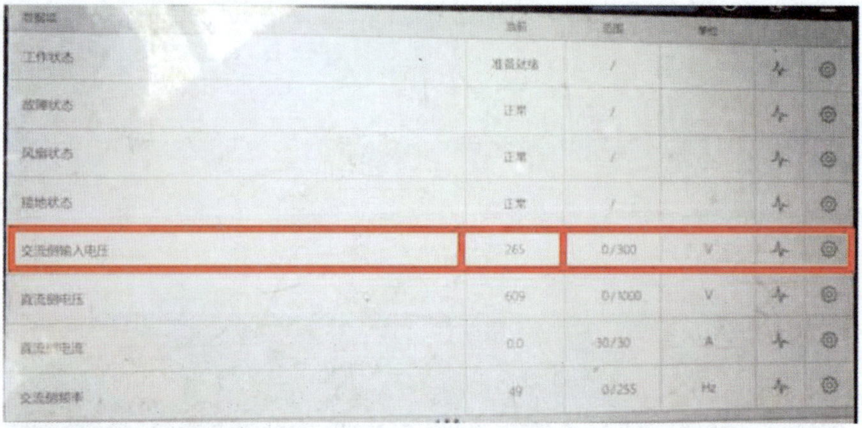

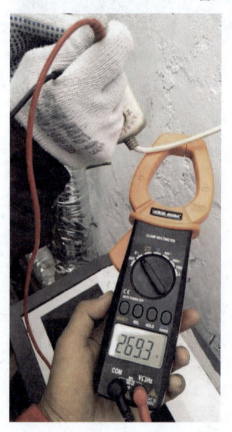

图6-4-52

图6-4-53

十四、比亚迪唐DM无暖风

故障现象： 一辆全新一代比亚迪唐DM，客户进店反映车辆没有暖风，其他功能都正常。VDS检查前空调风加热器模块故障为B123D4A，驱动组件与加热组件之间未连接良好，如图6-4-54所示。

图6-4-54

故障诊断：

故障可能原因有：

（1）PTC风加热器本体故障。

（2）PTC风加热器驱动器故障。

（3）高压线路故障。

（4）低压线路故障。

技师根据故障码检查PTC驱动器与PTC风加热器之间的高压线连接正常，没有退针或接触不良情况。VDS读取前空调风加热器数据流，车辆负载电流和PTC消耗功率都为0，与正常车比较，明显异常，如图6-4-55和图6-4-56所示。

测量PTC风加热器高压线1号、2号针脚和2号、3号针脚电阻都为无穷大（如图6-4-57所示），与正常车比较，异常，1号、3号针脚为0.9kΩ，如图6-4-58所示。

通过以上检查确认为PTC风加热器本体故障，更换PTC风加热器后故障排除。双温区以中间边框的格栅为分界点分为主副驾两个温区；不同的

图6-4-55

数据项	数据值	
散热片温度	12	℃
IG2低压电源电压	14.1	V
负载高压电源	606	V
负载电流	5.5	A
PTC消耗功率	3344	W
PTC控制板温度		℃
主驾驶侧预置占空比	32	
主驾驶侧实际占空比	31	
主驾驶侧1#芯体温度	45	℃
主驾驶侧2#芯体温度	45	℃
主驾驶侧消耗功率	1968	W
副驾驶侧预置占空比	22	
副驾驶侧实际占空比	22	
副驾驶侧2#芯体温度	46	℃

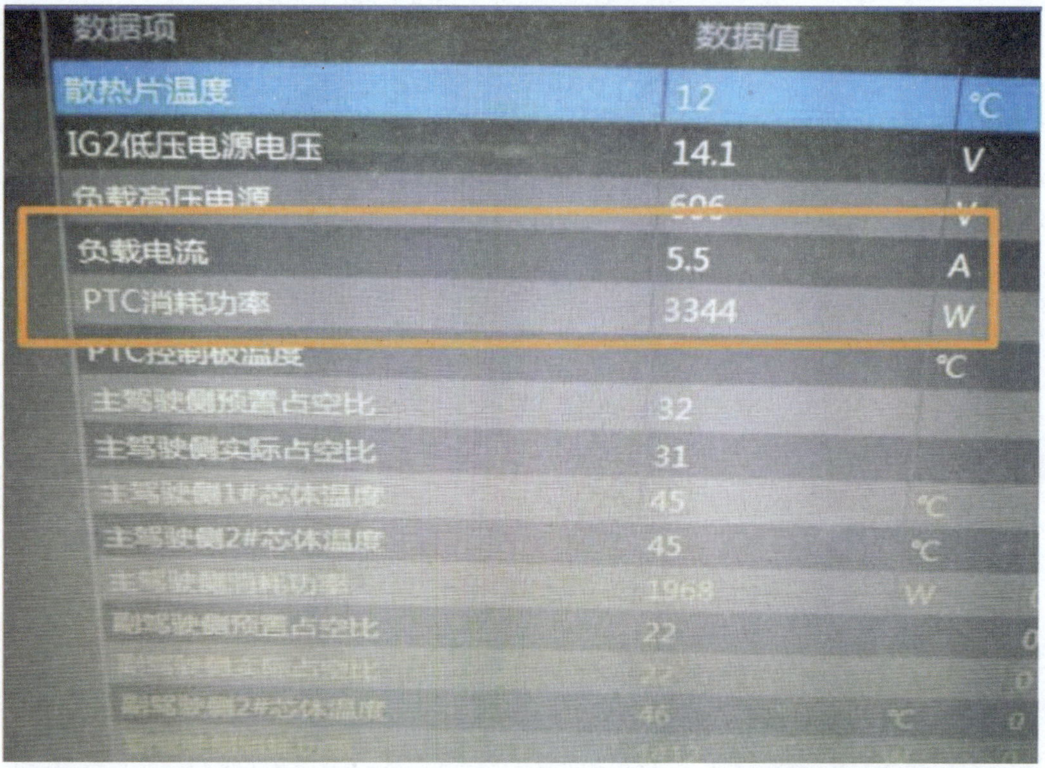

图6-4-56

图6-4-57

图6-4-58

温区是靠电极分段和假片实现；不同温区各配备了一个温度传感器；整个芯体共用一个熔断器。

　　故障总结：对于新能源车维修，应从其控制原理，通过数据流与正常车比较去分析故障，能更快找到故障点。

十五、比亚迪唐DM报EV功能受限

故障现象： 全新一代比亚迪唐DM行驶里程11114km，车辆行驶时仪表报EV功能受限（如图6-4-59所示），HEV行驶正常。

图6-4-59

故障诊断：

故障可能原因有：

（1）高压系统零部件故障。

（2）低压线束线路故障。

（3）BMS故障。

客户反映行驶时EV功能无法使用，到店读取到后驱动电机控制器故障码：P1C0D00后驱动电机旋变故障信号丢失；P101400后驱动电机控制器电流霍尔传感器B故障；P1C1500后驱动电机控制器电流霍尔传感器C故障，当前故障，无法清除故障码，如图6-4-60所示。

图6-4-60

测量电机端旋变针脚余旋阻值13.3Ω、正旋11.6Ω、励磁6.2Ω（如图6-4-61所示）；测量后驱动电机旋变针脚余旋阻值13.3Ω、正旋11.6Ω、励磁6.1Ω，线束对地测量不导通。再测量后电机控制器低压接插件的旋变阻值与电机端测量一致。

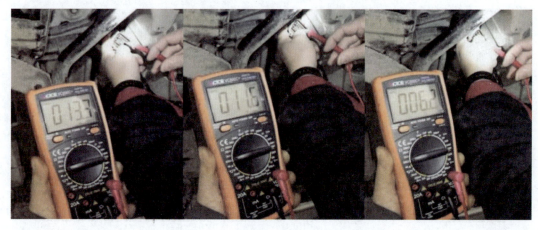

图6-4-61

测量旋变针脚K113到H01之间线束阻值正常后更换后驱动电机控制器，故障未排除。又更换后驱动电机故障也未排除。通过技术支持指导，挑出K113接插件21号屏蔽地针脚后故障码可以清除。测量21号针脚屏蔽地与22号、23号励磁线束导通，确定是地板线束故障。剥开旋变线束发现线束有破损情况（如图6-4-62所示），更换地板线束后故障排除。

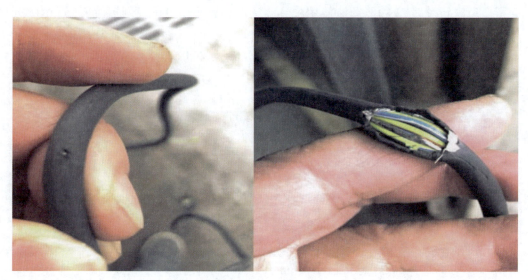

图6-4-62

故障总结： 在日常工作中要依据维修资料了解控制逻辑，从简到难逐步排除故障。

十六、比亚迪唐无EV模式

故障现象: 客户反映车辆无EV模式,每次启动时发动机自动启动,也无法切换回来,车辆也无法充电。

故障诊断:

故障可能原因有:

(1)电池包故障。

(2)配电箱故障。

(3)BMS故障。

(4)前后电控故障。

(5)相关模块故障。

(6)高压线束故障。

车辆进入维修车间,服务店进行诊断发现车辆上电自动跳至HEV模式,发动机启动;车辆无法充电,只有一个插头灯点亮,如图6-4-63所示。

图6-4-63

VDS诊断车辆报故障码P1A4100:主接触器烧结,如图6-4-64所示。

为防止因主接触器烧结造成对前后电控的内部电容损伤,拆卸副仪表板总成测量高压配电箱母线正极输入端与前后电控的输出端,为后电控不导通,前电控导通。拆卸高压配电箱进行测量,发现主接触器烧结,后电控保险丝烧蚀,如图6-4-65所示。

由于车辆未报漏电故障,后电控保险丝还烧蚀,说明车辆后电控保险丝下端的用电器有短路状态造成保险丝烧蚀。拆卸后备箱盖板测量后电控正负极母线输入端之间电阻,发现后电控正负极之间电阻为72.8kΩ,说明后电控电容已经损坏,造成后电控保险丝烧蚀。结合上述诊断,此次车辆故障为后电控电容损坏造成主接触器烧结及后电控保险丝烧蚀,更换高压配电箱及后驱动电机控制器总成故障排除。

P1A4100	主接触器烧结故障
P1A4700	交流充电枪信号断线故障
P1A5000	电池管理系统自检故障
U0A2100	与温电传感器通讯故障
P1A6000	高压互锁故障
U208000	BIC1 CAN通讯超时故障

图6-4-64

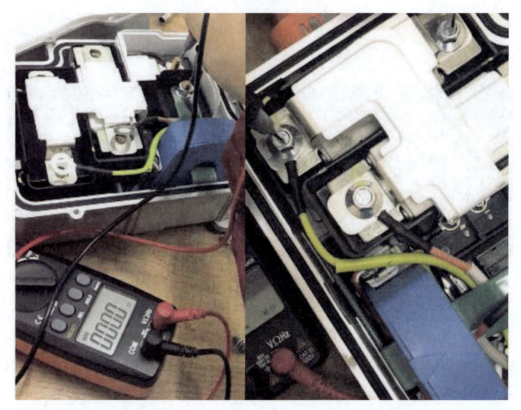

图6-4-65

故障总结： 在维修过程中了解车辆的工作流程来进行判断可快速查明故障原因。了解车辆上电电压输出走向可以快速寻找到车辆的故障点所在。主接触器烧结切勿二次上电，避免对车辆前后电控高压冲击造成二次损坏。理清思路排除干扰项可以快速找到故障点。

十七、比亚迪唐DM报EV功能受限

故障现象：全新一代比亚迪唐DM车型，EV模式正常行驶中仪表提示EV功能受限故障，车辆自动切换至HEV模式，HEV模式行驶时最高车速不超过60km/h，多次尝试无法切换至EV模式，车辆熄火重启后故障消失，行驶一会儿故障再次出现。

故障诊断：

故障可能原因有：

（1）高压模块故障。

（2）低压模块故障。

（3）线束故障。

（4）其他故障。

因是偶发性故障，所以车辆进店时故障并未再现。用VDS读取整车系统故障，只有整车控制器报：P1D7100高压系统故障—BMS放电不允许（如图6-4-66所示）。查看整车控制器，发动机异常启动原因为动力电池放电功率过低、主接触器断开、动力电池放电不允许等。

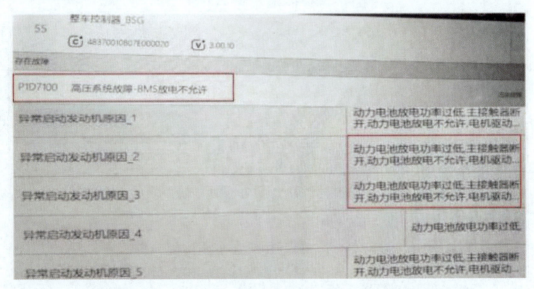

图6-4-66

清除历史故障码，路试验证故障，经多次验证发现电池管理器也开始报故障P1AC000气囊ECU碰撞报警，如图6-4-67所示。

分析故障：新能源车有碰撞断高压保护功能，因此，查找碰撞报警故障的来源。读取气囊ECU系统无任何故障码。经检查和询问客户得知车辆未受外力。进一步分析检查BMS至气囊ECU的碰撞信号线。检查气囊ECU线束插头有锈蚀现象。经检查与资料核实，此线就是到BMS碰撞信号线，处理此处后故障排除。进一步咨询客户得知，前几天清洗了

图6-4-67

空调系统后出现此故障，因清洗空调时，大量的泡沫清洗剂进入蒸发箱体后不能及时排出，导致清洗剂从箱体缝隙往外渗漏，因气囊ECU刚好就在箱体下方导致清洗剂进入此插接件。

十八、比亚迪唐DM报EV功能受限

故障现象：车辆上OK挡电，发动机启动运行，仪表显示EV功能受限，如图6-4-68所示。

故障诊断：

故障可能原因有：

（1）高压系统互锁故障。

（2）驱动电机旋变信号故障。

（3）电池管理器、漏电传感器故障。

（4）高压系统漏电故障：动力电池包、高压配电

图6-4-68

箱、前驱动电机控制器与DC、前电机、BSG系统、电池PTC、电动压缩机、前PTC驱动器、前PTC、后PTC驱动器、后PTC、车载充电器、高压线束等。

（5）相关线路问题（线束故障，连接插头接触不良或通信故障）。

使用VDS读取故障显示：B19454B冷却液温度过高，B195512 IGBT短路故障，B194807驱动组件故障，P1A3400预充失败故障，P1D7100高压系统故障—BMS放电不允许（当前故障），如图6-4-69所示。

根据VDS读取故障信息，检查电池加热器，通过对比，分析电池加热器已损坏，需更换新件，如图6-4-70所示。

更换新电池加热器，其EV功能受限故障仍然存在。读取故障信息为P1A3400预充失败故障，P1D7100高压系统故障—BMS放电不允许（当前故障）。根据高压配电箱内部电路图，BMS存在P1A3400预充失败故障（为否），结合VDS数据流和检查相关内容包括：

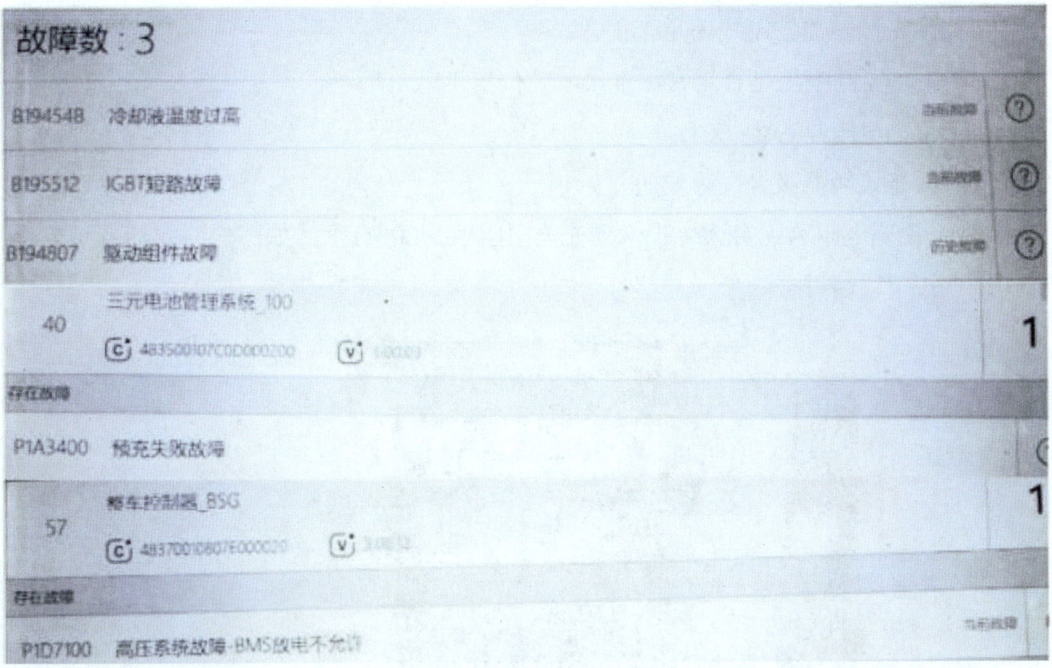

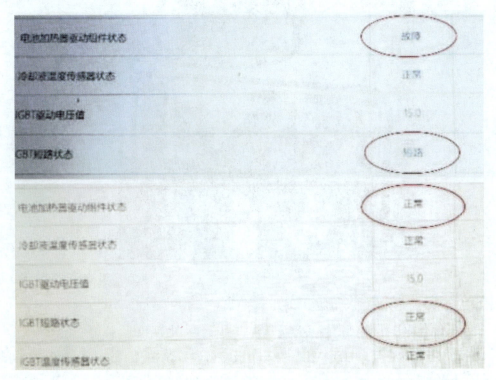

故障数：3

B194548	冷却液温度过高	当前故障	?
B195512	IGBT短路故障	当前故障	?
B194807	驱动组件故障	历史故障	?

| 40 | 三元电池管理系统_100 | | 1 |
| | ⓒ 483500107C0D000200　Ⓥ 1.00.03 | | |

存在故障

P1A3400	预充失败故障		?
57	整车控制器_BSG		1
	ⓒ 483700108D7E000020　Ⓥ 3.06.12		

存在故障

| P1D7100 | 高压系统故障-BMS放电不允许 | 当前故障 |

图6-4-69

图6-4-70

257

（1）检查母线电压是否正常。

（2）预充接触器控制线路是否正常。

（3）BMS控制电压是否正常（本次故障位置）。

（4）预充电阻是否为200Ω。

（5）预充接触器吸合是否导通。

经检查预充电阻为无穷大（正常预充电阻阻值为200Ω）（如图6-4-71所示），更换预充电阻后，其故障排除。

图6-4-71

故障总结： 预充完成需要满足以下几个条件：

（1）电池包电压、温度信号及容量正常，不存在漏电现象。

（2）预充回路正常，即预充接触器及负极接触器控制端及供电端线路正常，可以参照电路图检修。

（3）驱动控制器与DC总成、高压BMS通信正常，高压互锁、整车高压回路正常。

十九、比亚迪唐DM报EV功能受限

故障现象：车辆充满电后无法使用EV模式，组合仪表提示EV功能受限，如图6-4-72所示。

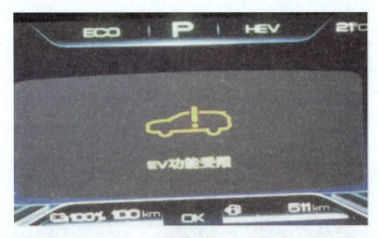

图6-4-72

故障诊断：

故障可能原因有：

（1）低压线路故障。

（2）高压BMS故障。

（3）高压模块故障。

使用VDS读取电池管理器系统报预充失败故障，如图6-4-73所示。

图6-4-73

读取电池管理器数据流SOC为100%、电池组当前总电压740V，在车辆上电过程中分压接触器1、负极接触器、预充接触器均为吸合状态，2s后预充状态为预充失败。在预充过程中读取前、后驱动电机控制器的母线电压均为293V左右（预充电压明显异常）。读取车辆其他高压系统发现，在电池加热器系统中报"B1946041 IGBT驱动芯片功能失败""B195512 IGBT短路故障""B194807驱动组件故障"并且为当前故障。断开高压系统后测量电池加热器管压降时发现，正测0.473V、反测0.473V（异常），故障车管压降异常如图6-4-74所示。

图6-4-74

与正常车辆测量对比，正测OL（如图6-4-75所示）、反测1.291V（如图6-4-76所示），故障车的电池加热器管压降不正常，重新更换电池加热器总成后试车，故障排除。

图6-4-75

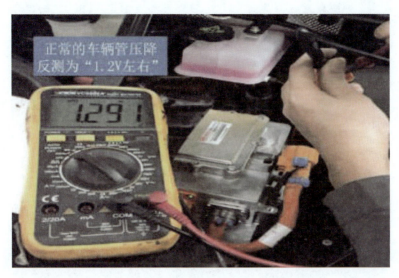

图6-4-76

故障总结：维修高压系统时应该注意高压系统所报的故障码，并结合实际情况进行测量和分析，从而快速找到故障点。

二十、比亚迪唐 DM无法充电

故障现象：客户来店反映车辆无法充电，充电桩及便携式充电器都无法充电，显示充电连接中，之后显示请检查充电系统，如图6-4-77和图6-4-78所示。

图6-4-77

图6-4-78

故障诊断：

故障可能原因有：

（1）低压线路故障。

（2）高压线路故障。

（3）车载充电器故障。

首先连接充电盒，读取车辆故障码为P151100交流端高压互锁故障；P157216车载充电器直流侧电压低；U01100与动力电池管理器通信故障，如图6-4-79所示。清除后重新读取发现P157216故障码无法删除。

图6-4-79

在连接充电盒读取车载数据流时发现直流侧电压31V（无电压），交流侧输入电压0V（无电压）为异常。首先检测电池的反灌电压正常后，交流侧才有输入电压，故首先排查直流侧电压。读取DC-DC总成数据流，高压侧电压633V正常，可判定充电预充完成，接触器正常。此时可判断为高压配电箱到车载充电器直流线路故障或车载自身故障。短接车载端高压互锁，充电连接时，测量车载直流输入端电压为0V（如图6-4-80所示），怀疑车载高压直流保险丝烧毁。

图6-4-80

　　测量后电控直流正极输入端与车载直流正极输入端之间不导通（在后电控及车载高压直流线路及保险正常的情况下，两端之间应为导通），后电控电压及驱动正常，判断应为车载高压直流保险丝烧毁。拆开高压配电箱测量车载充电器确实保险丝烧毁，测得车载充电器直流输入端正负极之间阻值为无穷大（如图6-4-81所示），排除车载内部短路导致高压保险丝直接损坏。

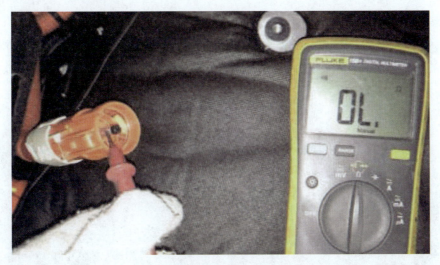

图6-4-81

　　更换保险丝并充电，充电可连接成功，充电功率为0kW。读取车载数据发现此时直流侧电压及交流侧电压正常，车载无直流侧输出电流，依然无法充电。读取车载故障码为P158200H桥故障（如图6-4-82所示），并无法删除故障码，判断为车载硬件故障，更换车载充电器后故障彻底排除。

图6-4-82

二十一、比亚迪唐DM原地发电功率低

故障现象： 全新一代比亚迪唐DM原地怠速发电功率过小，有时小于3kW，踩加速踏板到底也有只有3kW，如图6-4-83所示。

故障诊断：

故障可能原因有：

（1）BSG电机故障。

（2）BSG电机控制器故障。

（3）曲轴皮带轮故障。

原地启动发动机，测试发电功率情况，确实如客户所说，有时发动机的转速都达到1000r/min，充电功率还是0kW的，加速踏板踩到底最多也才3kW，有时甚至是0kW，如图6-4-84所示。

图6-4-83

图6-4-84

读取整车系统没故障码，也没程序升级。检查BSG电机到BSG电机控制器的线束与各接插件也没异常。用VDS进入BSG系统读取数据流发现BSG电机的实际转速越高的时候，输出的扭矩（发电、电动）就越小，同时BSG电机A/B/C相电流也变小，还发现BSG电机的实际转速在2572r/min时，BSG电机的输出扭矩为0N·m，BSG电机A/B/C相电流也是0A，如图6-4-85所示。

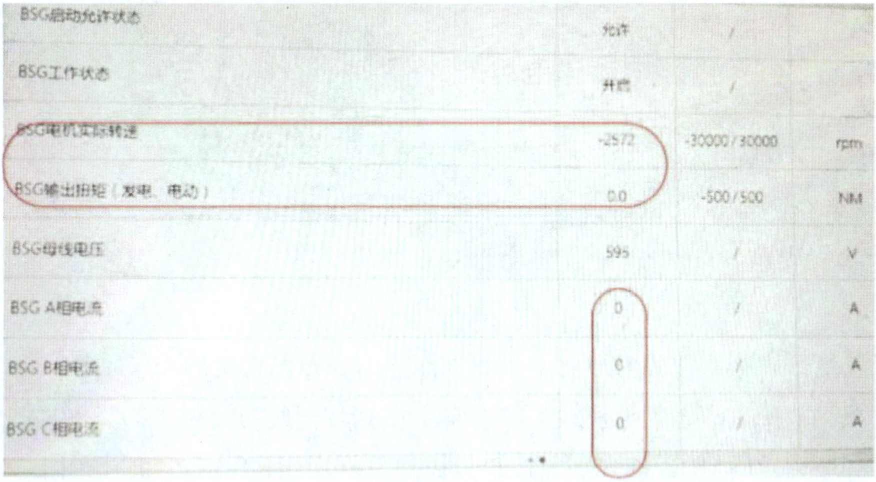

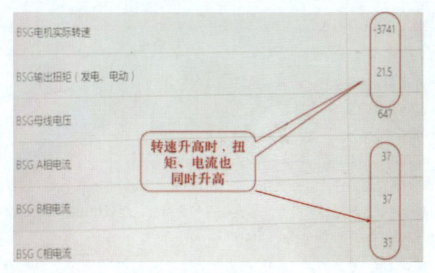

图6-4-85

从数据流上分析应该是BSG电机的原因（如图6-4-86所示），发动机的转速升高时，BSG电机的实际转速也可以升高但是扭矩不够。仔细检查发现，电机皮带有磨损，而且曲轴皮带轮的齿槽也几乎磨平了（如图6-4-87所示），更换新的皮带与曲轴皮带轮，故障解决。

图6-4-86

图6-4-87

故障总结：在排查故障时可以通过数据流分析，熟悉系统的工作原理，仔细检查，可以快速找到故障点原地发电模式（P/N挡，D/R挡且车速为0km/h时），SOC低于15%开始，到17%结束。P挡HEV模式踩加速踏板原地发电功能，SOC＜90%，P挡原地怠速发电，30%＜加速踏板深度＜70%，仪表显示4kW发电，SOC＞91%，停止发电；P挡原地怠速发电，加速踏板深度＞80%，仪表显示8kW发电，SOC＞91%，停止发电。

二十二、比亚迪唐EV受限

故障现象：客户反映车辆在雨天正常行驶时，越过水坑之后，仪表显示EV受限，无法使用EV模式。

故障诊断：

故障可能原因有：

（1）高压系统线路故障。

（2）高压互锁故障。

（3）高压漏电故障。

（4）高压部件故障等。

因为该车辆问题为行驶时过水后出现，所以初步怀疑是由于某个高压零部件进水导致的；首先对该车进行了外观检查，未发现有异常情况，之后用诊断仪进行检测，发现BMS系统里报P1A0000严重漏电故障，如图6-4-88所示。

清除故障码后，再次测试，上ON挡电时系统不报故障且BMS数据中的绝缘阻值为65535MΩ是正常的；踩下制动踏板上OK电的过程中观察BMS绝缘阻值的数据流变化，最

图6-4-88

低变为17Ω，不正常，说明该车高压系统存在漏电情况。按照唐漏电的检测方法，使用兆欧表对高压配电箱自身、前后驱动电机控制器、车载充电器、电动空调各零部件进行绝缘阻值的测量，都在70MΩ以上，均正常。测量至电动空调系统时，发现兆欧表测得的绝缘阻值偶尔为0MΩ；进一步对电动压缩机和PTC分别测试，PTC绝缘阻值正常，电动压缩机绝缘阻值偶尔为0MΩ，分析为电动压缩机故障。

为了进一步验证电动压缩机的故障，进行如下测试：

（1）断开电动压缩机高压接插件，再次上OK电的瞬间，读取BMS的绝缘阻值及故障码，发现绝缘阻值一直在65535MΩ无变化，报故障为互锁3故障。

（2）找另外一辆唐，通过电动压缩机转接测试线（工装：HA-2105217_KET转接线M00666、HA-2105218LS转接线_M00666、HA-2105219_KET转接线_M00666）进行对接后，再次上OK电，车辆一切正常。

通过以上的测试，进一步确认为电动压缩机故障，更换电动压缩机后故障排除。

故障总结：

（1）清除故障码上电后系统报漏电故障，按如下步骤检测。

①车辆退电，断开低压铁电池负极，断开电池包正负极母线插接件。

②测量高压配电箱正负极输入端对车身绝缘阻值，如1000V DC挡位（兆欧表）测量小于1MΩ，则高压配电箱漏电。

③断开压缩机高压线束插接件，测量线束端正负极高压端子与车身绝缘阻值，如1000V DC挡位（兆欧表）测量小于1MΩ，则分别检测前驱控制器、后驱控制器、车载充电器、PTC、高压配电箱是哪个元件漏电。

④测量压缩机端线束正负极高压端子与车身绝缘阻值，如1000V DC挡位（兆欧表）测量小于1MΩ，则压缩机漏电。

（2）清除故障码上电后系统无漏电故障，挂D/R挡后报漏电故障按如下步骤检测。

①车辆退电，断开低压铁电池负极，断开电池包正负极母线插接件。

②断开前驱电机三相线，分别测量电机三相线、前驱控制器三相输出端子对车身绝

缘电阻，如1000V DC挡位（兆欧表）测量小于1MΩ，则被测元件漏电。

③断开后驱电机三相线，分别测量电机三相线、后驱控制器三相输出端子对车身绝缘电阻，如1000V DC挡位（兆欧表）测量小于1MΩ，则被测元件漏电。

（3）清除故障码上电后系统无漏电故障，开空调报漏电故障按如下步骤检测。

①将温度调到最低，开空调报漏电则为压缩机漏电。

②将温度调到最高，开空调报漏电则为PTC漏电。

（4）清除故障码上电后系统无漏电故障，充电报漏电故障按如下步骤检测。

此情况为车载充电器漏电。

公司下发的技术资料有时是有条件的，并不是绝对的，如本案例上OK电后即报漏电，与是否开空调无关。在实际的维修中，我们需要根据技术资料维修车辆，但我们更要了解车辆的控制逻辑及对应的数据变化等所说明的问题，现象要和控制逻辑实质相结合，举一反三，深入思考，如本案例中如不通过兆欧表的测量，通过断开高压接插件，观察数据流的变化等，也能准确判断出问题所在。遇到问题要知其然，还要知其所以然，多问几个为什么，如兆欧表测试电压为什么要加1000V直流电测试等。通过理解去记忆，融会贯通，真正提升新能源技术。使用兆欧表测量绝缘阻值时请使用绝缘手套，避免触电造成人身伤害。

二十三、比亚迪唐无法使用EV模式

故障现象：在EV模式行驶中会不定时地切换到HEV，仪表没有提示任何故障灯，再想切换EV模式行驶，不成功。

故障诊断：

故障可能原因有：

（1）模组单节电池电压过低，温度过高。

（2）高压零部件故障。

（3）变速器故障。

（4）程序或者控制器低压插接件故障。

（5）线路故障。

首先SOC在100%，车辆上OK电，EV模式正常，开启空调都正常。EV模式行驶试车，在80%时候强制切换HEV，无法再切换EV。停车熄火再上OK电，EV正常行驶，加油门再次出现切换HEV行驶。在切换HEV时候单节最低电压都在3.3V以上，最高温度也在20℃左右，都正常。BMS没有故障码存在。排除电池包故障。在前驱动电机控制器读取数据流发现，EV切换HEV的原因是TCU请求发动机工作，如图6-4-89所示。

图6-4-89

读取TCU故障码为P164Z-24挡回不了空挡，P167Z-24N挡脱挡。故障码可以清除，只要出现切换HEV，就会继续报这2个故障码，如图6-4-90所示。TCU版本最新，读取TCU在HEV，P挡数据流促动器2位置传感器的显示为-3.08（唐车型没有预挂2挡）（如图6-4-91所示），不正常的数据，正常在0.01（如图6-4-92所示）。

通过分析，故障在变速器系统，用先简单到复杂维修方式，倒换TCU模块和电液模块，在更换电液模块时检查了磁性传感器，没有脱落，故障没排除。故障出现在变速器内部，更换变速器总成，故障排除。

图6-4-90

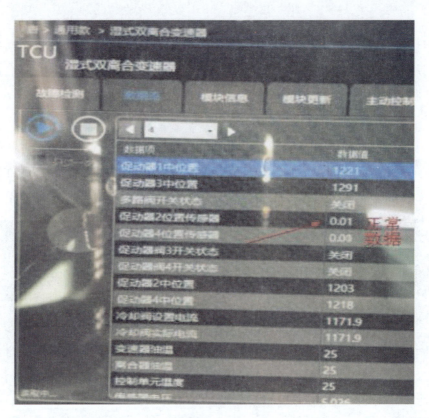

图6-4-91

图6-4-92

二十四、比亚迪唐DM无EV模式且仪表乱跳

故障现象： 一辆比亚迪唐DM，客户反映车辆EV模式行驶中会出现发动机启动，仪表故障信息乱跳情况，退电重新上电后恢复正常，如图6-4-93所示。

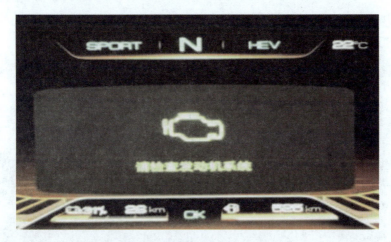

图6-4-93

故障诊断： 车辆来店后用VDS读取车辆模块发现ECM、TCU、仪表、驱动控制器、BMS、EPS、ESP等很多模块相互之间都有通信故障，如图6-4-94所示。

图6-4-94

故障诊断：

故障可能原因有：

（1）车辆亏电或线束插头接触不良。

（2）CAN网络通信故障。

（3）有其他加装用电器干扰。

首先试车发现确实存在客户反映问题，测量蓄电池电压13.20V正常。用VDS扫描车辆几乎每个模块都有故障码，应该是通信故障导致的该问题，而且在扫描之前诊断插口上有延伸出来的诊断口，如图6-4-95所示。

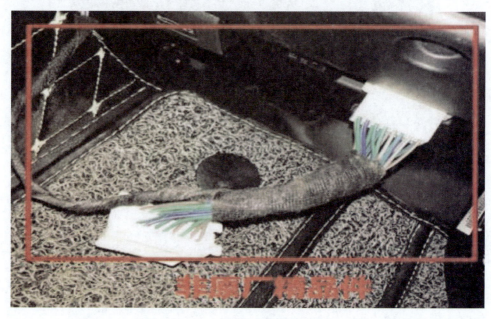

图6-4-95

询问客户后发现车辆在非比亚迪授权店加装了电动踏板，打开机盖发现发动机模块旁边有一个模块，机舱内线路乱接（如图6-4-96所示），将诊断口延伸线及所有外加线束拆除后反复试车故障消失。

图6-4-96

故障总结： 该故障信息比较多，类型一致都是通信故障，重点还是要检查有无外装设备，非比亚迪认证的精品件均有可能导致多种故障出现。

二十五、比亚迪唐DM报EV功能受限

故障现象： 车辆充满电以后EV模式无法行驶，仪表报EV功能受限，如图6-4-97所示。

图6-4-97

故障诊断：

故障可能原因有：

（1）电池包故障。

（2）电池管理器故障。

（3）高压系统零部件故障。

（4）其他故障。

用VDS扫描整车故障，读取电池管理器故障码为P1A3400预充失败故障，如图6-4-98所示。读取电池管理器数据流，电池组当前总电压为690V（如图6-4-99所示）。上OK电读取前驱动电机控制器瞬间电压为495V（如图6-4-100所示），同时读取后驱动电机控制器母线电压为493V（如图6-4-101所示），再检查其他高压零部件负载电压，结果都有498V（如图6-4-102所示）。

图6-4-98

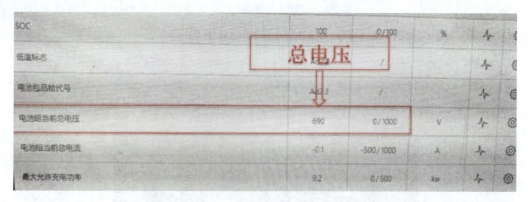

图6-4-99

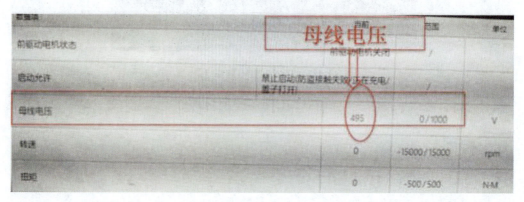

图6-4-100

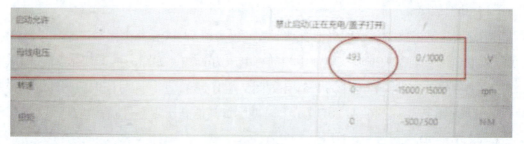

图6-4-101

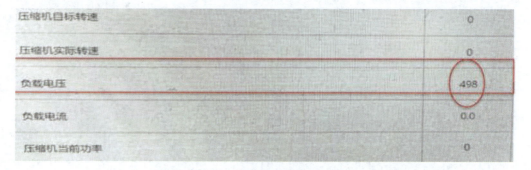

图6-4-102

　　从上面数据分析，发现所有高压系统负载电压都低于总电压，所以预充没有完成导致预充失败。预充未完成，而且高压系统都能读取到电压，分析可能是某个高压系统零部件存在短路现象。再用VDS扫描读取其他高压系统故障，结果发现电池加热器报B194807驱动组件故障及B194604 1号IGBT驱动芯片功能失效，故障码为当前故障，清除该故障码后还会出现。分析电池加热器存在故障。测量电池加热器绝缘阻值（如图6-4-103所示），发现电池加热器对地短路，更换电池加热器故障排除。

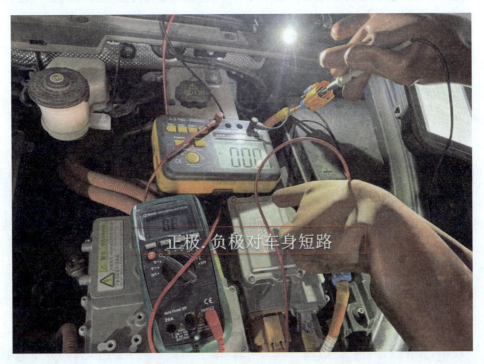

图6-4-103

　　故障总结：该车辆是电池加热器内部短路，导致预充失败，车辆EV无法行驶，维修高压系统要结合故障码和数据流一起去分析，把高压零部件逐步排除，范围缩小，从而解决问题就简单一些。维修高压系统一定要戴绝缘手套去测量。

二十六、比亚迪唐EV功能受限

　　故障现象：一辆2015年比亚迪唐偶发性启动车辆后仪表显示EV功能受限（如图6-4-104所示），只能HEV行驶，DC报与低压铁电池失去通信，与BCM失去通信。

　　故障诊断：

　　故障可能原因有：

　　（1）线路故障。

　　（2）驱动电机控制器与DC总成故障。

图6-4-104

（3）低压铁电池故障。

（4）其他原因。

连接VDS对整车进行扫描，版本均已最新，数据流显示DC关断状态，发动机启动原因为DC故障，DC、BOM、低压铁电池都可以进行正常通信，客户反映偶发性凉车启动后，仪表报EV功能受限，有时重启后故障可以消失，怀疑为凉车线路虚接，启动车辆后DC没有检测到低压铁电池，所以关断了DC的输出，造成EV功能受限；重新检查DC、BCM、低压铁电池的接插件及低压铁电池的正、负极线束，重新安装后故障消失，清除故障码后多次试验故障均未出现，交给客户继续观察使用。两周后客户再次反映故障出现，故障依旧为DC与低压铁电池失去通信，排除线路虚接的原因，判断为DC内部故障所致，更换驱动电机控制器与DC总成后故障消失，多次试验故障均未出现，交给客户继续使用。一周左右客户再次反映故障依旧，怀疑是低压铁电池偶发性无法通信，这次调换低压铁电池，经客户同意留店观察。早晨启动车辆时故障重现，也排除了低压铁电池的原因。与技术督导沟通得知，DC在上电的状态下，一段时间内没有接收到低压铁电池的信息就会关断DC的输出并报出故障码，重点排除DC的供电系统。经测量在OFF挡电源下DC的B51-18、3号脚均有12V的电压，明显异常。该电为双路电，一路为上电后双路电继电器直接吸合，一路为有低压铁电池与车载充电器共同控制OFF挡继电器的吸合。断开双路电继电器DC的B51-18、3号脚供电依旧，测量OFF挡继电器的控制地端与地间的阻值为不导通，轻轻敲击OFF挡继电器后继电器输出端K300-1号脚没有电压输出了，判断为OFF挡继电器偶发性分离不开，更换继电器后跟踪两周，故障没有再现，确认故障排除。

故障总结：掌握电控的控制策略是解决故障的关键。

二十七、比亚迪唐报EV功能受限

故障现象：车辆正常上OK电后，EV模式挂D挡/R挡时发动机自动介入，仪表提示EV功能受限（如图6-4-105所示），无法切至EV模式，HEV模式挂挡行驶一切正常。

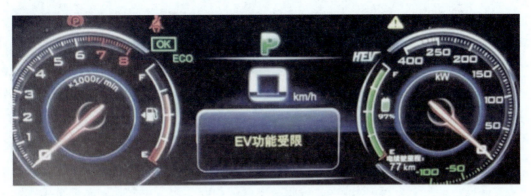

图6-4-105

故障诊断：

故障可能原因有：

（1）高压系统故障。

（2）低压系统故障。

（3）变速器故障。

（4）线束及其他故障。

　　用VDS读取系统故障码，TCU系统故障码：P1684 EV2挡挂不到位，P1685 EV挡回不了空挡，P1688 油泵压力过低（均是当前故障、无法清除）。此时做一键自适应，结果挡位动作自适应失败，如图6-4-106所示。

图6-4-106

　　分析故障：此时的油压是指外置模块所产生的压力，挂入D挡查看数据流发现电机使能信息为不使能，电机运行占空比为0，电机转数为0。倒换外置模块、电机控制模块、TCU、电液模块，测试故障依旧。车辆上ON挡电，测量电机控制器信号线束电压，经测量B160接插件的1号脚有14V电压，3号、4号、6号脚均有5V电压，2号脚是搭铁线，排

除电机控制器信号线故障。更换变速器分总成后测试，EV模式可以正常行驶且行驶动力无异常，但是做TCU一键自适应时，系统还是报油压低，挡位动作自适应失败故障，即挡回不了空挡故障。EV模式行驶时查看油压数据流只有120kPa（1.2bar）、电机使能信息为使能状态、油泵转数只有1500r/min左右（正常压力为200kPa以上）。再次调换外置模块时，发现旧件外置模块电机处漏油，装上新件测试故障依旧。此时陷入僵局，因EV模式可以正常，但还报油压低故障。经与技术督导讨论分析，100kPa的压力可以满足驱动行驶，但推动不了促动器，因此继续找油压低的原因。无意间发现新件外置模块也漏油了，进一步和技术部分析为啥2个备件都漏油，怀疑油泵电机反转（此电机为三相电机）。经进一步排查电机三相线，发现电机控制器三相线对插的前舱线束接插件的1号针脚和3号针脚装反了（如图6-4-107所示），导致外置模块电机反转、油压低。调整前舱线束电机控制器接插件针脚顺序，测试故障排除。

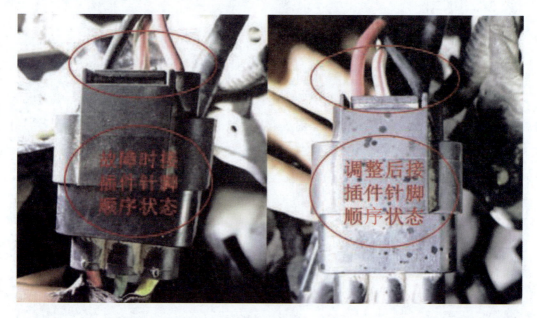

图6-4-107

故障总结： 此车故障是因为变速器机械故障导致EV2挡挂不到位，导致EV功能受限（只有TCU发现EV2挡或EV挡已挂挡到位，TCU才会让电机控制器驱动外置模块油泵工作），油压低是因为油泵反转导致（因油泵转速是电机控制器计算出来的，不是传感器测出来的，所以不会报故障）。检修此类故障时，应尽快缩小故障范围，仔细分析、逐步排查，以便快速找出故障点。

第七章
一汽红旗车系

第一节　一汽红旗H7 PHEV

一、一汽红旗H7 PHEV行驶过程中仪表出现多个故障灯点亮，车速升不到70km/h

行驶里程： 117655km。

年款： 2016年。

故障现象： 车辆行驶过程中仪表多个故障灯点亮，车速升不到70km/h，路边停车熄火，再次启动后故障消失，继续行驶2~3km，仪表提示请检查发电系统故障（如图7-1-1所示），蓄电池指示灯常亮且无法消除，车辆可以正常行驶。

图7-1-1

故障诊断：拖车进店后技师对车辆进行故障验证，启动车辆正常仪表无故障。诊断仪检测发现车辆80Ah蓄电池电压不足，以为是蓄电池馈电引起的故障灯点亮。此时清除了故障并对蓄电池进行充电后，维修技师进行了高转速试车，正常。准备试车质检交车，外出低速正常行驶15km左右，仪表提示变速器故障一闪而过。检查变速器故障时发现，仪表动力电池能量只有两格电，同时仪表亮起了混动系统故障灯，点火开关关闭且再次启动后，仪表提示发电系统故障，此时故障复现。

系统工作原理：

红旗H7 PHEV是混合动力车型，高压电气系统装备了绝缘监测仪。绝缘监测仪对高压系统进行绝缘度监测：实时监测整车高压系统的绝缘电阻，具有报警功能，可以进行两级报警。一级报警：整车绝缘电阻 < 51kΩ；二级报警：整车绝缘电阻 < 232kΩ。也可监测到自身部分故障：接地断路故障和内部电源故障等。绝缘监测仪采用低频注入法计算绝缘电阻，由内部产生一个正负对称的方波信号，通过高压系统和车身地之间的绝缘电阻测量回路中的电流，运算后得出高压系统绝缘电阻的大小，如图7-1-2所示。

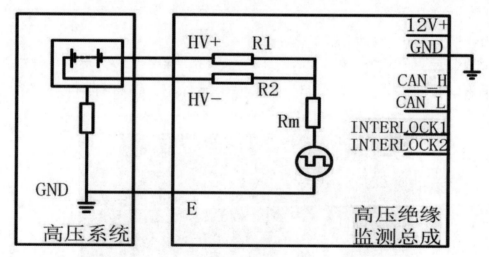

图7-1-2

根据国标要求，绝缘电阻参考值为100Ω/V和500Ω/V，正常状态下要求绝缘电阻大于500Ω/V，100~500Ω/V为报警状态，低于100Ω/V为严重绝缘故障，必须进行检查维修。对于H7 PHEV，对应的绝缘电阻值大约为40kΩ和200kΩ。

根据故障现象先检测了变速器故障码为P1C5C偶数轴挡位故障，此车因其他故障已经更换相关线束及相应的传感器。此时动力电池仪表提示没电，想对其进行充电后再测量相关数据，在插上充电枪充电时，动力电池内部"咔嗒"一声响（应该是预充继电器的声响），预充继电器位置如图7-1-3所示。开始怀疑出现问题的点应该在高压系统。诊断仪检测只有HCU里有故障码P1DFD00绝缘检测仪状态1类警告（如图7-1-4所示）。因店

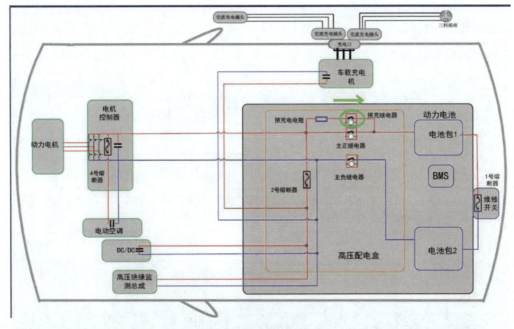

图7-1-3

图7-1-4

里有相同车辆，对调配件并试车后故障依旧。此时将车辆以及高压电池断电，等待5min对高压验电后进行检测。

（1）断开动力电池直流母线以及车载充电器回路、DC/DC回路、高压绝缘监测回路进行绝缘电阻测量，正常。

（2）测量充电口CP到HCU管脚线束A58导通，正常。

（3）测量充电口CC到车载充电器低压连接器6号针脚导通，正常。

（4）测量动力电池绝缘电阻时发现一组数据为30MΩ，不正常，此时判断为动力电池内部故障。

动力电池内部故障，如图7-1-5所示。

图7-1-5

故障排除：返厂维修。

故障总结：熟悉了解混动及电动构造工作原理，按照高压系统维修要求操作检测，学习诊断思路。遇到问题多咨询多交流。

二、一汽红旗H7 PHEV有时无法启动

行驶里程：98730km。

故障现象：客户反映车辆有时无法启动。

故障诊断：留店检查，仪表无故障灯，防盗能正常解除，诊断仪检测没有故障码。在多次测试后发现只有在发动机用启动机启动时无法启动，会听到启动机"啪嗒"工作一下就停了，同时组合仪表黑屏后又亮起来，用动力电机都能正常启动发动机，高压上电也都正常。

系统工作原理：PHEV车辆在动力电池电量高时会用动力电机启动发动机或者直接上高压电，在冷车和动力电池电量低时，会用两个低压蓄电池电量通过启动机来启动发动

机。低压供电控制策略原理如图7-1-6所示。

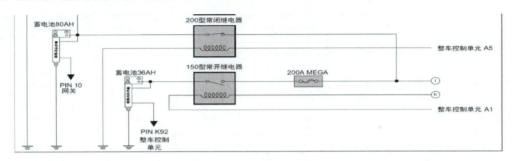

图7-1-6

钥匙处于OFF挡，开关1闭合，开关2断开，如图7-1-7所示。

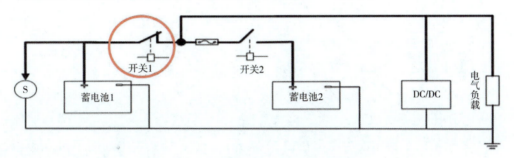

图7-1-7

钥匙处于ACC挡，开关1闭合，开关2断开，如图7-1-8所示。

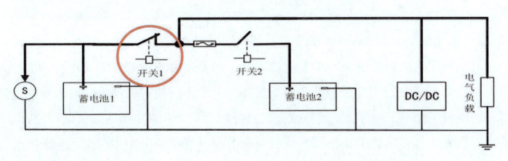

图7-1-8

钥匙处于ON挡，开关1闭合，开关2闭合，如图7-1-9所示。

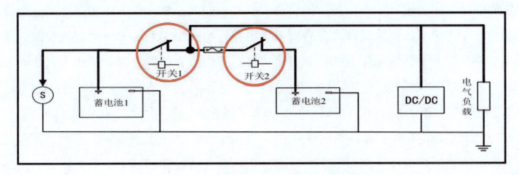

图7-1-9

启动机工作时，开关1断开，开关2闭合，如图7-1-10所示。

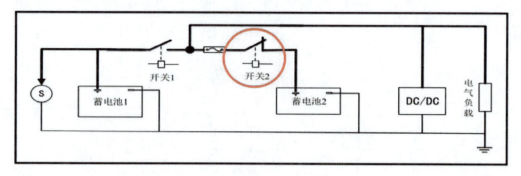

图7-1-10

分析该故障的可能原因：

（1）蓄电池电压不足。

（2）蓄电池端子或接地点接触不良。

（3）启动机及相关线路故障。

（4）低压供电系统故障。

　　首先测量了两个蓄电池电压都在12.5V以上，正常，检查蓄电池端子和接地点没有异常，检查启动继电器发现在启动的时候继电器吸合一下又断开（正常是启动时一直吸合），测量SB.03 40A启动电源保险丝发现在启动瞬间电压为0V（正常是持续12V左右电源）。进一步检查发现启动瞬间BOX-1保险盒B+电源输入端子启动瞬间电压0V（正常是持续12V左右电源）。从低压控制原理上我们知道在启动的瞬间常开继电器闭合，常闭继电器断开，整车的电源是由36Ah的蓄电池供电，80Ah的蓄电池只给启动机转子供电。检查常开继电器发现在点火开关打开和启动时都没有工作，使得启动瞬间整车断电，仪表黑屏，启动机工作一下就停了。在点火开关打开时测量常开继电器线圈供电有12V电源，但是没有接地信号，不正常，如图7-1-11所示。继电器接地由HCU控制，测量继电器到HCU的线路正常没有问题，判断是HCU没有输出接地信号。分析HCU没有输出接地的可能原因有：HCU供电接地故障、HCU模块故障或者某些条件没有满足，所以HCU没有输出接地信号。因为没有故障码且车辆启动后所有功能都正常，认为HCU供电接地和模块问题的可能性很小，怀疑是什么信号没有满足并影响到HCU对常开继电器的控制。重新研究了一下学员手册低压供电的控制策略，没有找到什么条件会影响到HCU对继电器的控制，但是在看电路图时发现80AH蓄电池电流传感器的信号是给网关，而36AH蓄电池的电流传感器信号给的是HCU，就想会不会跟电流传感器信号有关系。抱着试一下的心态去检查36AH蓄电池电流传感器，发现插头居然没有插（如图7-1-12所示），再看一下蓄电池是更换过的非原厂电池，应该是客户在其他店换电池时技师漏插了，重新插紧电流传感器插头并试车后故障排除。

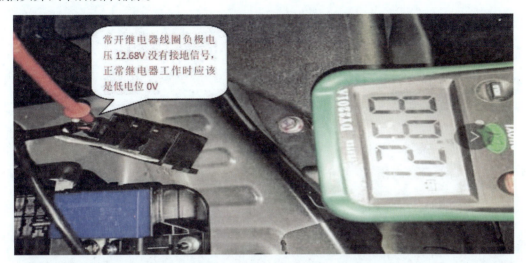

常开继电器线圈负极电压 12.68V 没有接地信号，正常继电器工作时应该是低电位 0V

图7-1-11

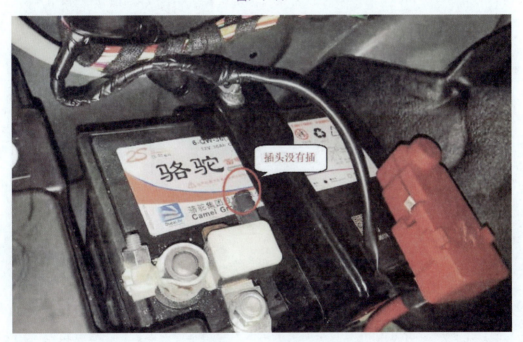

插头没有插

图7-1-12

零件号3613010EY 36Ah蓄电池电流传感器插头漏插，重新插紧。

故障总结：排除该故障的关键是掌握PHEV车辆的低压供电控制策略，及与之相关联的信号，因为刚开始不知道36Ah蓄电池电流传感器会影响到HCU对继电器的控制且36Ah蓄电池安装在后备箱靠里面，在检查蓄电池电压时技师没有注意到电流传感器，使得排除该故障时花了比较长时间。

三、一汽红旗H7 PHEV在路口等红绿灯时，偶发电动和发动机反应迟钝，无法行驶

车型：H7 PHEV。

行驶里程：44731km。

故障现象：在路口等红绿灯时，偶发电动和发动机反应迟钝，无法行驶。

故障诊断：客户由于停放期间低压电池缺电无法启动救援进店，并反映上述问题。技师在搭电启动后进店检查，并试车发现这辆车与其他混动车有所不同，在正常工况时发动机会介入工作而非纯电模式，反复验证发现发动机介入频率异常。

工作原理：在电量充足的情况下车辆起步、常规加速、低速巡航都是动力电池驱动电机行行的（如图7-1-13所示），发动机并不会介入，该车辆在低速巡航时发动机会频繁用启动机启动，可以确定混动系统异常，但是仪表却没有故障灯，诊断仪也没有读取到相关故障码。

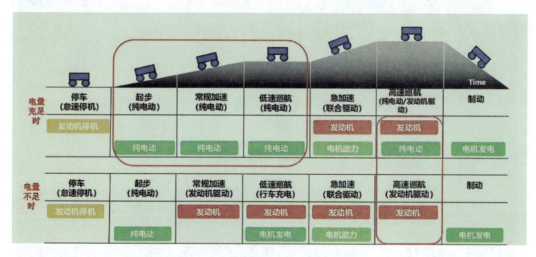

图7-1-13

检查车辆高压蓄电池相关部分都是正常的且蓄电池SOC为85%，电量充足且SOH为100%，电池的健康度也没有问题，那是什么问题导致电机动力不足？需要发动机介入呢？反复试车后发现客户反映的情况出现了，就在怠速停车后发动机熄火了，可等我们准备起步时，电机驱动力消失，发动机未介入，这时车辆停止不前。本应是电机驱动车辆前行的，是电机在某个特定情形下被限制工作了吗？实车读取故障时HCU的相关数据流：电池温度16℃，正常；电机扭矩51.25N·m，正常；IGBT温度144℃，标准值40~60℃，异常。反复测试发现IGBT温度比较高，而且当温度达到144℃时电机停工发动机介入，而当温度下降一点之后又可以恢复电机驱动，确认故障点应该是IGBT温度过

高，导致电驱动保护状态，发动机启动。由于客户最开始是由于低压蓄电池缺电无法启动进店检查的，客户长途行驶后停放仅仅两天，所以一直没有考虑到低温散热这个方面问题。随即对低温冷却系统进行了检查，排查发现水壶中冷却液缺失严重，进行补液后IGBT温度恢复正常，电驱动系统工作恢复。进一步对低温冷却系统检查后发现右侧喇叭线束与低温散热器总成表面干涉，导致磨损漏液，如图7-1-14和图7-1-15所示。

图7-1-14

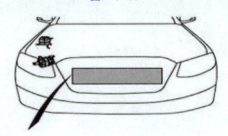

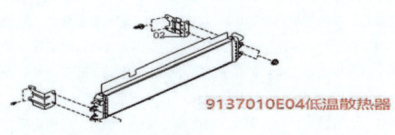

图7-1-15

零件号为9137010E04低温散热器总成与喇叭线束干涉导致表面磨损后漏液。

故障排除：更换低温散热器。

四、一汽红旗H7 PHEV行驶中会自动熄火

行驶里程：9897km。

年款：2019年。

故障现象：车辆行驶中会自动熄火，没有任何规律。仪表多个故障灯点亮，有ESP故障灯、EMS故障灯、水温高故障灯、AFS故障灯、变速器故障灯、电子手制动故障灯、转向故障灯、自动驻车故障灯、安全气囊故障灯、高压系统故障灯，如图7-1-16所示。

图7-1-16

故障诊断：客户正常行驶在高架上，速度在80km/h左右，车辆自动熄火，仪表多个故障灯点亮，拖到店维修，到店时能正常发动，诊断仪诊断多个系统均报故障码。检查相关线路，都正常。多次试车，都未熄火，交车给客户。之后客户又到店维修，表示自己行驶中多次熄火，无论低速高速，开空调不开空调，晴天还是雨天，都会熄火。诊断仪诊断，还是上次同样的故障码。此次没有到外面试车，原地试车，热车之后，大概半小时或者一小时熄火，没有规律，有时候一天也不熄火，熄火之后，仪表多个故障灯点亮，风扇常转，无法启动，等待几分钟之后又能启动，等待时间也没有规律，有时候长一点。根据故障码猜测，可能为EMS到HCU这一段线路有问题，测量EMS到HCU之间的CAN线的单线电阻，对电源电阻和对搭铁电阻都没有问题。又测量了混动CAN上所有模

块的电源搭铁，未发现问题。技术老师分析了CAN线这一块可能会出现的问题。接着试车，让故障现象重现。经过几天多次发动自己熄火，测出故障现象。熄火之后，断掉蓄电池负极，测量HCU的CAN高和CAN低之间的电阻，当红表笔搭CAN高，黑表笔搭CAN低时之间的电阻为无穷大；反之测量电阻为0Ω，导通状态。再经过多次启动，自动熄火，由于故障时间很短，很难测量到，最终排查到TBOX模块本身。当拔掉TBOX，测量HCU的CAN高和CAN低之间的电阻为58.7Ω；测量TBOX模块的6号针脚和19号针脚，红表笔搭19号针脚，黑表笔搭6号针脚，电阻为无穷大；反之测量为0Ω，以为模块本身质量问题，订货换了一个，故障还是依旧。难道新的TBOX也有问题？熄火时，测MCU CAN高和CAN低之间的电阻跟上面描述一样。拔掉TBOX，电阻为58.7Ω，CAN高为2.78V，CAN低为2.23V。此时诊断仪网络测试，混动CAN上的模块均通信失败。还是无法启动，等几分钟才能启动，都已经拔掉了TBOX，还是无法启动，说明TBOX模块没有问题。再次检查了TBOX的电源搭铁及TBOX的CAN线到HCU的CAN线的单线电阻，都没有问题。这时就想不通为什么发生故障红表笔搭CAN，黑表笔搭CAN时之间的电阻为无穷大，反之测量为0Ω。再次咨询老师，不再分析CAN线上的电阻，暂时放一边，怀疑线束和HCU、GW模块本身的问题。然后依次拔掉混动CAN上的所有模块的保险丝，看拔掉哪个模块的保险丝时出现的故障现象与故障码一样来缩小范围。当拔掉HCU的保险丝时，故障现象一致，因为没有新模块对调测试，只能再次检查HCU的相关线路。最终排查出保险丝盒2 HCU2保险丝插孔变大导致虚接（如图7-1-17所示）。最后多次试车，故障排除。

图7-1-17

故障原因：HCU2保险丝插孔变大。

故障排除：修复插孔。

故障总结：对于这种没有规律自动熄火，很难确定故障原因，加上走了误区，最后还是想不通为什么出现故障，红表笔搭CAN高，黑表笔搭CAN低时之间的电阻为无穷大，反之测量电阻为0Ω。以后测量模块电源时要用带功率试灯测量，不要用万用表测量，因为虚接时，万用表测量不出来。

第二节　一汽红旗H9轻混

一汽红旗H9 2.0T轻混车辆行驶过程中仪表报警，仪表提示靠边停车，等待救援

行驶里程： 15162km。

故障现象： 车辆行驶过程中仪表报警，如图7-2-1所示，仪表提示靠边停车，等待救援。熄火后无法启动。

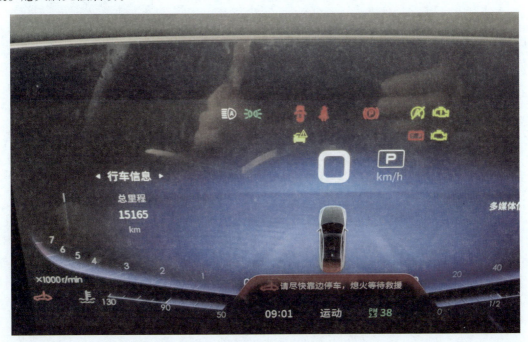

图7-2-1

故障诊断： 客户描述车辆无法启动，上门救援。用万用表检查蓄电池电量低。怀疑客户误操作导致。与客户沟通，客户描述之前车辆仪表有报警，报警信息一闪而过，看不清楚，灯亮后车辆行驶并没有提速迟钝的感觉。给车辆搭电后可以正常启动。建议行驶再观察。之后客户再次反映车辆无法启动，救援人员到达现场。熄火后，就无法启动了。万用表测量蓄电池电压8.17V，搭电后车辆正常启动，仪表仍显示"请尽快靠边停车，熄火等待救援"，同时混动系统、充电系统、驾驶辅助系统、发动机系统故障灯点亮。

一汽红旗H9 2.0T轻混系统的组成及工作原理：

轻混系统主要由动力电池、BSG电机、DC/DC、EMS等部件组成，如图7-2-2所示。

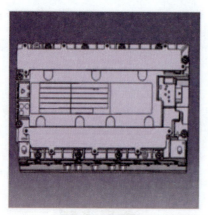

动力电池

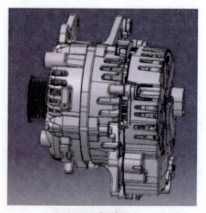

BSG电机

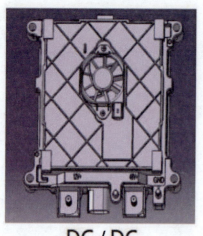

DC / DC

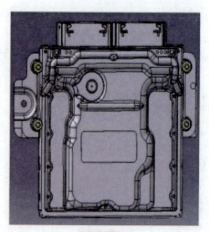

EMS

图7-2-2

轻混系统原理图如图7-2-3所示。

充电控制：发动机带动BSG电机转动，BSG电机发出的电除了给48V蓄电池充电外，还经过DC/DC转换器给12V蓄电池充电及给12V负载供电，如图7-2-4所示。

红旗H9的轻混系统采用独立的混动CAN，用BSG电机替代传统的启动电机和发电机，该电机提供48V电能与发动机并联运行，以提供额外的驱动力；具备自动启停功能、动力辅助功能、动能回收功能，将回收的48V电能储存于动力电池中，并通过DC/DC转换器将48V转化为12V，提供整车的供电需求。

拖车回店后，开始检查原因。根据车辆现象，搭电后车辆可以正常启动，本次故障

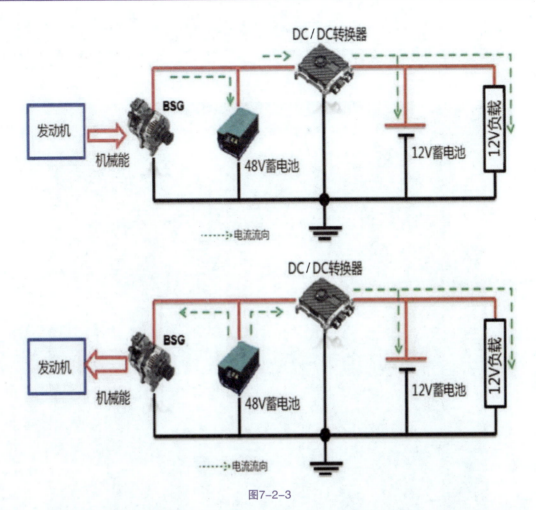

图7-2-3

属蓄电池电量低引起的无法启动。根据混动系统充电控制的工作原理，车辆正常行驶时，发动机带动BSG电机转动，BSG电机发出的电除了给48V蓄电池充电外，还经过DC/DC给

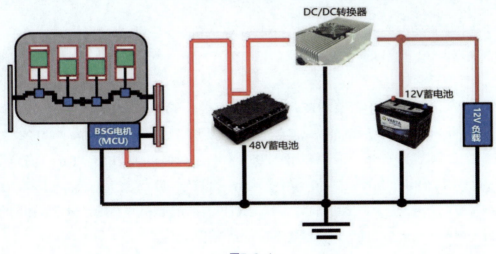

图7-2-4

12V蓄电池充电及给12V负载供电。救援时测量蓄电池8.14V，拖车回店后测量48V蓄电池8.35V（不正常，如图7-2-5所示）。48V和12V电压均过低，推测可能原因为BSG电机不发电故障。

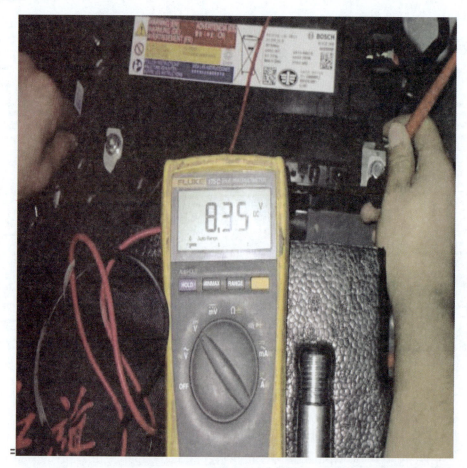

图7-2-5

首先检查BSG电机皮带，发现皮带外观良好（无龟裂、错齿、打滑、松动现象），与发动机连接良好。检查BSG充电300A保险丝0.2Ω（标准值小于1Ω），正常，如图7-2-6所示。

用VDS诊断仪读取故障码：P153A00电机信号校验错误；U15F087 ECU与MCU通信模块信号Time Out异常；U15F387 ECU与MCU通信模块信号Time Out异常；U15F287 ECU与MCU通信模块信号Time Out异常；U15F087 ECU与MCU通信模块信号Time Out异常；U15F187 ECU与MCU通信模块信号Time Out异常，如图7-2-7所示。

查阅维修资料，根据故障码解析，当发动机控制单元和48V电机通信异常或中断时，发动机控制单元记录此故障码。根据故障码分析原因可能为：

（1）48V电机故障。

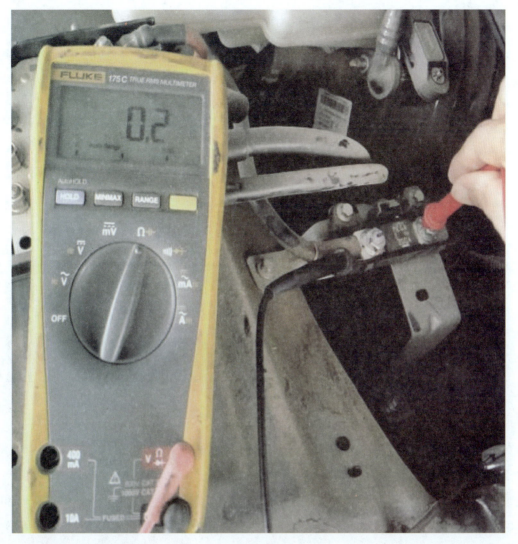

图7-2-6

（2）线束及连接器故障。

（3）发动机控制单元故障。

检查48V电机IG电源AF19 10A保险电压12.3V（正常），A3和A9号针脚接地对地阻值0.2Ω（标准值小于1Ω），正常；混动CAN-H 2.71V，CAN-L 2.30V，正常。测量48V电机充电300A保险处电压46V，正常。再测量48V及12V蓄电池，电压显示为48V及12.3V。现在BSG充电又正常了。静下心来，想到客户在前不久就曾经出现过无法启动和亮故障灯的情况，刚开始怀疑客户误操作导致。偶发故障，当时不出现，于是我们将车辆开出去进行路试，行驶50km左右，车辆一切正常。客户着急用车，就将试驾车BSG电机进行调换，建议客户行驶中再观察。客户再次反映车辆无法启动，故障现象与之前一样。上门搭电后，将车辆开回店内。用VDS诊断仪读取故障码，还是显示P153A00电机信号校验

HQ-VDS

H9>>自动扫描>>自测>>读取所有故障码>>发动机控制系统(EMS)>>读故障码

故障码	描述	状态
P153A00	电机信号校验错误	当前故障
U15F087	ECU与MCU通讯模块信号Time Out异常(Edrv_Status)	当前故障
U15F387	ECU与MCU通讯模块信号Time Out异常(Edrv_Diag)	当前故障
U15F287	ECU与MCU通讯模块信号Time Out异常(Edrv_Pred)	当前故障
U15F187	ECU与MCU通讯模块信号Time Out异常(Edrv_Functional)	当前故障

上一页　下一页　打印　帮助　Web登入　清码/返回

图7-2-7

错误，U15F087 ECU与MCU通信模块信号Time Out异常；U15F387 ECU与MCU通信模块信号Time Out异常；U15F287 ECU与MCU通信模块信号Time Out异常；U15F087 ECU与MCU通信模块信号Time Out异常；U15F187 ECU与MCU通信模块信号Time Out异常。故障重复出现，与客户沟通提供代步车给其使用，车辆留在店里进一步检查。根据维修资料和上次的维修内容分析，故障原因可能为发动机控制单元故障，调换发动机控制单元后进行路试。当车辆行至颠簸路面时，突然仪表充电灯闪亮，报警一次，故障再次出现。将车辆开回店内，调取故障码，故障码和之前一样。查阅维修资料，除了BSG电机和发动机控制单元外，其他只剩下连接线路了。有可能是线路接触不良引起的。查阅BSG和发动机的线路图，在发动机舱内BSG电机的A4脚–A3脚黑色接地线中有C–04插接件（如图7-2-8所示）。启动发动机，晃动该插接件，仪表就出现充电指示灯亮和"请尽快靠边停车，熄火等待救援"的报警显示。拔掉C–04插接件，查看该插接件的40号位置黑色接地线有推针的情况（如图7-2-9和图7-2-10所示）。修复该插针后试车，故障排除。

故障原因： 1号动力总成线束装配总成插接件线束退针。

故障排除： 修复处理后故障排除。

故障总结： 对比较陌生的系统，及时查阅维修资料，了解系统工作原理，维修起来可以达到事半功倍的效果。

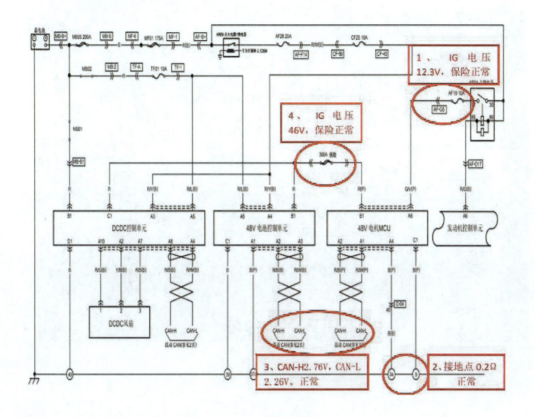

图7-2-8

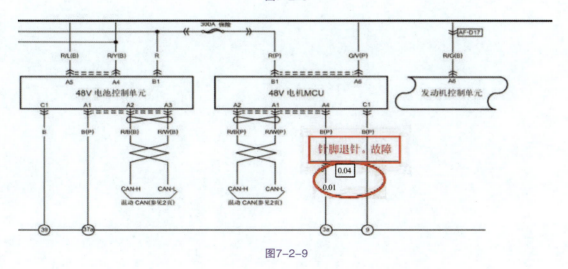

图7-2-9

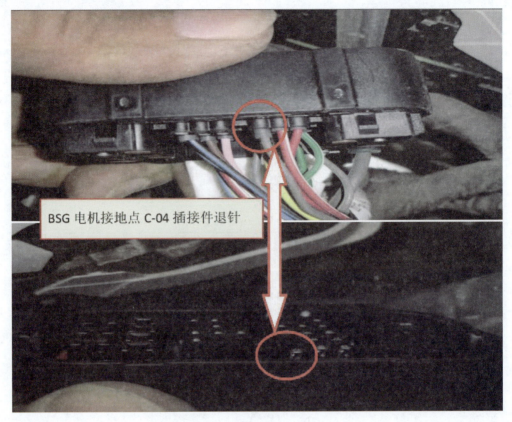

BSG 电机接地点 C-04 插接件退针

图7-2-10

第三节 一汽红旗H5轻混

一汽红旗H5轻混早上启动车辆仪表报故障：请尽快靠边停车熄火等待救援

行驶里程：22947km。

年款：2020年。

故障现象：客户反映早上启动后车辆仪表报故障：请尽快靠边停车熄火等待救援，如图7-3-1所示。

图7-3-1

故障诊断：客户车辆拖到店里，确实如客户描述所说，仪表显示请尽快靠边停车熄火等待救援。车辆启动后仪表亮蓄电池灯与混动故障灯。

系统工作原理：

本车辆为48V轻混，什么是轻混？它是通过电动机与发动机并联运行，以提供额外的

驱动力，用BSG电机替代传统的启动机和发电机，具备自动启停功能、动力辅助功能、动能回收功能，H5采用BSG双轴并联48V轻混系统。轻混系统主要由动力电池、BSG电机、DC/DC、EMS等部件组成。

轻混组成各元件的作用：

（1）动力电池的功能为集成BMS，单体电压监测功能，总电压监测功能，温度监测功能，充放电电流监测功能，输入电压监测功能，SOHC监测功能，SOHR监测功能，上下电功能，CAN通信功能，继电器触点监测功能，自诊断等功能。

（2）EMS的作用为控制发动机和48V轻混系统。

（3）BSG电机的作用为停机后启动发动机，辅助发动机动力输出，对动力电池充电，为DC/DC提供48V电源。

（4）DC/DC动能为48V电压监测功能，48V电流监测功能，12V电压监测功能，12V电流监测功能，预充电控制功能，电流调节功能，电压调节功能，冷却风扇PWM控制功能，停止能量传输功能，温度监测功能，CAN通信功能，自诊断等功能。

因为这车仪表亮蓄电池故障灯，所以要了解他的充电原理，燃油发动机运转通过皮带带动BSG给后备箱的48V锂电池充电，因为48V锂电池能量密度大且具备支持快充的能力，动力电池48V电压到DC/DC，经过DC/DC转换为12V电压给蓄电池充电以及其他用电器供电12V。工作原理图如图7-3-2所示。

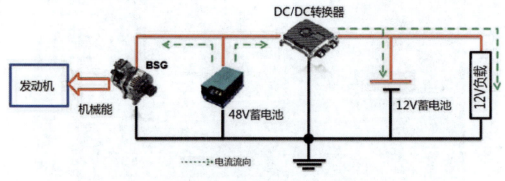

图7-3-2

因为仪表亮，所以先用诊断仪读取故障码，如图7-3-3所示。

读取故障码显示DC/DC风扇问题，检测风扇，与正常车辆对比，正常车辆发动机启动风扇就转，而故障车辆发动机启动后风扇一直不转，故怀疑是风扇不转导致的DC/DC不工作不充电。通过电路图可以发现DC/DC风扇3个针脚分别与DC/DC控制器的1号、8号和7号针脚对应，测量导通没有问题。因为已经检测风扇电路没有问题，故怀疑就是DC/DC故障，车间有辆H5事故车辆直接调换DC/DC，故障依旧。所以需要按照电路图检测DC/DC的2号与6号针脚，2号针脚为常电源，6号针脚为唤醒电源，车辆不上电检测2号针脚，上

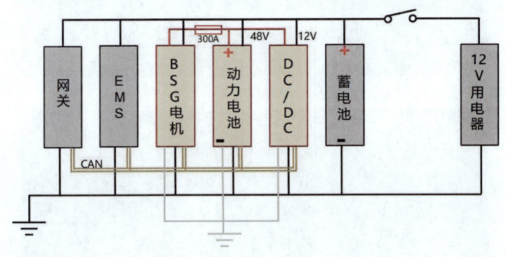

图7-3-3

电时检测6号针脚，怕是虚电，故用试灯检测，检测后发现都正常。通过以上可以初步判断为风扇与DC/DC本身没有问题。但DC/DC为转换器可以把48V电转换为12V给蓄电池充电，故测量DC/DC给蓄电池充电线的电压，发现故障时充电电压为3.3V。与技术老师继续沟通，经过指导，知道混动CAN包括BSD、DC/DC、EMS、动力电池，在这些模块中任何一个模块有故障时EMS会检测到故障，会停止发电。发电系统构成图如图7-3-4所示。

图7-3-4

现在又回到了起点，为什么不发电？DC/DC的常电唤醒都是有电的，为什么没有输出充电？输出充电才3.3V。了解DC/DC的作用后发现可以监控12V电压，而且这个车几天前还换过车身线束，怀疑是否是更换车身线束，造成线束没有连接好，造成DC/DC无法检测到12V电压，DC/DC反馈故障，EMS检测到故障所以不发电。通过电路图可以发现DC/DC检测12V电压需要经过一个200A的保险丝与一路保险丝盒，检测这段线束是否存在问题，先测量前机舱保险丝盒200A保险丝处无异常。查找一路保险丝盒，经查找发现一路保险丝盒在驾驶室转向盘左下方，测量一路保险丝盒时发现上面接线柱螺母有松动（如

图7-3-5和图7-3-6所示），断下蓄电池线，紧固螺母，问题解决。后跟技术老师请教为什么螺母松动会导致不发电。经老师指导，DC/DC检测有12V电压，螺母没有紧固就会导致出现压差。经技术老师指导明白会出现压差，故DC/DC端上电时检测电压异常为7.9V，蓄电池电压为12.2V，DC/DC检测信号异常时就会在混动CAN报EMS接收到混动CAN有故障，就会不发电，导致故障出现且仪表亮灯。

图7-3-5

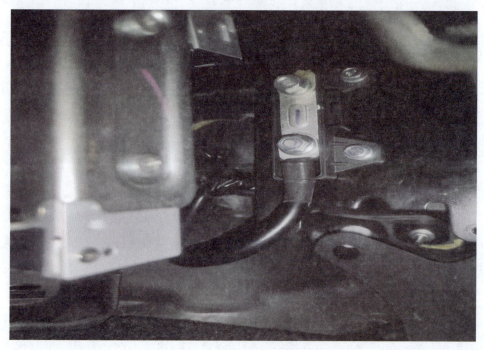

图7-3-6

故障原因：一路保险丝盒上端子螺母松动。

故障排除：紧固螺母，故障排除。

故障总结：本车故障是由于一路保险丝盒上端子螺母松动导致有压差，DC/DC检测12V电压出现故障，只能检测到7.9V，DC/DC会报EMS检测到故障并切断BSG充电。对于本辆车的维修个人感悟，在维修时一定要先了解其工作原理，清楚认知到系统如何工作，这样会减少维修时间与维修思路。其实现在到这里已经检测出故障也处理完成并试车也没有问题，但是为了验证自己的操作，拔掉DC/DC的风扇插头，启动车辆后仪表亮蓄电池灯。同时考虑到出故障时不发电，是否是EMS接收到故障时控制BSG拉不起电压导致，松开一路保险丝盒上端子螺母使故障出现，测量BSG上电时能否拉起电压，故障时测量发电机端电压3.9V，上电时电压为4.6V（这个测量的是300A保险端子处）。紧固一路保险丝盒上端子螺母使车辆恢复正常工作，测量BSG上电时可否拉起电压值，测得结果为不上电时3.8V，上电时先是到达11.9V，等待2s可以达到44.2V。

第八章
上汽通用别克车系

一、2021年混动VELITE 6娱乐系统显示屏黑屏

VIN：LSGKJ8RH8MW××××××。

行驶里程：187km。

故障现象：客户反映车辆行驶中，娱乐系统显示屏突然黑屏。娱乐系统显示屏黑屏后，操作控制面板，屏幕无反应，黑屏依旧。

故障诊断：在接到客户报修后，按照SBD流程进行了检查，了解并确认故障描述。询问客户，得知该故障发生在一次行车过程中，娱乐系统显示屏突然黑屏，之后故障一直存在。接车后对该车娱乐系统进行确认，娱乐系统显示屏黑屏，收音机有声音，按压方向盘上的音量按键可以调节，但操作娱乐系统的控制面板，系统无反应，面板控制失效，如图8-1所示。

图8-1

对娱乐系统的屏幕、控制面板和输入接口等进行了初步外观检查，没有发现破损等异常情况。此外车辆无加装和改装。使用诊断仪读取故障码，全车没有故障码。查阅维修通讯和TAC技术简报，未发现类似故障的维修信息和解决方案。由于上述步骤未能找到

故障原因，接下来按照手册中有关诊断流程进行系统测试。

将车辆熄火/点火开关置于OFF位置，检查P17信息显示模块和A11收音机之间的LVDS
线及其两侧连接器，无损坏且连接正常。测量LVDS线端对端电阻正常，屏蔽线正常。断
开P17信息显示模块处的X3线束连接器。测试搭铁电路端子2和搭铁之间的电阻，实测值
小于5Ω，正常。电路如图8-2所示。

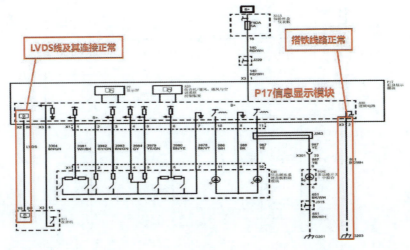

图8-2

将P17信息显示模块B+电路端子1和搭铁之间连接测试灯，测试灯未点亮，说明B+电
路不正常。检查B+电路保险丝（仪表保险丝盒的F9DA保险丝），发现保险丝熔断。更换
保险丝，结果一装上去又熔断了，表明P17信息显示模块的B+电路发生了对地短路故障。
测量P17信息显示屏模块X3/1对地电阻为0.0Ω，如图8-3所示。

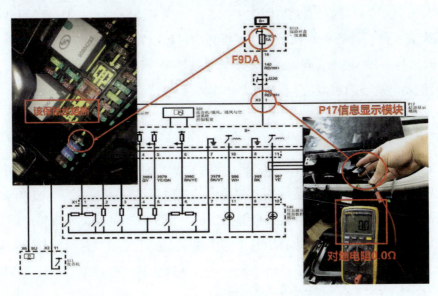

图8-3

查看线路图，发现仪表板保险丝盒的F9DA保险丝经J273分别向K183 UHF短程低功耗远程控制存取收发器、X83辅助音频输入模块和P17信息显示屏模块提供B+电源。根据线路图，B+电路对地短路可能发生在F9DA保险丝后的主干线路上，去向低功耗远程控制模块和辅助音频输入模块及信息显示屏的分支线路上，低功耗远程控制模块和辅助音频输入上，电路图如图8-4所示。

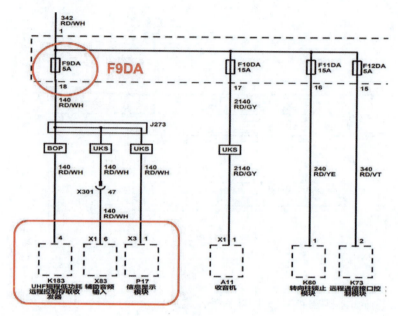

图8-4

根据上述3种可能情况，进行故障排查。K183 UHF短程低功耗远程控制存取收发器、X83辅助音频输入模块均安装在中央扶手箱总成内部。将中央扶手箱线束与仪表线束的大插头断开，再测F9DA保险丝对地电阻为"OL"，恢复正常，说明故障范围缩小在中央扶手箱的线束或部件。拆卸中央扶手箱，在拆卸的过程中，发现了一个问题，中央储物盒内有茶叶水，怀疑X83辅助音频输入模块有进水的情况，如图8-5所示。

将辅助音频输入模块从线路上断开，连接娱乐显示屏，重新更换F9DA保险丝，保险丝不再熔断，娱乐显示屏点亮且工作正常，收音机控制面板也恢复正常。根据上述检查结果，判断故障点在辅助音频输入模块本身，由于其内部故障导致B+线路对搭铁短路。经更换辅助音频输入模块后，F9DA保险丝不再熔断，娱乐系统恢复正常工作，故障排除。

故障总结：该故障为辅助音频输入模块内部故障导致P17信息显示模块B+线路对搭铁短路引起，从而使娱乐显示屏失去电源而黑屏。由于该车的娱乐系统控制面板和娱乐显示屏集成在一起，所以出现该故障时，操作控制面板也无效。该故障是典型的人为故障，估计是客户在车上喝水时不慎将水洒在了辅助音频输入模块内，导致辅助音频输入模块内部短路。因此有必要提醒客户在用车过程中，注意防止把饮料等液体洒落在开关

图8-5

和输入/输出接口等电器部件上，以免引起类似的人为故障。在诊断线路短路故障的过程中，应多利用线路图理清线路的主干和分支，分析引起短路的所有可能原因，然后有针对性地进行诊断确认，这样有助于快速地找出故障点，提高诊断效率。

二、2021年混动VELITE 6启动15s后自动熄火

VIN：LSGKJ8RH0MW××××××。

行驶里程： 10189km。

故障现象： 客户反映车辆启动后仪表显示READY且发动机运行，但过15s后会自动熄火。重新启动后过15s又自动熄火，反复如此。

故障诊断： 在接到客户报修后，按照SBD流程进行了检查，了解并确认故障描述。询问客户故障发生的时间、地点、现象、频次，结果是客户只知道停一段时间后突然这样，平时使用都好好的。启动车辆，仪表中间能显示READY并且能听到发动机运行的声音，加速时发动机转速能提升。在高怠速运行15s后发动机会自动熄火，READY灯也熄灭了，自动熄火时发动机不抖动。验证结果客户描述的问题属实。仪表显示如图8-6所示。

先后检查发动机线束插头连接、高压部件安装、外观有无渗漏等情况，检查是否存在加装件等，结果未发现异常。将诊断仪（SCS）与车辆连接，读取故障码，全车均未发现故障码。查阅维修通讯和TAC技术简报，未发现类似故障的维修信息和解决方案。由于上述步骤未能找到故障原因，维修手册也没有相关故障现象的维修建议，因此接下来需要分析故障原因，并开发新的诊断步骤。操作车辆，当故障出现时，用诊断仪（SCS）记

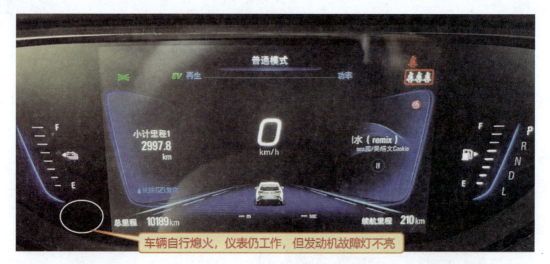

图8-6

录发动机相关数据，发动机转速在1500r/min左右时突然降至0r/min，发动机没有抖动。此时系统动力模式未发生变化，点火1信号仍为12V左右，发动机负载未见有大幅增加。由此可见，点火模式、发动机供电和负载都没问题，而且发动机突然熄火未有抖动，不像平常燃油泵失效的现象（燃油泵失效时发动机大多会抖动后熄火），如图8-7所示。

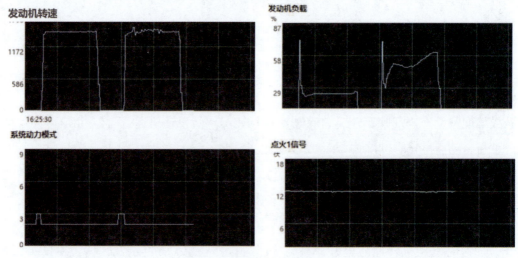

图8-7

重新启动发动机，踩下加速踏板，发动机转速上升，节气门位置打开数据正常，进气歧管绝对压力传感器数据随转速提升而变化，车辆自动熄火时，燃油泵控制也随熄火后关闭，初步检查发动机数据无明显异常，如图8-8所示。

在没有更好的诊断思路时，查看该车型相关信息做进一步了解，混合动力系统不使用传统的启动机，即不使用12V启动机启动发动机。位于变速器内的300V电机（驱动电机1）用于启动发动机。驱动电机1能够在几百毫秒内使发动机以工作速度旋转。在启动

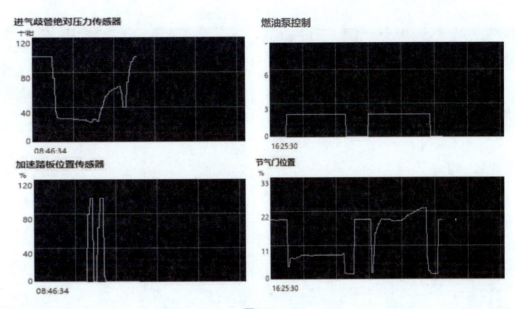

图8-8

时，电机A反向转动并驱动输入太阳轮，当车辆静止时输入行星架固定（行驶中行星架有转速也可启动），内齿圈顺时针输出动力，通过旁通离合器转动曲轴快速启动发动机，如图8-9所示。

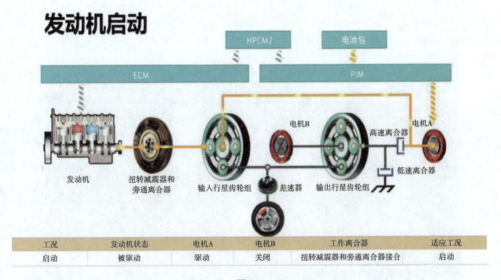

工况	发动机状态	电机A	电机B	工作离合器	适应工况
启动	被驱动	驱动	关闭	扭转减震器和旁通离合器接合	启动

图8-9

查看车辆驱动电机1数据，电机转速的变化刚好和发动机转速相匹配，因此，怀疑发动机运转而没有自行着车，而是依靠驱动电机1在带动运转，驱动电机1停止旋转，所以发动机就"熄火"了。故接下来再次检查发动机无法着车的问题，如图8-10所示。

车辆启动后运转平稳，加速正常，也没有异常的声响。查看进气及曲轴、凸轮轴等

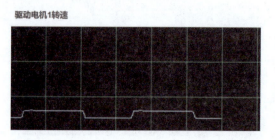
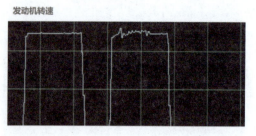

驱动电机1转速　　　　　　　　　　　　　发动机转速

图8-10

相关数据未发现异常，并且未报故障码，初步判断以上为正常。根据以上分析结果，接下来重点排查点火、供油、发动机模块等，相关诊断策略如图8-11所示。

图8-11

拔下1缸的点火线圈，拿一个正常的火花塞插入点火线圈进行跳火试验，在车辆启动的时候，查看车辆跳火正常。但发动机自行熄火时，火花塞也不跳火了，如图8-12所示。

图8-12

启动的时候，用手触摸燃油泵继电器，感觉到继电器工作吸合的动作。由于该车未装备燃油压力传感器和油压检测口，故拆下燃油导轨接头，未发现有燃油溢出，说明供油不正常，如图8-13所示。

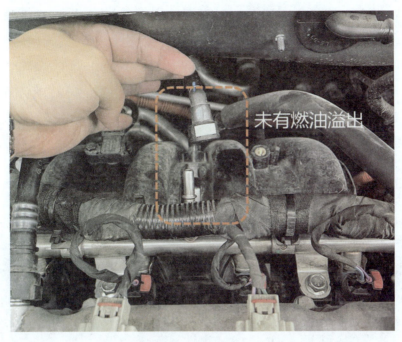

图8-13

举升车辆，拔下燃油泵线束插头，查看电路图，测量燃油泵电机线束端子电阻为"OL"，不正常。拆下燃油箱，取出燃油泵，测量燃油泵电机端子电阻为"OL"，不正常，燃油泵电机故障，如图8-14所示。

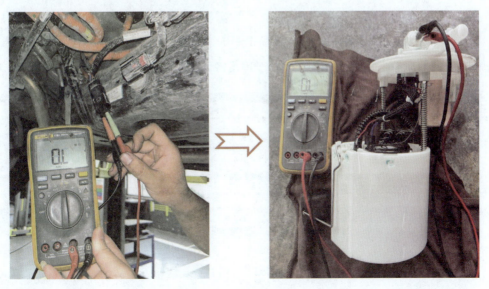

图8-14

根据上述检查结果，由于故障点出在燃油泵上，订货更换燃油泵，经反复试车，故障没有重现，车辆恢复正常。

故障总结：该案例由于燃油泵失效导致发动机无法着车。该车为混合动力车辆，不使用传统的启动机启动。在启动时，电机A反向转动并驱动输入太阳轮，内齿圈顺时针输出动力，通过旁通离合器转动曲轴快速启动发动机。而电机A到一定时间后停止旋转，所以发动机也就停止运转。此前的发动机着车为假象，实际并未着车。新能源车辆有别于其他传统发动机车辆，在检查故障之前，必须了解该车型的相关知识要点和结构、工作原理，才能有效地检修车辆。当维修手册推荐的诊断步骤有限时，需要有效地进行故障现象观察和数据分析，以确定后续诊断方向。

三、2021年混动VELITE 6无法启动READY行驶

VIN：LSGKJ8RH1MW×××××。

行驶里程：5025km。

故障现象：仪表故障灯点亮，车辆无法启动（READY），无法行驶，故障一直存在。

故障诊断：在接到客户报修后，按照SBD流程进行了检查，了解并确认故障描述。询问客户故障发生的时间、地点、现象、频次，结果是客户只知道前几天故障灯点亮，重新启动后正常，今天早上车子就无法启动（READY）。

先后检查高压及低压线束插头连接、高压部件安装、外观等情况，检查是否存在加装件等，结果未发现异常。将诊断仪（GDS）与车辆连接，读取故障码，发现K114A混合动力控制模块1内存在1个故障码（DTC）：P0C76混合动力/电动汽车蓄电池系统电压过高（当前）。K114B混合动力控制模块2内存在2个故障码（DTC）：P0AA4混合动力/电动汽车蓄电池负极接触器电路卡滞在关闭位置（当前）、P0AA1混合动力/电动汽车蓄电池正极接触器电路卡滞在关闭位置（当前），如图8-15所示。

K114A 混合动力控制模块1

序号	故障码	故障码类型	故障码描述		状态
1	P0C76	0x00	混合动力/电动汽车蓄电池系统电压过高	故障	当前

K114B 混合动力控制模块2

序号	故障码	故障码类型	故障码描述	故障类型描述	状态
1	P0AA4	0x00	混合动力/电动汽车蓄电池负极接触器电路卡滞在关闭位置	故障	当前
2	P0AA1	0x00	混合动力/电动汽车蓄电池正极接触器电路卡滞在关闭位置	故障	当前

图8-15

查阅维修通讯和TAC技术简报，发现有对于TPIM模块的升级要求，但升级操作后，故障依旧。车辆系统相关说明：该车为PHEV混动，插电式混合动力系统有两个动力源，发动机和电池包（可交流充电），通过特殊的驱动单元，系统实现了油、电混合驱动车辆或单独驱动车辆。高压电池包采用三元软包锂电池，内部有两个模组，每个模组又分为两个模块，两个模块包含有24个或28个电芯，额定电压为385V。混合动力/电动汽车蓄电池包括4个高压接触器和1个固态继电器（晶体管）。高压接触器和晶体管能够使高压直流蓄电池连接至车辆，或在混合动力/电动汽车蓄电池总成中容纳高压直流电。4个高压接触器包括1个主正极高压接触器、1个主负极高压接触器、1个充电正极高压接触器和1个预充电负极高压接触器。晶体管控制蓄电池加热器高压正极电路，如图8-16所示。

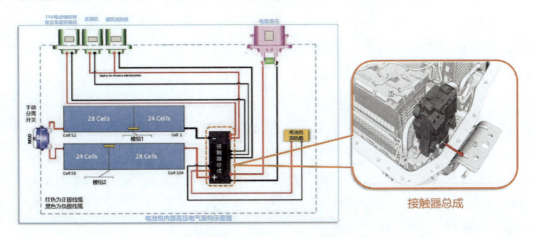

图8-16

由于上述步骤未能找到故障原因，接下来按照手册中相关故障码P0C76的说明进行分析，故障码设置条件：接触器被指令断开后，高压总线电压大于200V并持续3.5s。根据该故障码设置条件，故障指向接触器，故按照故障码P0AA4及P0AA1进行诊断。P0AA4混合动力/电动汽车蓄电池负极接触器电路卡滞在关闭位置、P0AA1混合动力/电动汽车蓄电池正极接触器电路卡滞在关闭位置，以上故障码的设置条件：正极总线电压高于30V和负极总线电压高于30V。

用诊断仪RDS读取相关数据流，在点火开关OFF时，故障车的"混合动力/电动汽车动力系统控制模块高电压电路"数据为393V，对比正常车辆，该数据为7V，不正常。查看数据流"混合动力/电动汽车正极接触器指令"和"混合动力/电动汽车负极接触器指令"为"闭合"（不工作，工作为"打开"），如图8-17所示。

查看电路图，4个高压接触器均由K114B混合动力/电动车辆动力总成控制模块控制，分析判断可能原因：高压接触器故障、高压接触器控制线路故障、K114B混合动力/电动车辆动力总成控制模块故障等。接下来，按照维修手册推荐的诊断流程和步骤进行诊断：

序号		项目	数值	单位
1	点火1信号		0	伏特
2	混合动力/电动汽车动力系控制模块高电压电路		393	伏特
3	驱动电机2逆变器温度传感器1		55	C
4	驱动电机2逆变器温度传感器2	故障车为393V	55	C
5	驱动电机2逆变器温度传感器3		90	C

序号		项目	数值	单位
1	点火1信号		0	伏特
2	混合动力/电动汽车动力系控制模块高电压电路		7	伏特
3	驱动电机2逆变器温度传感器1		71	C
4	驱动电机2逆变器温度传感器2	正常车为7V	70	C
5	驱动电机2逆变器温度传感器3		90	C

图8-17

（1）将车辆熄火并关闭所有车辆系统，断开A4混合动力/电动汽车蓄电池组的X6线束连接器。测试搭铁电路端子5和搭铁之间的电阻为小于10Ω。

（2）测试B+电路端子1和搭铁之间的测试灯点亮。

（3）将车辆熄火，断开A4混合动力/电动汽车蓄电池组处的X5线束连接器，车辆置于维修模式。测试A4混合动力/电动汽车蓄电池组线束连接器各个控制电路端子（端子2X5、端子4X5、端子6X5、端子7X5）和搭铁之间的测试灯均未点亮。

（4）将车辆熄火，断开K114B混合动力/电动车辆动力总成控制模块2处的X1线束连接器。测试A4混合动力/电动汽车蓄电池组线束连接器各个控制电路端子（端子2X5、端子4X5、端子6X5、端子7X5）和搭铁之间的电阻为无穷大。

（5）测试下列线束连接器端子之间的电阻均小于2Ω：A4混合动力/电动汽车蓄电池组的端子2X5和K114B混合动力/电动车辆动力总成控制模块2的端子9X1；A4混合动力/电动汽车蓄电池组的端子4X5和K114B混合动力/电动车辆动力总成控制模块2的端子6X1；A4混合动力/电动汽车蓄电池组的端子6X5和K114B混合动力/电动车辆动力总成控制模块2的端子8X1；A4混合动力/电动汽车蓄电池组的端子7X5和K114B混合动力/电动车辆动力总成控制模块2的端子3X1。

（6）按照维修手册提示，需更换K238混合动力/电动汽车蓄电池接触器总成。以上步骤的相关测量如图8-18所示。

按照维修手册提示，需更换K238混合动力/电动汽车蓄电池接触器总成，并且接触器总成内包含4个接触器，由于接触器需要订货并且价格较贵，为进一步确认故障点，故根据高压电路图对高压系统电压进行分别测量。

测量K57蓄电池充电器控制模块电压为0V，正常；测量K118电动空调压缩机控制模块、K10冷却液加热器控制模块和T6电源转换器模块电压均为394V，不正常；依据电路图分析，K118电动空调压缩机控制模块、K10冷却液加热器控制模块和T6电源转换器模块的

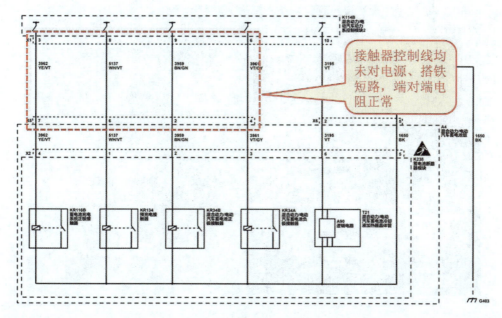

图8-18

正极电压由KR34B混合动力/电动汽车蓄电池正极接触器工作/吸合后提供，负极由KR34A
混合动力/电动汽车蓄电池负极接触器控制，因此，判断KR34B混合动力/电动汽车蓄电池
正极接触器和KR34A混合动力/电动汽车蓄电池负极接触器有故障，如图8-19所示。

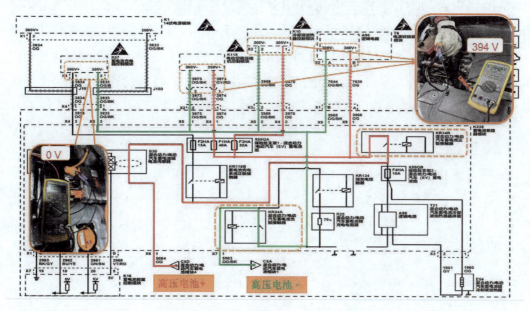

图8-19

执行高压禁用流程后，将高压电池包拆卸下来并拆下高压接触器总成，测量KR34B
混合动力/电动汽车蓄电池正极接触器和KR34A混合动力/电动汽车蓄电池负极接触器触点
电阻为0.8Ω，不正常，判断为触点粘连，如图8-20所示。

图8-20

　　根据上述检查结果，由于故障点出在高压接触器总成上，订货更换高压接触器总成并装复，试车故障没有重现，车辆恢复正常。

　　故障总结：该案例由于高压接触器故障（触点粘连），导致高压电无法下电，引发K114A混合动力控制模块1和K114B混合动力控制模块2报故障码，车辆无法启动（READY）行驶。在诊断故障时，优先推荐维修手册诊断步骤，需要紧紧抓住故障码这一线索，重点分析故障码设置条件及系统结构原理，以确定后续诊断方向。通过检查诊断已缩小故障范围后，可结合系统结构原理和通过维修手册以外的诊断方法再次确认故障点，以验证诊断是否有误，从而避免误判，提高一次修复率。

第九章
上汽大众车系

一、2021年大众帕萨特插电式430 PHEV混动豪华版，维修站更换一个新EBKV（0023-制动助力器）后报故障码

故障现象： 一辆2021年大众帕萨特插电式430 PHEV混动豪华版，搭载DXJ发动机，累计行驶里程约23000km。维修站更换一个新EBKV（0023-制动助力器）后报故障码，该维修站检查相关部件但始终未能解决故障，于是维修人员找到笔者所在的工作室进行技术支持。

故障诊断： 经过与维修人员沟通得知，之前该车仪表提示制动助力功能受限，驾驶辅助黄灯亮。制动踏板特别硬，制动不好使。01发动机电控系统报故障码：U103F00制动助力控制单元信号不可信；U041600电子稳定程序信号不可信；U103E00制动助力控制单元无通信。故障码如图9-1所示。维修站更换了制动助力器（EBKV），03制动器电子装置报故障码：C118700制动助力器；23制动助力器报故障码：C056200制动踏板行程传感器供电电压断路，如图9-2所示。更换后EBKV（0023-制动助力器）报故障码：P31C300输入电流传感器信号过大（如图9-3所示）。能够清除掉故障码，一踩制动踏板故障码就出现。

笔者进行现场指导，读取23制动助力器故障码变成B200AF0：功能限制，由于高电流关闭；U300100：控制单元，继续运行有故障，变成主动/静态且故障无法删除。故障码如图9-4所示。

故障码含义：

P31C300：输入电流传感器信号过大。解析是输入到EBKV的电流异常了。

U300100（369232）：控制单元继续运行有故障。突然给EBKV断电会导致这个故障产生，没有功能影响。

B200AF0（435968）：功能限制，由于高电流关闭。由于检测到电流异常，EBKV降级。

地址: 0001 系统名: 0001-发动机电控系统1.4 FSI，带混合动力子功能 协议改版: UDS/ISOTP (Ereignisse: 4)

- 识别:

- 故障存储器记录 (数据源: 车辆):

    故障存储器记录
    编号: P162400: 要求-故障灯开 激活
    故障类型 2:   主动/静态
    症状: 17324
    状态: 00100111

    + 标准环境条件:
    + 高级环境条件:

    故障存储器记录
    编号: U103F00: 制动助力控制单元 信号不可信
    故障类型 2:   主动/静态
    症状: 21761
    状态: 00100111

    + 标准环境条件:
    + 高级环境条件:

    故障存储器记录
    编号: U041600: 电子稳定程序 信号不可信
    故障类型 2:   主动/静态
    症状: 34193
    状态: 00100111

    + 标准环境条件:
    + 高级环境条件:

    故障存储器记录
    编号: U103E00: 制动助力控制单元 无通信
    故障类型 2:   被动/偶发
    症状: 38311
    状态: 00100100

    + 标准环境条件:
    + 高级环境条件:

图9-1

地址: 0003 系统名: 0003 - 制动器电子装置 协议改版: UDS/ISOTP (Ereignisse: 10)

- 识别:

- 故障存储器记录 (数据源: 车辆):

    故障存储器记录
    编号: C118700: 制动助力器
    故障类型 2:   主动/静态
    症状: 4481
    状态: 10101111

    + 标准环境条件:
    + 高级环境条件:

地址: 0023 系统名: 制动助力器 协议改版: UDS/ISOTP (Ereignisse: 2)

- 识别:

- 故障存储器记录 (数据源: 车辆):

    故障存储器记录
    编号: C056200: 制动踏板行程传感器供电电压 断路
    故障类型 2:   主动/静态
    症状: 172080
    状态: 10100111

    + 标准环境条件:
    + 高级环境条件:

    故障存储器记录
    编号: U300100: 控制单元 继续运行有故障
    故障类型 2:   主动/静态
    症状: 369232
    状态: 10101111

    + 标准环境条件:
    + 高级环境条件:

图9-2

地址: 0023 系统名: 0023 - 制动助力器 协议改版: UDS/ISOTP (Ereignisse: 1)

+ 识别:

- 故障存储器记录 (数据源: 车辆):

　故障存储器记录
　编号:　　　　　　　　　　P31C300: 输入电流传感器 信号过大
　故障类型 2:　　　　　　　主动/静态
　症状:　　　　　　　　　　1024272
　状态:　　　　　　　　　　00101111

　+ 标准环境条件:
　+ 高级环境条件:

图9-3

地址: 0023 系统名: 0023 - 制动助力器 协议改版: UDS/ISOTP (Ereignisse: 2)

+ 识别:

- 故障存储器记录 (数据源: 车辆):

　故障存储器记录
　编号:　　　　　　　　　　U300100: 控制单元 继续运行有故障
　故障类型 2:　　　　　　　主动/静态
　症状:　　　　　　　　　　369232
　状态:　　　　　　　　　　10101111

　+ 标准环境条件:
　+ 高级环境条件:

　故障存储器记录
　编号:　　　　　　　　　　B200AF0: 功能限制 由于高电流关闭
　故障类型 2:　　　　　　　主动/静态
　症状:　　　　　　　　　　435968
　状态:　　　　　　　　　　10101111

　+ 标准环境条件:
　+ 高级环境条件:

图9-4

　　现场再次对调一个正常车的EBKV后检测报故障码P31C300，经过排查发现J539（T26C/24）这根线存在异常。故障状态下读取的相关数据:

　　踩和不踩制动踏板时电压0.019V，电流0.015A，如图9-5所示。

图9-5

　　测量波形发现，踩下制动踏板和松开制动踏板都是低电位，如图9-6所示。

　　对比正常车读取的相关数据:

　　不踩制动踏板时电压0.436V，电流0.018A，如图9-7所示。

　　踩制动踏板时电压12.304V，电流 0.073A，如图9-8所示。

　　测量波形发现，踩下制动踏板时高电位，松开制动踏板时低电位，如图9-9所示。

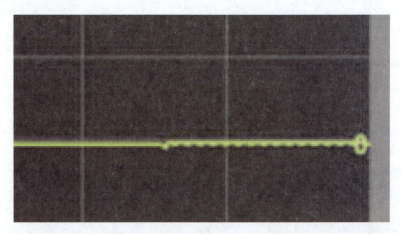

图9-6

图9-7

图9-8

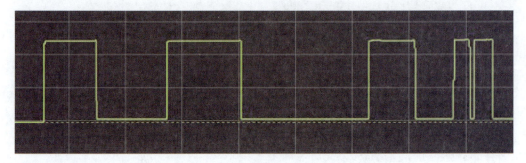

图9-9

经分析确认该线路对地短路。

查看电路图发现制动灯开关信号（54）J539（EBKV）T26C/24、J623（发动机控制单元）T94a/62和BCM（中央电子电器装置）T73c/58共有1根线（如图9-10~图9-12所示），这根线连接3个控制单元。若盲目拆装检查有可能无法找到故障点，初步判断有可能轻微搭铁导致该故障。

- LIN 总线，连接到 转向柱电子装置控制单元 -J527-，插头 T16a/6，针脚 6（用于不带可加热式方向盘的汽车，自 2020 年 1 月起 / 用于带混合动力驱动
55 - 未占用
56 - 座椅温度传感器接地（可加热式前座椅）
57 - 左后汽车高度传感器接地，连接到 左后汽车高度传感器 -G76-，插头 T4bb/4，针脚 4（仅用于带自动大灯照明距离调节的汽车 / 截至 2021 年 5 月）
- 传感器接地（自 2021 年 5 月起）
58 - 制动信号灯开关信号
BCMT73c/58BCMT73c/58
59 - 方向盘加热按钮信号，连接到 方向盘加热按钮 -E522-，插头 T10p/5，针脚 5（用于带可加热式方向盘的汽车）
60 - 启动 / 停止模式按钮信号，连接到 启动/停止模式按钮 -E693-，插头 T10a/3，针脚 3（用于不带混合动力驱动的汽车）
- 行驶程序按钮信号，连接到 行驶程序按钮 -E598-，插头 T10a/4，针脚 4（用于带混合动力驱动的汽车）
61 - 未占用
62 - 接线柱 58d

图9-10

58 - 未占用
59 - 未占用
60 - 未占用
J623(发动机控制单元) T94a/62
61 - 未占用
62 - 制动信号灯开关信号
63 - 接线柱 50
64 - 加速踏板位置传感器电源 5 V，连接到 加速踏板位置传感器 -G79-，插头 T6L/2，针脚 2
65 - 未占用
66 - 加速踏板位置传感器 2 电源 5 V，连接到 加速踏板位置传感器 2 -G185-，插头 T6L/1，针脚 1
67 - CAN 总线，低位（驱动系统）
68 - CAN 总线，高位（驱动系统）
69 - 主继电器控制端
70 - 散热器风扇控制信号

图9-11

21 - 未占用
22 - 制动踏板位置传感器信号，连接到 制动踏板位置传感器 -G100-，插头 T4bq/4，针脚 4
23 - 制动踏板位置传感器 2 信号，连接到 制动踏板位置传感器 -G100-，插头 T4bq/2，针脚 2
24 - 制动灯开关信号（输出）
J539（EBKV）T26C/24
25 - CAN 总线，高位（底盘传感器）
26 - 制动踏板位置传感器接地，连接到 制动踏板位置传感器 -G100-，插头 T4bq/1，针脚 1

图9-12

查看这3个控制单元针脚定义发现BCMT73c/58制动灯开关信号针脚和T73c/57（左后汽车高度传感器接地）接地线挨着，要是T73c/57这根搭铁针脚有毛刺的话，会出现此故障现象。重点检查这两个针脚。经检查发现BCMT73c/58制动灯开关信号针脚被T73c/57接地针脚的一根小毛刺对地短路（这根搭铁线针脚没有压实，只压住一点铜丝和线束皮，如图9-13所示），其他相关线路未发现异常现象。修复后在不同路况下路试50km一切正常，跟进10天左右一切正常，判断该车问题解决。

图9-13

二、2022年大众帕萨特插电式430 PHEV混动精英版行驶中偶尔会自行熄火

故障现象:一辆2022年大众帕萨特插电式430 PHEV混动精英版,搭载DXJ发动机,累计行驶里程约为33000km。客户反映,行驶中熄火,转向助力失效,仪表有电子稳定系统相关故障,如图9-14所示。重新打开点火开关又可以继续行驶。该故障已在维修站检修过多次,但故障始终未能解决,于是维修人员找到笔者所在的工作室进行技术支持。

图9-14

故障诊断：经过与维修人员沟通得知，维修站进行过多次维修：

（1）检查发动机供电、接地，无异常，与同车型对换发动机控制单元。

（2）检查J519供电、接地、15供电继电器及相关线路，无异常，与同车型对换J519。

（3）检查转向柱控制单元、网关、电子转向柱锁及相关线路无异常，更换ABS控制单元、发动机控制单元、J519控制单元，未能解决故障。

试车确认故障现象存在，确认发现该车在发动机模式、纯电模式行驶在颠簸路面或打方向时偶发性熄火。

笔者先删除各个控制单元内的故障码，车辆故障状态下读取相关控制单元数据和控制单元内的故障码。

发动机电控系统故障码：

P162400：要求-故障灯开激活（主动/静态）；U041600：电子稳定程序信号不可信（主动/静态），如图9-15所示。

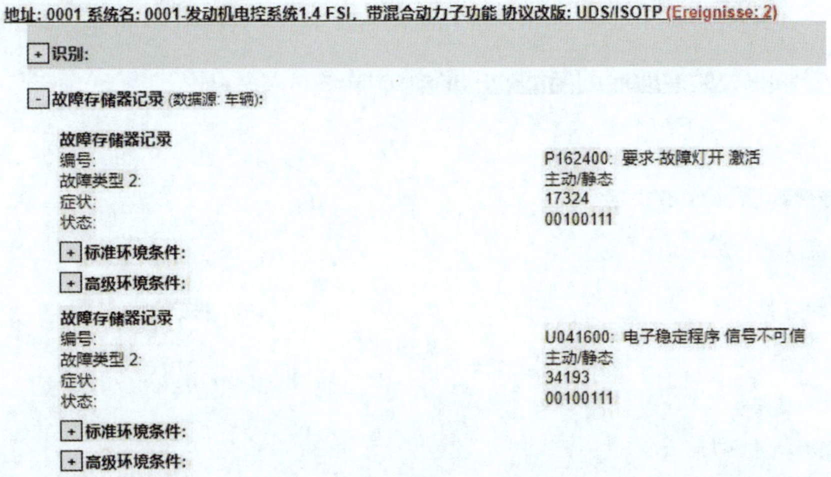

图9-15

0003-制动器电子装置：

U112100：数据总线，丢失信息（被动/偶发）；U112200：数据总线信息不可信（被动/偶发），如图9-16所示。

0023-制动助力器：

C121E00：端子15，不可靠信号（被动/偶发），如图9-17所示。

0009-中央电子电器装置：

B114811：端子15对地短路（主动/静态），如图9-18所示。

由于故障是偶发性一瞬间出现，控制单元有时反应不过来，相关数据没有变化过来，如表9-1所示。出现故障时，如图9-19~图9-22所示。

地址: 0003 系统名: 0003 - 制动器电子装置 协议改版: UDS/ISOTP (Ereignisse: 10)

+ 识别:

− 故障存储器记录 (数据源: 车辆):

故障存储器记录
编号: U112100: 数据总线，丢失信息
故障类型 2:   被动/偶发
症状: 8192
状态: 00101100

+ 标准环境条件:
+ 高级环境条件:

故障存储器记录
编号: U112100: 数据总线，丢失信息
故障类型 2:   被动/偶发
症状: 8196
状态: 00101100

+ 标准环境条件:
+ 高级环境条件:

故障存储器记录
编号: U112200: 数据总线信息不可信
故障类型 2:   被动/偶发
症状: 8249
状态: 00100100

图9-16

地址: 0023 系统名: 0023 - 制动助力器 协议改版: UDS/ISOTP (Ereignisse: 1)

+ 识别:

− 故障存储器记录 (数据源: 车辆):

故障存储器记录
编号: C121E00: 端子15，不可靠信号。
故障类型 2:   被动/偶发
症状: 172320
状态: 10101110

+ 标准环境条件:
+ 高级环境条件:

图9-17

地址: 0009 系统名: 0009 - 中央电子电器装置 协议改版: UDS/ISOTP (Ereignisse: 1)

+ 识别:

− 故障存储器记录 (数据源: 车辆):

故障存储器记录
编号: B114811: 端子 15 对地短路
故障类型 2:   主动/静态
症状: 136455
状态: 00001001

+ 标准环境条件:
+ 高级环境条件:

图9-18

表9-1

地址	名称	故障状态（值）	正常状态（值）
01发动机电控系统	【IDE00773】通过CAN的接线端15状态	0	1
02变速器电子装置	【IDE00018】接线端15电压	0.0V	13.2V
03制动电子装置	外部部件的供电电压/接线端15电压	关闭	接通
13车距控制	【IDE00018】接线端15电压	11.9V	13.9V

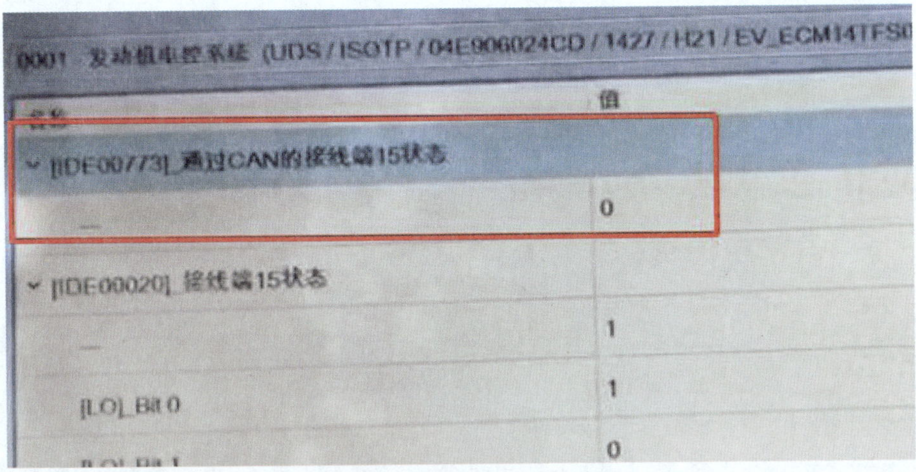

图9-19

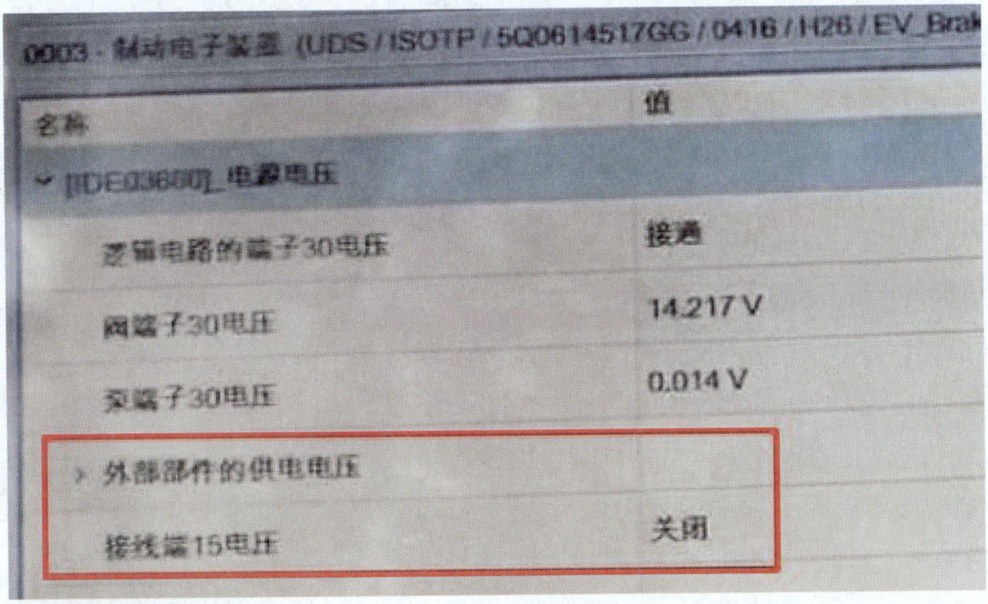

图9-20

　　查看电路图得知该车有两根KL15供电线，一根是J393（接线端15供电继电器）控制的，另一根是J519（T73a/14）控制的。J393供电：车距调节控制单元J428、诊断接口

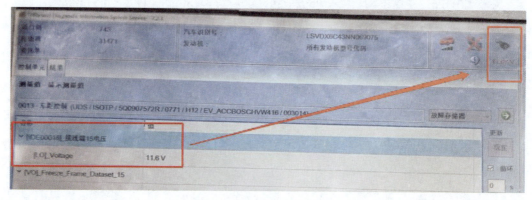

图9-21

图9-22

U31、安全气囊控制单元J234、混合动力蓄电池单元AX1等控制单元。J519（T73a/14）供电：J623（发动机控制单元）、J743（发动机控制单元）、J104（ABS控制单元）、J539（制动助力控制单元）、J533（数据总线诊断接口）、J587（换挡杆传感器控制单元）。综合以上分析问题点出现在KL15供电上。

故障出现时：

（1）J393继电器出来的KL15一直有蓄电池电压，判断这根供电线正常。

（2）J519（T73a/14）KL15供电电压为0V，判断J519（T73a/14）KL15供电线出现异常。

由于这根是全车线束，从外围到内部检查。检查到变速器后侧发现线束固定卡箍安装位置不对，导致线束和车身磨损且偶发性搭铁（如图9-23~图9-25所示）（故障车固定卡箍到插头距离9.6cm，正常车是7.8cm），重新调整固定卡箍安装位置并包扎线束，路试80km后确认故障排除。

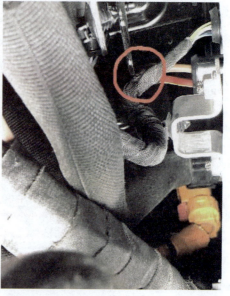

图9-23

图9-24

图9-25

故障排除： 经过检查发现变速器侧线束固定卡箍安装位置不对导致线束和车身磨损偶发性搭铁（故障车固定卡箍到插头距离9.6cm，正常车是7.8cm），导致KL15供电线偶发性对地短路，重新调整固定卡箍安装位置并包扎线束。

第十章
一汽大众车系

一、一汽大众迈腾GTE偶尔无法启动

故障现象：车辆偶尔无法启动，仪表提示拔掉充电插头，如图10-1所示。不一定停多久后自己会恢复正常。

图10-1

故障诊断：诊断仪检查故障码及提示，如图10-2所示。

主控器 - 002 故障存储器 (1)

P33E100 ($101B02 / 1055490) 充电插座A 电气故障
DTC 文本：Socket_A_PP_short_circuit_high
　　DTC 环境条件

　　　日期
　　　行驶里程
　　　优先权
　　　故障频率计数器
　　　计数器未学习

图10-2

当在车内检测时，由于充电座盖板无法打开，通过应急方法，将盖板打开后，发现充电座上指示灯是黄色的。根据故障提示当时并没有给车辆充电，黄灯点亮是不正常的（如图10-3所示）。初步怀疑充电座自身存在问题。更换车载充电机试车，故障依旧。

图10-3

后期在检测过程中，发现充电器的线束插头有维修过痕迹，发现1号、15号、23号、24号、44号针脚均有被维修过的痕迹。拆解该插头，发现23号针脚在插头里无法锁止。将23号针脚拔出查看，没有发现异常。使用其他插脚的针脚实验该位置锁止部件，发现其他插针也不能锁止，确定插头内部存在问题。查阅电路图，该插脚是到前部充电插座的。根据诊断仪里报的故障，怀疑该线束存在问题。由于更换此线束工艺复杂，尝试更换低压插头。组装旧的插头过程中，发现23号针脚内还有断的针脚，如图10-4所示。

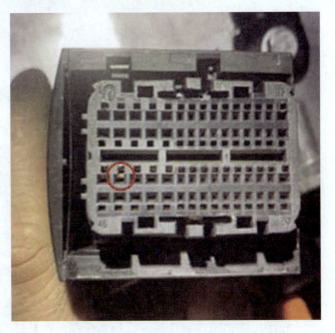

图10-4

将断脚去除后，尝试使用正常针脚试验，确认23号针脚可以锁止，确定故障点。

故障排除：拔出多余针脚，更换充电器低压线束插头，如图10-5所示。

故障总结：建议对混合动力新能源车型线路以及控制方式熟悉掌握，多多学习新能

最新混动汽车经典维修实例

源知识，了解PHEV车型以及BEV车型的相同点及不同点，总结形成参考材料，以便指导后续诊断。

图10-5

二、2020年一汽大众迈腾GTE空调压缩机软件不兼容

故障现象： 发动机排放灯亮，空调不工作。

故障诊断： 使用诊断仪读取08系统报故障码：FFC32A U032A00 电动空调压缩机，软件不兼容，主动静态，如图10-6所示。

控制单元	结果	
0008 - 空调/暖风电子装置 (UDS / ISOTP / 3GD907056A / 1003 / H01 / EV_AirCondiBHTCMQB3rTranc / 001046)		
故障代码	SAE 代码	故障文本
FFC32A [16761642]	U032A00	电动空调压缩机，软件不兼容

图10-6

执行空调控制单元的软件配置、在线编码、功能恢复等操作都不能解决问题。

故障排除： 通过自诊断进行基本设置，并通过引导程序删除故障码。

具体操作步骤：

（1）操作前请保证车辆12V低压蓄电池电量充足。

（2）打开点火开关，使用诊断仪的自诊断功能，进入08空调系统，选择"基本设置"，然后选择"建立与空调压缩机之间的故障显示兼容性"（如图10-7所示），然后点击"开始"，等待显示变为"正确结果"（如图10-8所示）。

330

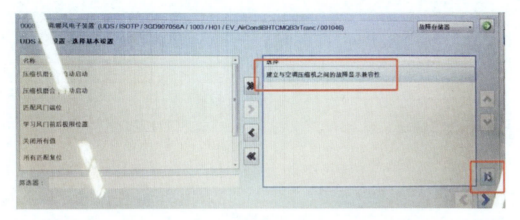

图10-7

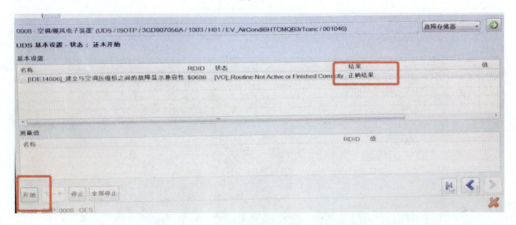

图10-8

（3）操作完成后，软件不兼容的故障码会变成被动/偶发，此时可以清除，如图10-9和图10-10所示。需要注意的是必须通过引导功能清除故障码，否则容易再次出现软件不兼容的故障码。

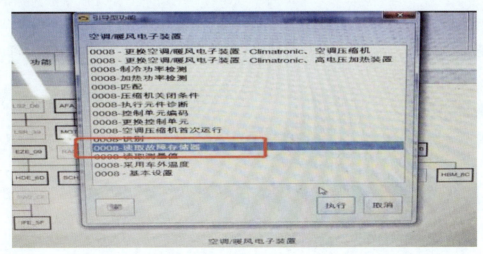

图10-9

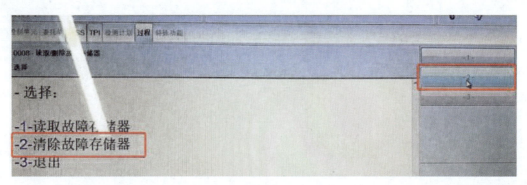

图10-10

三、一汽大众迈腾GTE仪表发动机故障灯、排放灯亮，空调不制冷

故障现象：仪表发动机故障灯、排放灯亮，空调不制冷，如图10-11所示。

图10-11

故障诊断：使用诊断仪读取发动机控制单元，有故障码：B158868冷却液转换阀3事件信息；混合蓄电池管理有故障码：P0CE100混合动力/高压蓄电池冷却液阀门1卡在关闭位置，如图10-12所示。

检测计划

检测计划1
SYS_x_J255_1_0214_11_Ereignisinformation_00000
  故障列表：
  控制单元地址   故障
  0008   B158868：冷却液转换阀3事件信息
N688_X_1_0814_11_Kuehlmittelventil_mechanischer_Fehler_00000 L[17] L[18] L[19] L[20] L[21]
  故障列表：
  控制单元地址   故障
  008C   P0CE100：混合动力/高电压蓄电池冷却液阀门1卡在关闭位置

图10-12

故障排除：排空高压部件冷却管路冷却液，采用真空加注法重新加注冷却液并排气。

故障总结：

（1）执行检测计划。N688高压蓄电池冷却液阀机械故障，该冷却液阀动作诊断时没有动作。拔掉N688插头，单独对其施加12V直流电，能听到该阀工作的声音，说明该阀并未损坏。做促动器诊断，电子水泵V590能够正常工作。原理图如图10-13所示。

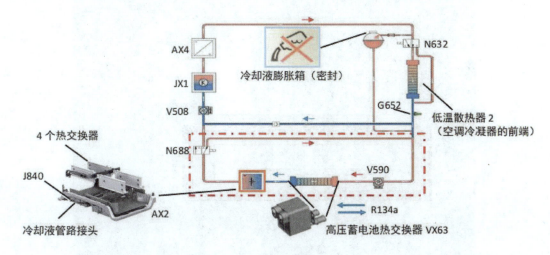

图10-13

（2）初步分析认为当电池温度大于40℃时需要V590和N688协同工作，从而切换冷却循环，因为V590在工作时识别到冷却系统内的气阻，而使J840认为是N688高压蓄电池冷却阀的故障而产生故障码。

（3）使用诊断地址01里的引导程序对高压电部件冷却管路进行排气操作并加注缺少的冷却液。进行试车，几天后故障再现，即冷却管路内仍存在气阻。

（4）将高压蓄电池内的冷却液排空，使用真空加注法加注，之后进行排气，检查冷却液加注质量并路试试车，发现缺少冷却液即加注。删除故障码后试车，车辆恢复正常。

如果GTE车型的高压部件冷却管路打开了，在恢复时一定要严格按照维修手册的方法：

（1）排出冷却液。

（2）使用真空加注法加注冷却液。

（3）使用诊断仪进入01系统，利用功能导航程序中的"对冷却系统排气"程序进行排气（至少2次）并检查冷却液加注质量，必要时加入冷却液。

（4）如排出了高压部件冷却回路中高压电池包和膨胀水壶内的冷却液，重新加注量约为2.8L；如彻底排空了高压部件冷却回路中所有的冷却液，重新加注量约为4.5L。

四、一汽大众迈腾GTE电机转子位置传感器故障码导致车辆无法启动

故障现象： 不能启动，检查仪表有黄色报警灯提醒：电力驱动系统故障，请去服务站，如图10-14所示。

图10-14

故障诊断： 使用诊断仪读取故障记忆（如图10-15所示），功率电子（诊断地址51）有故障码：P0CDB00牵引电机转子位置传感器3信号不可信；P0CDD00牵引电机转子位置传感器3对正极短路。查询发动机控制单元有故障码：U041100电驱动装置的功率电子系统控制器信号不可信。

故障排除： 更换功率电子系统控制器。

原因分析：

（1）因为功率电子系统控制器里有电机转子位置传感器相关的故障码，发动机控制单元里也有相关存储，信号传输过程是电机转子位置传感器的信号传送给功率电子系统控制器，之后通过总线发送给发动机控制单元。因此首先根据故障码对电机转子位置传感器及其连接线束进行检测。拔掉功率电子系统控制器的低压插头，测量其线束端如下针脚间的电阻：

针脚66-59：27.3Ω。

针脚64-57：51.9Ω。

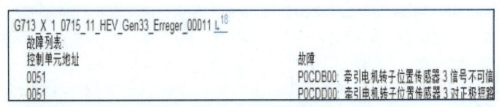

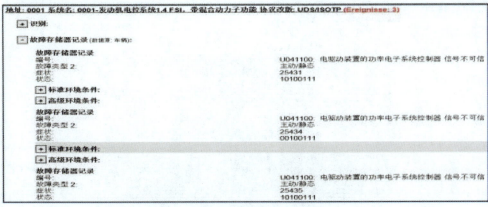

图10-15

针脚65-58：50.3Ω。

测量值均为正常。

（2）根据电路图（如图10-16所示），测量针脚57、针脚58、针脚59、针脚64、针脚65、针脚66对车身地之间电阻均为无穷大，确认传感器及相应线束正常。

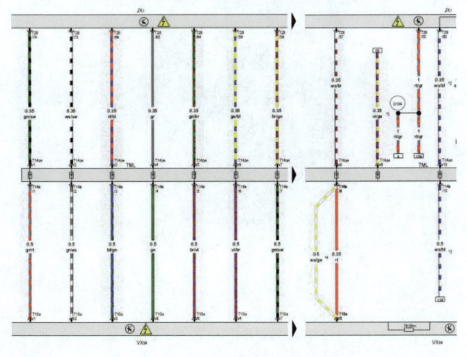

图10-16

（3）下一步检查功率电子系统控制器。倒换功能正常的功率电子系统控制器，试车发现故障码可以清除，清除故障码后按照维修手册标准加注冷却液并试车60km，车辆一切正常。倒换故障的功率电子系统控制器到正常车辆上，故障现象一致。

（4）对故障功率电子系统控制器进行静态测量，发现其低压插头针脚4与外壳之间电阻为1.053kΩ（如图10-17所示），远低于标准值3.3kΩ，最终判断故障点是功率电子系统控制器。

图10-17

第十一章
一汽丰田车系

第一节　荣放双擎E+

车辆信息：2021年11月四川一汽丰田生产的丰田荣放双擎E+，如图11-1-1所示。

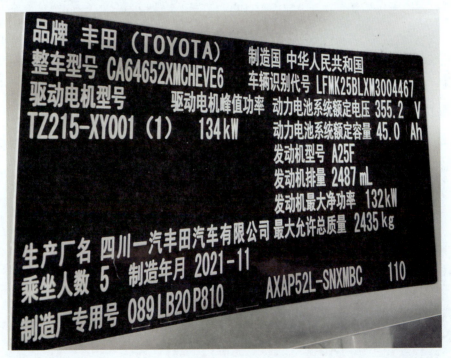

图11-1-1

行驶里程：606km。

故障现象：客户反映在其他维修店改装电动尾门、仪表、雷达后发现无法启动，将车辆拖到同城4S店维修一周没有结果，于是将车拖到本店检查维修。

故障诊断：车辆拖到维修车间后，维修技师进行故障确认。打开点火开关，踩住制动踏板，按下点火开关发现无法启动，观察仪表，发现没有P挡显示，踩住制动踏板，切换挡位，发现只有P挡、R挡没显示，N挡、D挡、S挡均有显示，如图11-1-2所示。再次切换到N挡，尝试启动发现还是无法启动。

图11-1-2

使用GTS诊断仪检测，读到故障码P312487驱动电机A与HV ECU之间失去通信（丢失信息）（如图11-1-3所示），P070562变速器挡位传感器A信号对比故障（如图11-1-4所示）。

使用诊断仪清除故障码发现无法清除，如图11-1-5所示。考虑到客户反映是加装电器后出现的故障，于是拆除所有改装线路，检查所有相关保险丝确认完好后再次试车，发现还是报相同故障码，无法启动。

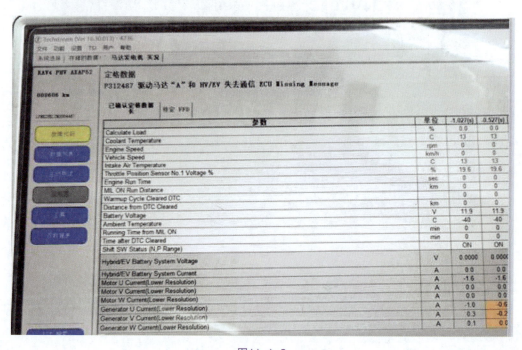

图11-1-3

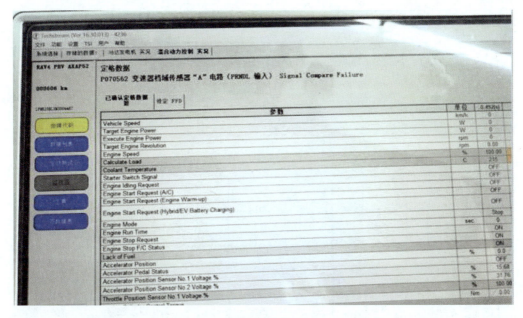

图11-1-4

图11-1-5

通过查询维修手册分析故障（如图11-1-6和图11-1-7所示），可能的故障原因有逆变器、混合动力ECU，换挡杆位置传感器、线路或连接器问题。

根据诊断仪GTS读取到的故障码，该车属于双重故障，于是打算从P312487驱动电机A与HV ECU之间失去通信（丢失信息）作为切入点进行检查。混动车型控制原理图如图11-1-8所示。

P312487	驱动电动机"A"和 HV ECU 之间失去通信（丢失信息）	通过串行通信由混合动力车辆控制 ECU 接收发生故障（超出通信标准）（单程检测逻辑）	· 混合动力电动机控制逆变器总成 · 混合动力车辆控制 ECU · 线束或连接器	点亮

图11-1-6

换挡杆位置传感器可将 7 个不同开关信号发送至混合动力车辆控制 ECU。混合动力车辆控制 ECU 利用这些信号检测换挡杆位置（P、R、N 或 D）。混合动力车辆控制 ECU 也利用该信息判定预期行驶方向（前进或倒退）。

DTC 编号	检测项目	DTC 检测条件	故障部位	
P070562	变速器挡位传感器"A"电路（PRNDL 输入）信号对比故障	换挡传感器电路故障（异常模式）根据换挡传感器输入模式检测到 P、R、N 或 D 电路故障。（单程检测逻辑）	· 线束或连接器 · 换挡杆位置传感器 · 混合动力车辆控制 ECU	不亮

图11-1-7

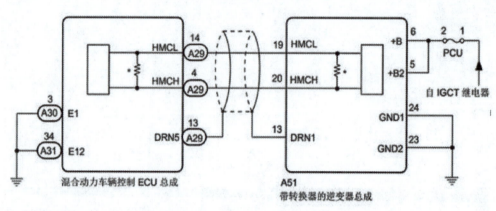

*: 约 120 Ω

图11-1-8

结合电路图（如图11-1-9所示），根据维修手册步骤（如图11-1-10所示），进行检查，测量这两根串行通信线波形。

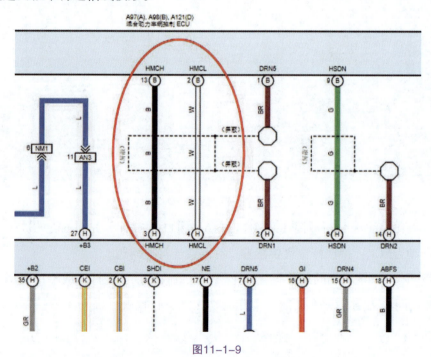

图11-1-9

a. 在下表中规定的混合动力车辆控制 ECU 端子之间连接示波器

b. 将点火开关置于 ON 位置

c. 测量波形

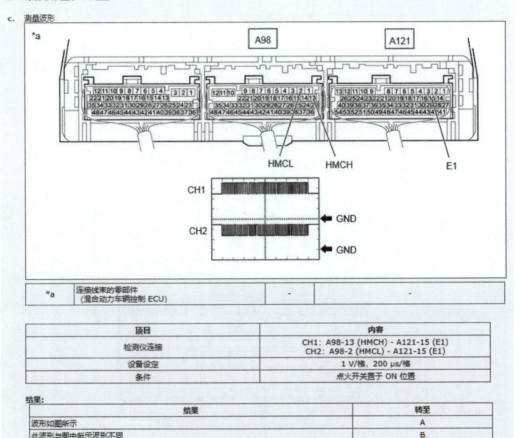

| *a | 连接线束的零部件
(混合动力车辆控制 ECU) | - | - |

项目	内容
检测仪连接	CH1: A98-13 (HMCH) - A121-15 (E1) CH2: A98-2 (HMCL) - A121-15 (E1)
设备设定	1 V/格, 200 μs/格
条件	点火开关置于 ON 位置

结果:

结果	转至
波形如图所示	A
此波形与图中所示波形不同	B

图11-1-10

通过示波器测量，发现HMCL端子输出波形不符合要求，存在异常，如图11-1-11所示。

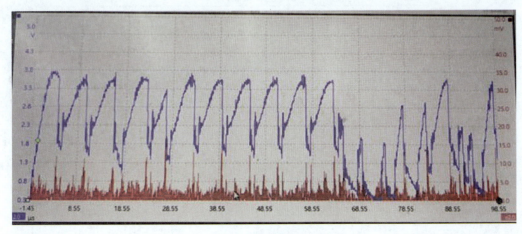

图11-1-11

根据维修手册提示（如图11-1-12所示），检查相关线束连接器，连接正常，使用探针检查接线端子，松紧度良好。

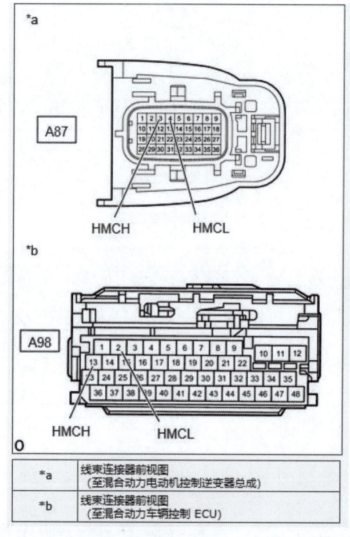

图11-1-12

当测量A87-4（MHCL）与A87-2之间的电阻时，发现他们之间的电阻小于1Ω，说明这两根线之间存在短路，如图11-1-13所示。而根据电路图得知A87-2是这两根通信线的屏蔽线，说明线束内部有破损或其他原因导致线路短接。

结合电路图，该通信线之间没有任何连接器，而要找到故障点那就必须要解剖线束，如图11-1-14所示。

将线束全部剖开，终于发现问题，如图11-1-15所示。

解剖屏蔽线，发现白色MHCL线被戳破与外部屏蔽线金属丝网接触导致对地线短路，如图11-1-16所示。

b. 断开混合动力电动机控制逆变器总成连接器 A87

c. 断开混合动力车辆控制 ECU 连接器 A98

d. 根据下表中的值测量电阻
标准电阻（断路检查）

检测仪连接	条件	规定状态
A87-3 (HMCH) - A98-13 (HMCH)	点火开关置于 OFF 位置	小于 1 Ω
A87-4 (HMCL) - A98-2 (HMCL)	点火开关置于 OFF 位置	小于 1 Ω

标准电阻（短路检查）：

检测仪连接	条件	规定状态
A87-3 (HMCH) 或 A98-13 (HMCH) - 车身搭铁和其他端子	点火开关置于 OFF 位置	10 kΩ 或更大
A87-4 (HMCL) 或 A98-2 (HMCL) - 车身搭铁和其他端子	点火开关置于 OFF 位置	10 kΩ 或更大

发现异常情况

e. 连接辅助蓄电池负极 (-) 端子电缆

f. 将点火开关置于 ON 位置

g. 根据下表中的值测量电压
标准电压：

检测仪连接	条件	规定状态
A87-3 (HMCH) 或 A98-13 (HMCH) - 车身搭铁和其他端子	点火开关置于 ON 位置	小于 1 V
A87-4 (HMCL) 或 A98-2 (HMCL) - 车身搭铁和其他端子	点火开关置于 ON 位置	小于 1 V

小心：
混合动力车辆控制 ECU 和混合动力电动机控制逆变器总成连接器断开的情况下，将点火开关置于 ON 位置会导致存储其他 DTC。进行该检查后清除 DTC

提示：
由于可能出现间歇故障，即使测量的电阻符合规定也要检查下列项目
检查并确认混合动力电动机控制逆变器总成和混合动力车辆控制 ECU 之间的各连接器未松动或断开

图11-1-13

图11-1-14

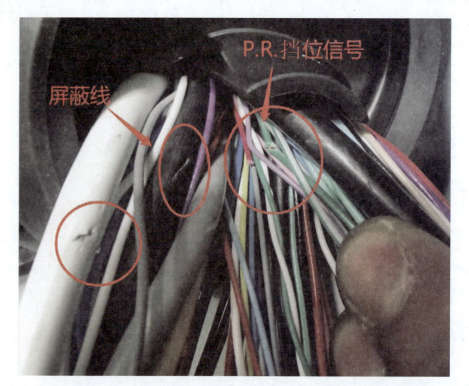

图11-1-15

图11-1-16

使用电烙铁、绝缘胶带对破损的线束进行修复，如图11-1-17所示。

图11-1-17

线束修复好后，重新安装，试车，可以启动车辆，挡位显示恢复正常（如图11-1-18所示），故障排除。

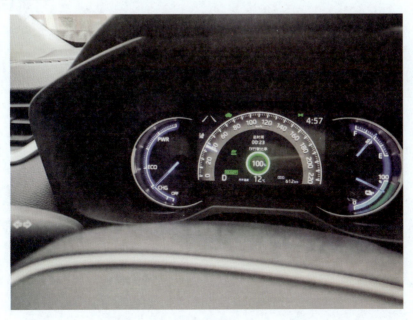

图11-1-18

故障总结：针对通信故障时，除了测量通信线路之外，要确保故障模块的供电、搭铁等正常，这是模块能够工作的前提条件。该车故障发生的原因是客户在车辆上改装仪表、雷达时，将雷达探头线束穿过防火墙时使用尖锐利器不小心将线束内部的部分导线戳破、戳断导致。

第二节　卡罗拉双擎

一、2019年一汽丰田卡罗拉HEV仪表报故障

VIN：LFMA180C6K0××××××。

发动机型号：8ZR。

行驶里程：62961km。

故障现象：一辆2019年一汽丰田罗拉HEV车型，使用中仪表提示"牵引用蓄电池冷却部件需要保养"，客户在其他维修店检查过，故障消除不了。

故障诊断：接车后，我们着车检查仪表提示，如图11-2-1所示。

仪表提示"牵引用蓄电池冷却部件需要保养请参见用户手册"

图11-2-1

仪表提示"牵引用蓄电池冷却部件需要保养请参见用户手册"故障信息，一般对于丰田卡罗拉油电混这款车，只需要更换电池的冷却滤网或对滤网进行清洁就可以解决故障。早期的油电混车辆，其高压动力电池都采用风冷，其动力电池冷却系统维护，一般只是检查进气滤网。我们在后排座椅处，找到进气滤网，如图11-2-2所示。

将背面的滤网拆下来检查，发现滤网已经被清洁过，但仪表依旧还是报故障提示信息。当这个信息一直存在时，就像动力电池进风散热口上的提示信息一样，直接影响车辆动力。使用诊断仪PAD V读取整车系统故障信息，发现整车信息各系统都显示正常，并无故障存储。看来此提示信息类似于我们燃油车更换机油的保养提示信息，需要进行清除。对于这种提示信息的复位，我们还不是很清楚，在车辆仪表功能菜单中进行查找，并

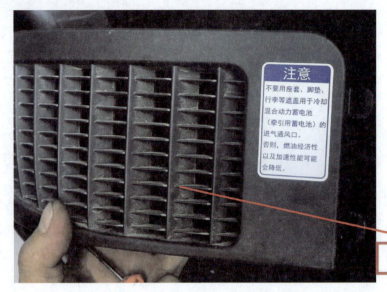

图11-2-2

没有找到清除此信息的功能菜单。在诊断仪表中的菜单中查找，也未找到相应的菜单，不过我们在此款车的特殊功能中，发现了一个不一样的功能菜单，如图11-2-3所示。

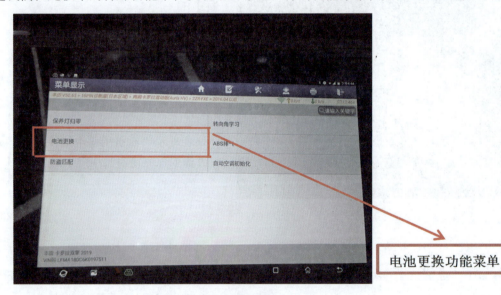

动力电池散热通风网

电池更换功能菜单

图11-2-3

一般丰田系列车很少会有更换电池的程序，进入"电池更换"功能菜单，发现了提示信息的不同，如图11-2-4所示。

从提示信息中，知道了此功能可以清除所有发送至网关的故障信息，其实此车各模块的功能都正常，就是一个提示信息，这个信息其实就属于网关故障码的类型。这种故障其实只有提示信息，并无显性故障码存在。对功能进行确认并完成后，重新着车检查仪表提示，如图11-2-5所示。

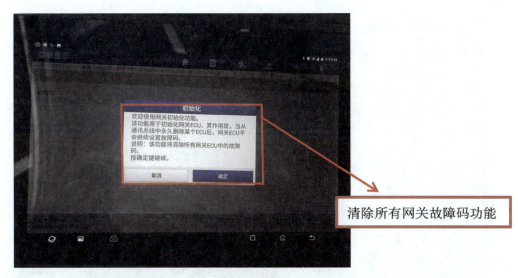

图11-2-4

图11-2-5

反复测试，仪表无提示信息显示，功能恢复正常，故障排除。

二、2019年卡罗拉双擎HV制动系统故障

适用车型：2015年卡罗拉双擎、2019年卡罗拉双擎、亚洲龙HV、威尔法HV和荣放HV等。

故障现象：仪表提示制动系统故障，故障灯点亮，如图11-2-6所示。

故障诊断：随着社会科技不断发展进步，丰田车型当中双擎版本不断增多，市场保有量也随之提升，同时在机电维修车间接到的双擎故障车数量也大幅提高。例如经常碰到2015年卡罗拉双擎/2019年TNGA卡罗拉双擎/威尔法等报制动系统故障，故障码为C1345线性电磁阀偏置习得值未完成，最为常见，如图11-2-7所示。

通过故障现象及维修经验分析可能的故障原因：

（1）一般是由于更换或拆装制动系统相关零部件，如管路、分泵、执行器等需要做相关初始化。

图11-2-6

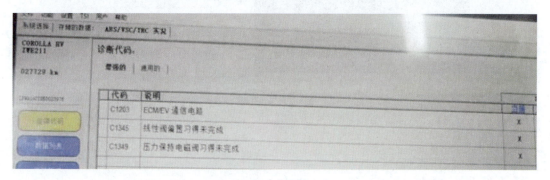

图11-2-7

（2）更换制动油误操作（例如在修理厂维修保养，技师对车辆操作造成）。

通过查询维修资料及实车确认发现C1345线性电磁阀偏置学习可分为两种方法：

（1）使用诊断仪GTS完成。

（2）使用SST短接线来完成（只适用于2015年卡罗拉双擎）。

诊断仪GTS操作：

第一步：重置记忆，清除先前线性电磁阀学习值，如图11-2-8所示。

关键点：确认P挡，方向盘居中，如图11-2-9和图11-2-10所示。

第二步：进行线性电磁阀偏置学习，如图11-2-11所示。

关键点：方向盘居中，确认P挡位，松手制动，如图11-2-12~图11-2-14所示。

清除先前线性电磁阀偏移学习、ABS 保持电磁阀学习、制动踏板行程传感器总成零点校准以及系统信息存储期间存储的数据。

i. 将电源开关置于 OFF 位置。

ii. 拉起并确认方向盘居中。

iii. 检查并确认选到车档（P）。

iv. 将 GTS 连接到 DLC3。

v. 将电源开关置于 ON（IG）位置。

vi. 打开 GTS。

vii. 使用 GTS，清除先前线性电磁阀偏移学习、ABS 保持电磁阀学习、制动踏板行程传感器总成零点校准以及系统信息存储期间存储的数据，进入以下菜单： Chassis / ABS/VSC/TRC / Utility / Reset Memory。

ABS-工具-重置记忆

Chassis > ABS/VSC/TRC > Utility

	检测仪显示
Reset Memory	

执行

(小心):
切勿在执行厂"环镜精测定位"时执行横摆率和加速度传感器零点校准，因为在执行厂"环镜精测定位"可将横摆率和加速度传感器点位读取非常的数据校准失。

viii. 将电源开关置于 OFF 位置。

(小心):
如果想用横摆率和加速度传感器的零点，且选择了停车档（P）的情况下将电源开关置于 ON（IG）位置 15 秒钟以上，将记存横摆率和加速度传感器的零点，如果在这些条件下驾驶车辆，则将控制 ECU（与全控功能与与调试块）将加记横摆率传感器的零点校准存储为异常值。然后，请使用横摆率 ECU（与全控功能与功能总成）通过操作闪对记录进行为 VSC 系统操作。

图11-2-8

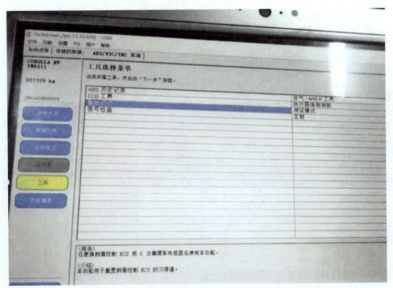

图11-2-9

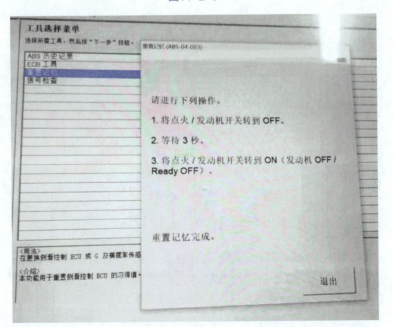

图11-2-10

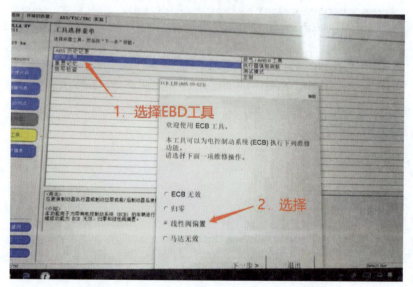

图11-2-11

图11-2-12

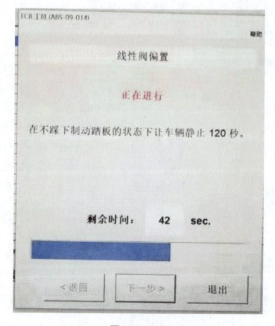

图11-2-13

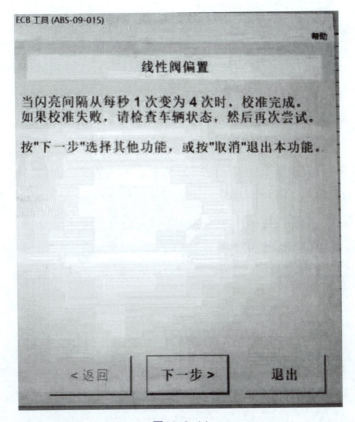

图11-2-14

完成，故障排除，如图11-2-15所示。

图11-2-15

故障总结：针对混合动力车型，虽然故障较为复杂，但是很多车型原理结构大致相同，按照维修手册标准步骤操作，不可忽视细节部分。

三、2019年卡罗拉双擎制动系统故障

故障现象： 该车由于夏季暴雨路面积水导致车辆淹水，受损淹没到仪表台部位，维修清洗腐蚀线束，更换各个受损电控模块，经过修复后可以顺利启动着车。经过厂内试车后发现制动时没有助力，于是再次进行维修检查。

故障诊断：（1）诊断仪GTS检测到故障码，清除故障码后还剩下故障码：C1256储能器低压、C1252制动助力器泵电机接通时间异常长，无法清除，如图11-2-16所示。

图11-2-16

（2）检查相关插头连接器，安装正常。

（3）检查相关保险丝完好，安装正常。

（4）查询维修手册分析，如图11-2-17所示。

制动控制/动态控制系统 电子控制制动系统（HV 车型） C1252 制动助力器泵电动机运行时间过长 C1253 泵电动机继电器

描述

防滑控制 ECU（带主缸的制动助力器总成）根据蓄压器压力传感器的数据检测蓄压器压力的下降情况，然后通过操作电动机继电器起动和停止泵电动机。

DTC 编号	检测项目	INF 代码	DTC 检测条件	故障部位
C1252	制动助力器泵电动机运行时间过长	311	泵电动机持续工作 178 秒或更长时间。（继电器故障达 98 秒或更长时间时。）	・泵电机电路或泵电机监视电路短路 ・电机继电器卡滞 ・蓄压器压力传感器故障 ・防滑控制 ECU（带主缸的制动助力器总成）
C1253	泵电动机继电器	321 322 327 328	・INF 代码：321、327、328 　电机继电器驱动电路检测到断路持续 0.2 秒或更长时间。 ・INF 代码：322 　电机继电器驱动电路检测到短路持续 2 秒或更长时间。	・INF 代码：321、327、328 　- 泵电机电路或泵电机监视电路断路 　- 防滑控制 ECU（带主缸的制动助力器总成） ・INF 代码：322 　- 泵电机电路或泵电机监视电路短路 　- 防滑控制 ECU（带主缸的制动助力器总成）

图11-2-17

（5）根据维修手册提示，使用GTS读取数据流，多次踩下制动踏板并观察泵电机继电器状态，发现电机继电器可以正常接通和断开。

（6）经过前面的检查，再结合电路图分析，可能是制动助力器泵不工作。

（7）于是拔下助力器泵插头A10（电路图如图11-2-18所示），在多次踩下制动踏板的同时分别测量A10-1和A10-2与车身搭铁电压，为12.6V，且可以正常点亮试灯，说明输出供电正常。

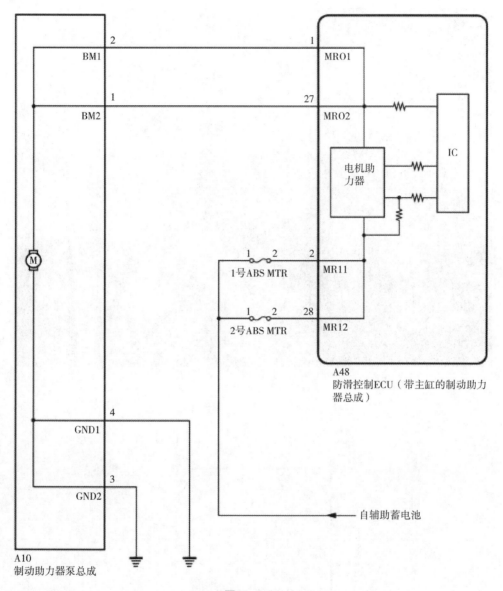

图11-2-18

（8）测量A10-3和A10-4与车身搭铁之间的电阻小于1Ω。

（9）经过前面的测量，怀疑是制动助力器泵损坏导致故障。于是拆下进行测量，测量结果如图11-2-19所示。插头端子定义如图11-2-20所示。

（10）将测量结果与维修手册标准进行对比（如图11-2-21和表11-2-1所示），确定制动助力器泵损坏。

（11）更换助力器泵（如图11-2-22所示），按照规范要求排空制动油，做相应的初始化操作成功，故障排除。

图11-2-19

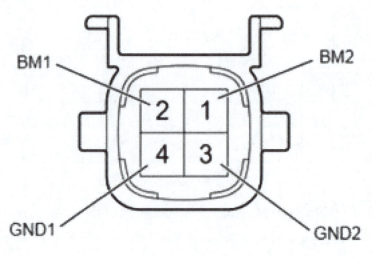

图11-2-20

图11-2-21

表11-2-1

检测仪连接	条件	规定状态
2(BM1)-4(GND1)	始终	10Ω或更小
1(BM2)-3(GND2)	始终	10Ω或更小
2(BM1)-1(BM2)	始终	小于1Ω
4(GND1)-3(GND2)	始终	小于1Ω

图11-2-22

第十二章
雷克萨斯车系

雷克萨斯RX450h车辆无法启动

VIN：JTJBC11A492×××××。

发动机型号：2GR。

行驶里程：130000km。

故障现象：一辆2009年雷克萨斯RH450h，油电混动，行驶130000km。由于车辆停在地下车库，下大雨后，车辆被淹，拖回店内，拆内饰排水，车辆无法启动。由于是油电混动，车内还装有一块高压动力电池。分解高压动力电池，发现动力电池高压主正与主副继电器控制盒进水锈蚀，更换一新的高压继电器控制盒，还是不能着车。

故障诊断：接车后，对电池的维修进行确认，发现电池包的高压继电器盒的确为更换的新件，其更换的新件如图12-1所示。

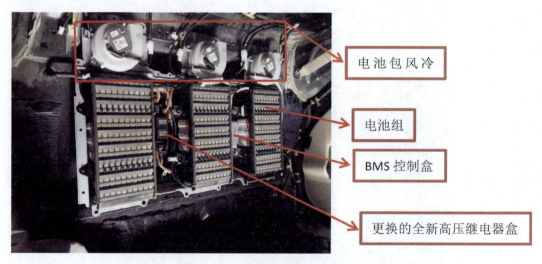

电池包风冷

电池组

BMS控制盒

更换的全新高压继电器盒

图12-1

我们对旧的高压继电器盒进行确认，继电器盒的确锈蚀严重，如图12-2所示。

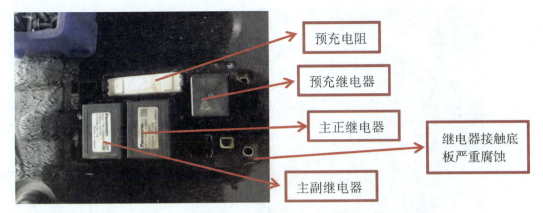

预充电阻

预充继电器

主正继电器

继电器接触底板严重腐蚀

主副继电器

图12-2

对BMS模块进行检查，拆开BMS模块外壳，BMS模块内部并没有进水，没有被水或湿气腐蚀。使用故障诊断仪，读取BMS模块数据，BMS可以进行通信，读取电池单体电压，发现电压都特别低，双单体电压最高3V。按照此款车的标准，两块单体电压应该在20V才算正常（这个与电池内部的电压监测电路有关，此款车采用两块单体监测的方法进行电压采集），也就是说单个单体电压应该10V才算正常。从诊断仪中我们可以得到两个信息：一是BMS本身没有问题，二是电池组由于高压继电器盒中进水，造成短路从而导致电池组过放电，造成整个电池包电压低，从而造成无法启动的现象。要解决此问题，一个就是更换新的电池组，还有一个保守修法就是对此电池组进行充电并均衡。与客户沟通后，客户选择了保守修法。

对于电池组，虽然理论上是可以修复，但实际上操作起来还是比较困难的，因为此款电池组不像其他电池组，单体可以拆成一块一块，此款电池组，单体是通过框架焊死的，如图12-3所示。

如果通过切割框架打开，再安装上去，我们自己进行焊接的话，误差会比较大，有可能会造成电池组安装不上去，或者在焊接过程中损坏单体电池，也有可能在操作过程中，造成电池自燃起火现象。还有一个问题就是，现在市面上还没有哪个设备可以做到30个通道做均衡，并且做得非常标准。如何根据实际情况，将30块单体并联起来，然后找一个电源直接对其充电。根据30块体的实际布置，我们画了一个原理图，如图12-4所示。

根据原理，先把两股线束做好，具体两股线束如何选材，重点在于与单体连接，在本次操作中，采用的是U形压扣，线束使用0.5mm²以上线径，线束过细容易发热，使用1.0mm²线束最好，做好线束并将30块单体并联起来，如图12-5所示。

充电时，选用一块车辆更换下来的旧蓄电池，原因在于新蓄电池有可能造成过充，过热，旧蓄电池由于容量变小，充出来的效果有可能优于新蓄电池，这个就像我们平时

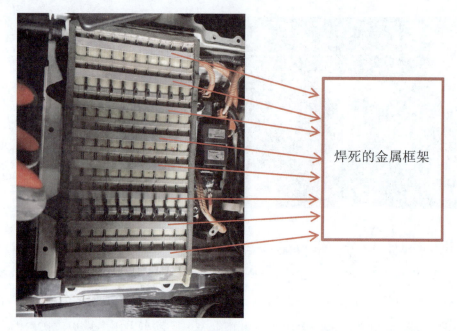

焊死的金属框架

图12-3

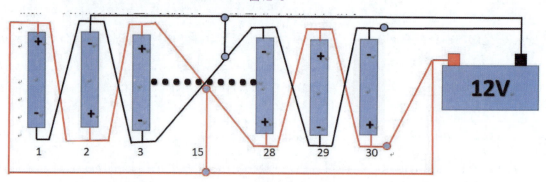

图12-4

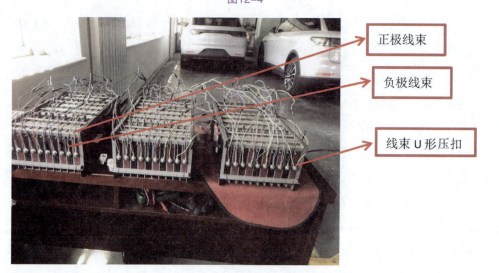

正极线束

负极线束

线束 U 形压扣

图12-5

给蓄电池充电一样，小电流充出来的蓄电池容量更充足，而且用新蓄电池充电，还有可能损坏新蓄电池。选用了一块12V60Ah的旧蓄电池，将旧蓄电池充满电，连接于并联单体电池网络，如图12-6所示。

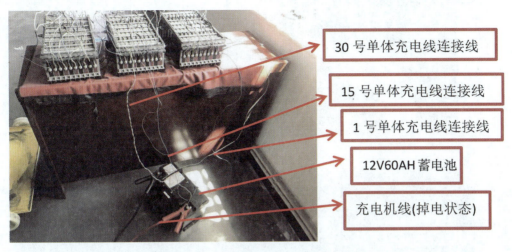

30 号单体充电线连接线

15 号单体充电线连接线

1 号单体充电线连接线

12V60AH 蓄电池

充电机线(掉电状态)

图12-6

在充电过程中，测量12V充电蓄电池电压降，如图12-7所示。

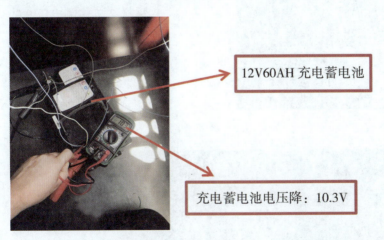

12V60AH 充电蓄电池

充电蓄电池电压降：10.3V

图12-7

电压符合充电要求，对单体侧的电压采样进行测量，如图12-8和图12-9所示。

在充电蓄电池电压降低后，我们需要使用电机对12V60Ah蓄电池充电，充电时，一定要将电池组的所有充电连接线断开，这个一定要注意，防止对单体造成损伤。经过几个循环后，单体电压都达到10V以上，取掉单体充电连接线束，并联线束先不取下，将并联单体组放置24h，之后对单体一块一块测量电压，电压都一样的情况下，取掉并联线束，安装好模块连接铜排，对连好铜排的模组，分别测量总电压，如图12-10~图12-12所示。

采样 1 单体侧电压:10.1V

图12-8

采样 2 单体侧电压:9.9V

图12-9

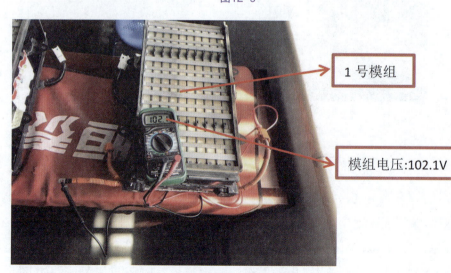

1 号模组

模组电压:102.1V

图12-10

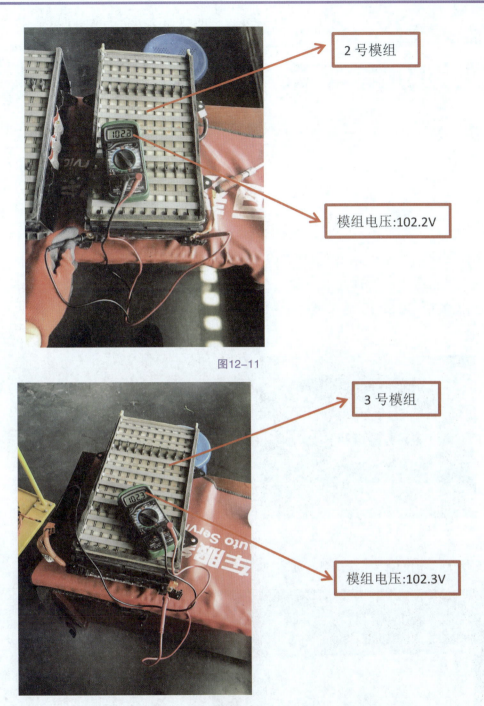

2 号模组

模组电压:102.2V

图12-11

3 号模组

模组电压:102.3V

图12-12

　　模组电压相差只有0.1V，这个值远远低于一般修动力电池单体压差0.3V的标准。将电池包重新进行安装，装车测试，车辆顺利启动，反复试车，车辆状态非常好，故障排除。

2011年凯雷德有时方向重

故障现象： 一辆2011年凯迪拉克凯雷德（Escalade），行驶334133km，发动机亮故障灯，进入电驱动时出现方向重的现象。

故障诊断： 接车后，着车检查仪表信息提示，仪表中的发动机故障灯一直点亮，如图13-1所示。

HYBrid 油电混标

发动机故障灯点亮

图13-1

先使用诊断仪读取系统信息，如图13-2所示。

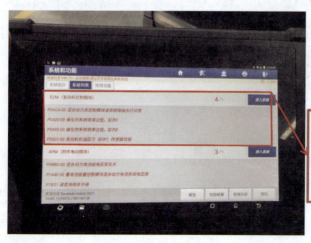

P0AC4-00 混合动力系统控制模块请求故障指示灯点亮
P0420-00 催化剂系统效率过低，缸列1
P0430-00 催化剂系统效率过低，缸列2
P0521-00 发动机机油压力（EOP)传感器性能

图13-2

从发动机故障码信息可以看出，与车辆方向突然发重没有直接的联系。为了搞明白故障机理，此车辆路试，看一看车辆是由于什么原因导致的方向重。在路试中，发现方向重时，是车辆进入电驱模式出现的。由于方向重，缓慢将车辆靠路边，其实车辆已经失去了动力，电驱与油驱都失效。原来此车故障是由于车辆熄火造成的，就是说在电驱动力不足时，需要油驱参与的情况下，发动机无法正常介入，造成油驱与电驱同时切断。为了验证判断，进入方向机系统，先读取故障信息，如图13-3所示。

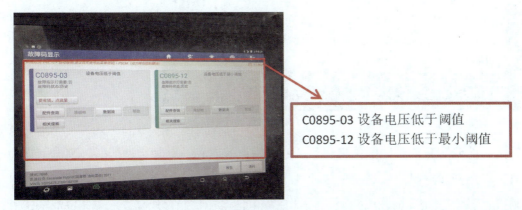

C0895-03 设备电压低于阈值
C0895-12 设备电压低于最小阈值

图13-3

从PSCM动力转向控制模块所读取的故障码可以看出，是由于方向机的电压过低造成的，在着车行驶的情况下，PSCM模块的电压数据流如图13-4所示。

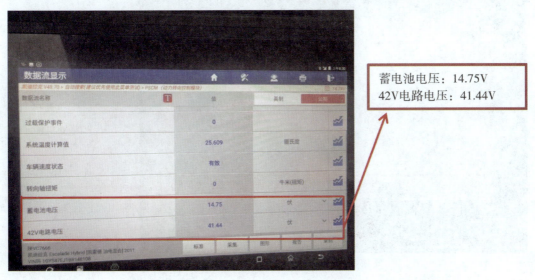

蓄电池电压：14.75V
42V电路电压：41.44V

图13-4

当方向重时，读取PSCM模块的工作电压，如图13-5所示。

从蓄电池电压由原来的14.75V变为方向重时的12.25V可以看出，发动机没有参与工作，方向机的工作电压由41.44V下降至1.16V，说明方向机已停止助力。从这些数据流可

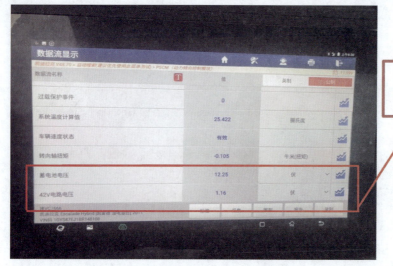

蓄电池电压：12.25V
42V 电路电压：1.16V

图13-5

以看出，的确与我们推测的结果一致。一般油电混车辆，在加大油门时，当电力驱动不足时，三相同步电机就会切换至启动机状态启动发动机。从表现的症状来看，无法启动发动机大部分是高压电池组问题。进入BECM电池电压控制模块，读取单体电池电压值，如图13-6所示。

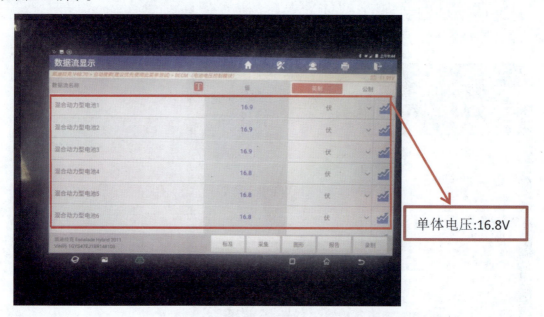

单体电压:16.8V

图13-6

在着车进入电驱模式并静止状态下，40块单体电池电压都在16.8V左右。在此状态下，车辆不要移动，发现在2min之后，单体电池电压发生了变化，如图13-7所示。

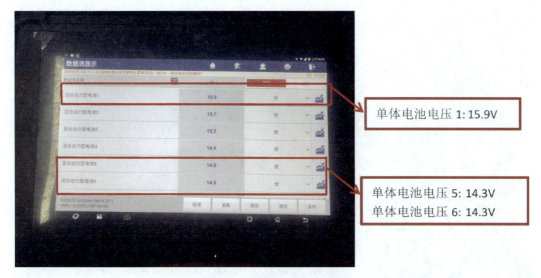

单体电池电压 1: 15.9V

单体电池电压 5: 14.3V
单体电池电压 6: 14.3V

图13-7

从放电后的单体电池电压差可以看出，电池出现了衰老现象，这个就需要更换电池组。由于此车比较老，更换高压电池组总成比较贵，选择了折中的办法，只更换电池组，不更换总成。此车的单体电池原车是松下品牌，我们为客户更换了国产电池组。此车电池组还是镍电技术，购买的国产电池组如图13-8所示。

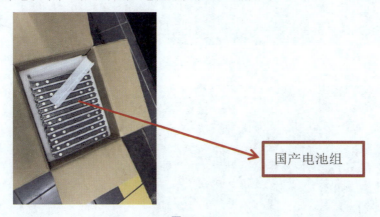

国产电池组

图13-8

拆下高压电池包总成，并进行分解。需要注意一点，虽然电池包的维修开关已经断开，但在拆解电池组时，内部还是带电，其带电电压已超过人体安全电压，修油车的同行需要高度重视。在拆电池组维修开关导线处的连接线桩头时，记住从低电压往高电压的拆装顺序，如图13-9所示。

在拆卸连接线桩头时，一定要做好高压电防护，比如戴绝缘手套，穿绝缘鞋，使用绝缘工具。由于单体电池是片状，安装时，最好是拿下来，组装好，再放上去。还有一点需要注意，单体电池的正副极千万别装反。安装好的电池组如图13-10所示。

主副接触器

开始拆卸起点(0 电位端)

维修开关内部连接线

连接线桩头

图13-9

安装固定好的电池组

图13-10

将电池组安装好后，读取电池数据，如图13-11所示。

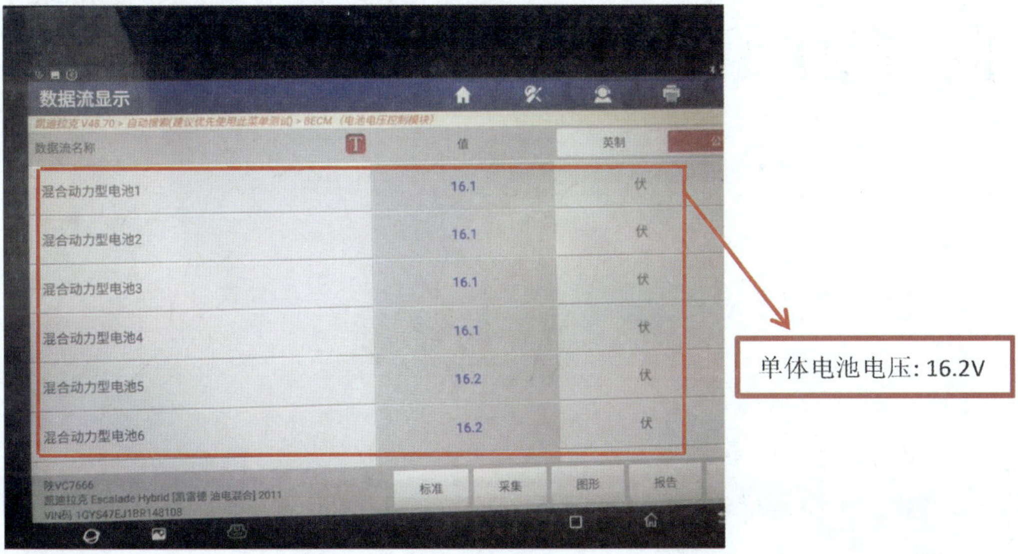

单体电池电压: 16.2V

图13-11

其电池电压稳定在16.2V左右，压差小于0.5V，说明电池从工厂出厂时已经做好分容工作，这一点需要我们自己操作。路试车辆，故障现象消失，故障排除。

第十四章
问界和赛力斯车系

第一节　问界M5

一、2022年问界M5增程器高温，车辆仪表无显示

车型： 问界M5。

年款： 2022年。

发动机型号： 1.5T。

行驶里程： 8947km。

故障现象： 厂家后台检测到车辆增程器高温，但车辆仪表无显示。

故障诊断： 接到车辆后，检查增程器和动力电池冷却液液位，正常也无漏点。用诊断仪读取故障码和数据流也无异常。水温非常低。此款车节温器为传统机械式节温器，所以也没有数据流能看到是否打开。由于动力电池电量70%，所以在中控屏上选择燃油补电模式，强制启动发动机（年检检车模式也可以启动），观察是否会高温。在水温达到85℃的时候，电子扇突然高速运转了起来，此时仪表无提示，模块里也没有故障码，也没有开空调。在停止燃油补电模式时，测量水箱上下水管温度，明显不一样，一个热的烫手，一个冰凉，说明节温器完全打不开，发动机没有大循环导致的高温。跟客户和区域技术经理沟通后，拆掉节温器检查其好坏。M5的蜡式节温器的作用是控制增程器冷却液在冷却系统中的流动。节温器安装在机体后部。节温器可以阻止增程器冷却液从增程器流向散热器，使增程器快速预热并调节冷却液温度。当增程器冷却液温度较低时，节温器保持在关闭位置，阻止增程器冷却液通过散热器循环。此时，仅允许增程器冷却液通过PTC加热器循环，从而迅速、均匀地预热增程器。当增程器预热后，节温器打开，使增程器冷却液流过散热器并通过散热器散热。节温器的开启和关闭，可使足够的增程器冷却液进入散热器，将增程器保持在正常工作温度范围内。节温器内的蜡丸封装在一个金属壳体内。节温器蜡丸受热膨胀，遇冷收缩。随着车辆行驶和增程器预热，增程器冷却液温度上升。当增程器冷却液达到规定温度时，节温器内的蜡丸膨胀，向金属壳体施加压力，打开阀门。这样就可以使冷却液流过增程器冷却系统并将增程器冷却。当蜡丸冷却收缩时，在弹簧的作用下，阀门会关闭。节温器的开启温度为90℃，完全开启温度为101℃。

　　在拆掉节温器后，对比TIS资料，原车节温器内外装反了，如图14-1-1和图14-1-2所示。

　　在正确安装之后试车，一切正常，厂家后台也没有高温报警数据了。估计厂家也没想到节温器装反了也能装进去，只是区域技术经理怀疑可能装反，没想到是真的。

　　故障排除：按照正确位置重新安装节温器。

　　故障总结：此种故障在出现的时候一定要及时与厂家沟通，安抚好客户情绪，及时解决问题，避免客户投诉造成一系列不良影响。

图14-1-1

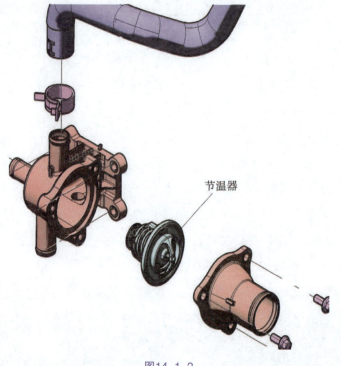

节温器

图14-1-2

二、问界M5晚上升级失败导致无法挂挡行驶

车型： 问界M5。

行驶里程： 17112km。

故障现象： 客户早上用车发现车门未锁，准备开车时，打开车门发现仪表和中控屏不亮，车辆无法上电，不能行驶，如图14-1-3所示。

图14-1-3

　　故障诊断： 给车辆用帮车线通上电，发现无法上高压，与VCU有关联的模块报通信故障。诊断仪进入VCU，发现无法读取故障码，显示ECU否定响应服务不支持读取版本信息，只显示零件号，如图14-1-4和图14-1-5所示。

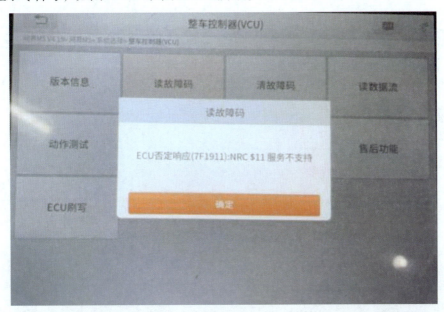

图14-1-4

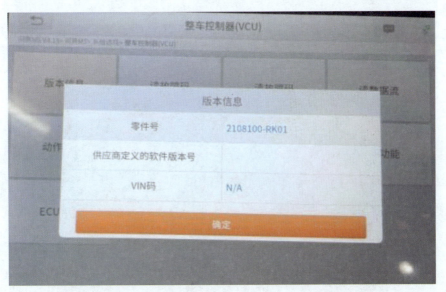

图14-1-5

　　根据客户的描述和诊断仪读取的结果分析，目前这种现象是因为VCU升级失败造成车辆出现无法上高压电，无法驾驶，低压蓄电池亏电的现象。下载109软件包单独升级VCU线下刷写，刷写后再把车辆信息写进模块，例如VIN号等。这时车辆下电，断掉小蓄电池10min车辆上电，这时候车辆可以正常上高压电并可以挂挡行驶，无任何故障码。因为OTA升级，其中VCU失败造成车辆无法上高压电，低压蓄电池亏电，所以有可能别的模块未升级到109版本。对照厂家发的109升级表单（如图14-1-6所示），发现IVI和APA未升级，单独对未升级的模块升级。所有模块升级之后重新按照厂家下发的109整车软件版本号写入车内，改完后TBOX和IVI硬件复位。联系厂家后台取消此车升级避免重复升级。最终结果，刷写升级失败和未升级的模块更改车辆整车版本号后车辆恢复正常，如图14-1-7所示。

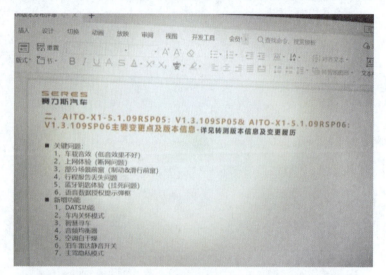

图14-1-6

图14-1-7

第二节　赛力斯

2022年赛力斯F1零重力座椅展开功能不正常

行驶里程: 12658km。

故障现象: 客户反映零重力座椅展开功能不正常。

故障诊断: 车辆到店后尝试展开零重力座椅,发现展开到一半就不动了,多次尝试都是一样。诊断仪检测无故障,读取零重力座椅数据流,数据流显示各个按钮功能都正常。由此可以分析出:

(1)初始化位置记忆问题。

(2)滑道异物卡滞。

(3)阻力过大。

(4)座椅传感器故障。

根据分析的原因逐步进行排查,首先对零重力座椅进行初始化学习,学习过程中到达故障点后就学习不过去了。然后对滑道进行检查,没有发现任何异物堵塞轨道。后面对零重力座椅进行手动调节,发现零重力座椅可以完全展开,手动展开过程中没有发现有阻力过大的现象。检查到此,一头雾水,然后登录TIS查询该车资料,通过TIS查询发现(如图14-2-1所示)零重力座椅上有一处位置开关,会不会是这个东西的问题导致座椅无法正常展开呢?带着这个疑问开始在车辆座椅上查找这个开关的位置,由于维修手册上没有明确指出这个开关的具体位置,只能靠文字提示以及经验判断。在打开零重力左侧下饰板后,在座椅靠背转轴的位置处发现了这个开关,发现它的时候它的固定位置已经发生了偏移(如图14-2-2所示),把位置开关修复了一下,按照原来正确的位置固定好,进行功能测试,一切恢复正常。

故障排除: 重新按标准位置对位置开关进行安装,故障排除。

故障总结: 在遇到检查故障瓶颈的时候不要慌,学会从厂家提供的维修手册中找到突破点,这也是解决问题的一种方式。

电动座椅调节系统（3-2）（零重力）

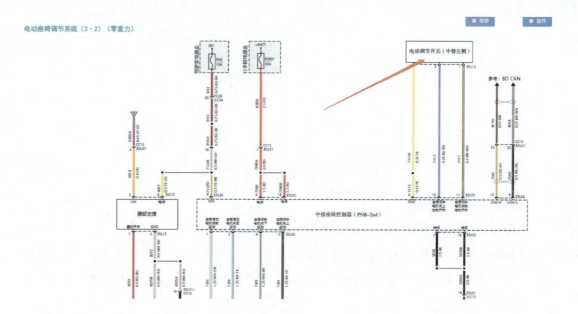

图14-2-1

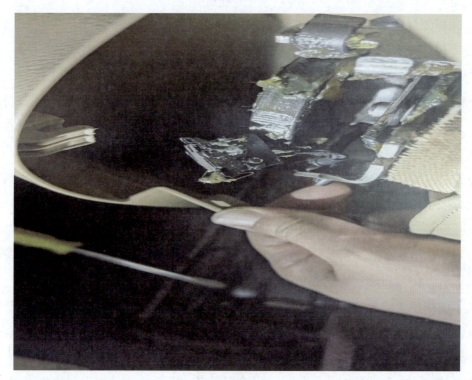

图14-2-2

第十五章
吉利车系

一、2018年吉利帝豪PHEV启动不着车

VIN：L6T78F4Z6JN×××××。

整车型号：MR7152PHEV01。

发动机型号：JLY-4G15。

驱动电机型号：IS2002/TM3003。

行驶里程：83513km。

故障现象：一辆2018年吉利PHEV，车辆无法启动，进入发动机驱动状态，车辆也无法进入电驱动"READY"状态。

故障诊断：接车后，首先着车进行检查，发现车辆无法进入"READY"模式，并且发动机故障灯点亮，如图15-1所示。

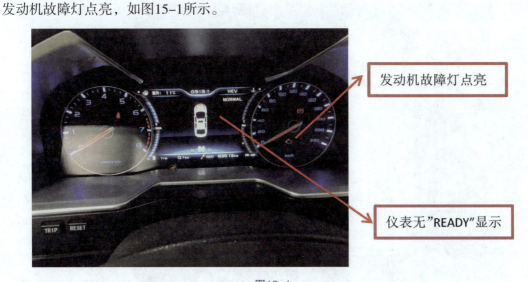

发动机故障灯点亮

仪表无"READY"显示

图15-1

操作加速踏板，车辆发动机也无法启动，并且无法换挡。使用故障诊断仪P01对整车系统进行诊断，如图15-2所示。

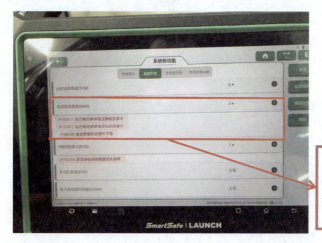

电源管理系统
P152817 动力电池单体电压静态压差大
P152917 动力电池单体电压动态压差大
P154C00 电池管理系统意外下电

图15-2

从"电源管理系统"中读取的故障码内容来看，此车故障点在动力电池本身，也就是我们所说的高压电池部分。一般动力电池中，单体压差过大就会造成车辆无法行驶的故障，或者动力电池下电的故障。从"P152817动力电池单体电压静态压差大，P152917动力电池单体电压动态压差大"两个故障码可以看出，在纯电模式驱动下或发动机模式驱动下，动力电池的单体压差都过大。尝试着进入BMS电源管理系统中，读取单体电压数据，所读取的数据流如图15-3所示。

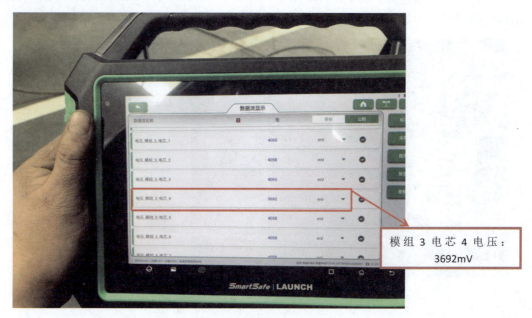

模组 3 电芯 4 电压：
3692mV

图15-3

在多个模组中，都发现了电芯电压偏低的情况，其中在模组3中，4号电芯电压3692mV，而其他的电芯电压都在4000mV以上，电芯之间的压差超过了0.3V的阈值压差，而且每个模组都出现了此情况。了解车辆情况才知道，车辆停放时间比较长，小蓄电池长时间亏电，造成高压电池中模组中的电芯压差过大。现在是压差过大造成无法启动车辆与无法电力驱动，需要拆解电池包，对模组内电芯作均衡充电。将电池包进行拆解，如图15-4所示。

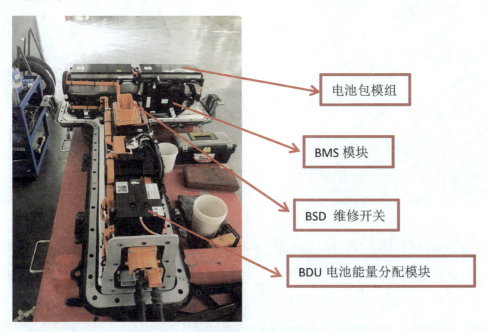

电池包模组

BMS 模块

BSD 维修开关

BDU 电池能量分配模块

图15-4

从拆解的电池包内总结构来看，此电池包包含7个电池模组，每个模组中集成了电池电芯电压监测与温度监测模块，从模组上的条形码可以看出，每个模组为12串的电芯结构，如图15-5所示。

1P12S

830100-00532　　117373163887

电芯组成结构：1P12S

模组条形码

图15-5

根据诊断仪所读取的电芯电压，打开3号模组上盖，使用万用表对单体电压进行测量，如图15-6所示。

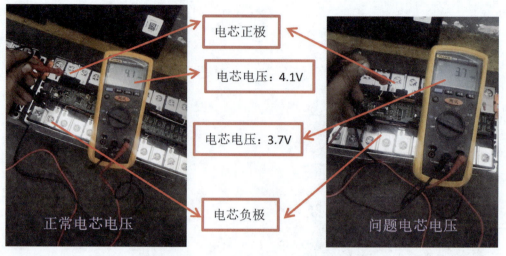

图15-6

我们分别对7个模组中的电芯电压进行了测量，发现电芯电压与我们诊断仪读取的电压一致。也就是说，我们需要分别对7个模组中的电芯电压做均衡充电。连接好均衡仪的充电线，如图15-7所示。

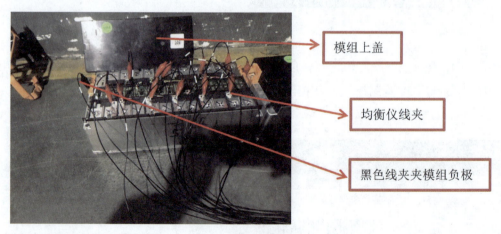

图15-7

连接好均衡仪线束后，打开均衡仪，开始对电芯补电，如图15-8所示。

7号电芯电压低，其他电芯电压都超过4V，不需要补电，只对7号电芯充电。分别对7个模组进行均衡充电后，将电池包安装好，上车进行测试，车辆顺利着车，仪表显示"READY"状态，如图15-9所示。

使用诊断仪读取BMS电池管理系统故障存储，如图15-10所示。

对车辆进行路试，并反复试车，故障不再出现，故障消失。

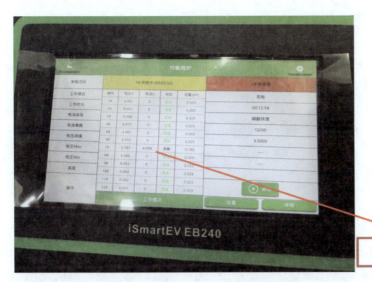

7号电芯3.74V充电

图15-8

车辆"READY"状态

发动机转速：800r/min

图15-9

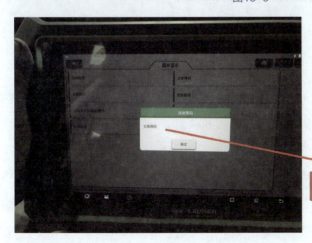

BMS 系统无故障码 存储

图15-10

故障总结： 在维修电池包的过程中，一定要注意安全防护，拆铜排时、拔直流母线时，一定要戴绝缘手套。电池包内一定不要有水，在组装完电池包后，一定要对电池包做防水密封及防气密封。尤其是防水密封，如果这项不做，有时会造成包内漏冷却液，易造成电池包损坏。

二、2018年吉利帝豪PHEV车辆电力续航短

VIN： LB378F4Z5JA××××××。

发动机型号： LJY-4G15。

驱动电机型号： IS2002/TM3003。

行驶里程： 111916km。

故障现象： 一辆2018年吉利帝豪PHEV，使用电力驱动时，电力驱动续航里程短，有时候电力续航从40km直接跳变为5km。

故障诊断： 接车后，首先是检查仪表提示，发现仪表显示正常，如图15-11所示。

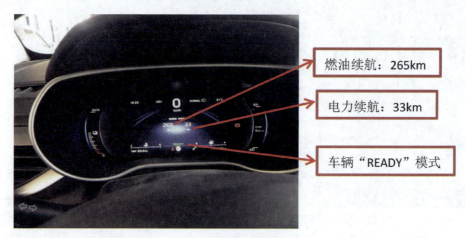

燃油续航：265km

电力续航：33km

车辆"READY"模式

图15-11

仪表中的燃油续航与电力续航显示都比较正常。使用诊断仪P01读取动力电池SOC值，如图15-12所示。

从读取的数据流中，我们可以看出，此值与我们仪表中显示的电力续航里程数据基本是吻合的，此款车的电池包标准满电续航里程是60km，仪表读取的33km的电力续航，其SOC值显示55.8%，计算的逻辑是正常的。但我们也发现了一个问题，数据中有一个最大SOC值与最小SOC值，其显示的结果偏差是比较大的，最大值是58.1%，最小值是52.8%，这两个值放在一块看起来极不协调。从最大与最小SOC值的差值来看，此电池包内一定会有偏差过大的模组电芯。为了能够准确诊断，先从读取动力电池包的故障码入手，看是否有关于模组电芯的故障码，所读取的故障信息如图15-13所示。

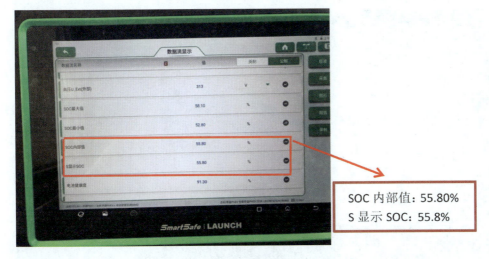

SOC 内部值：55.80%

S 显示 SOC：55.8%

图15-12

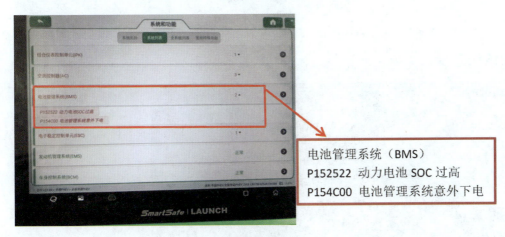

电池管理系统（BMS）

P152522 动力电池 SOC 过高

P154C00 电池管理系统意外下电

图15-13

　　从读取的动力电池系统的故障码可以看出，由于压差大的模组内电芯压差大的原因，造成了过充现象，但在放电时，由于电芯压差大的原因造成过放，电池包反而会进入保护模式。进行了下电操作，但故障码也并没有准确说是哪一组模组与哪一节电芯，这个我们只能通过数据流进行分析。读取数据流，找到最大电芯电压与最小电芯电压数据项，如图15-14所示。

　　从读取的数据流中，我们可以看出，最大单体与最小单体电压差值在42mV。这个值在动力电池的控制中，会产生充放电的反弹电压超标的问题，难怪会报故障。对于这种情况，我们需要对所有模组进行单体电压均衡，尤其是50号单体，需要上调电压。我们将动力电池包进行拆解。这里需要注意一点，在拆解动力电池包时，一定要按着动力电池拆装安全操作要求进行操作，切记不能按自己的方法进行作业。此款动力电池为三元锂电池，一旦出现电池失控，极易造成动力电池损坏。还有一点就是我们在使用均衡仪

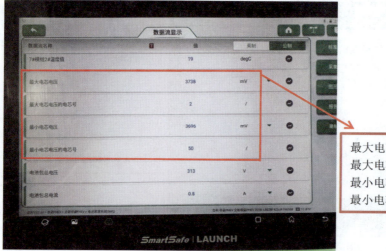

图15-14

时，一定要选择带反接保护功能的均衡仪，使用起来会相对安全一些。打开动力电池，如图15-15所示。

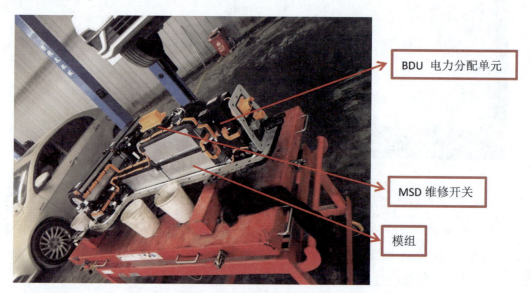

BDU 电力分配单元

MSD 维修开关

模组

图15-15

此动力电池有7个模组，分别对7个模组内的电芯进行均衡操作，如图15-16所示。

为了能够快速均衡完，在设置目标电压时不能过大，目标电压与实际电压相差越大，均衡时间就会越长，本车设置目标电压如图15-17所示。

分别对7个模组做完均衡，我们还需要对模组静放8h，尽可能地消除单体的电压反弹。然后使用工具对单体电压重新测量，看校验电压偏差是否小于10mV，如果超过就有可能是单体电芯本身的衰老问题。校验完成后，将模组安装好，装复动力电池包，并对车辆进行交流慢充，如图15-18所示。

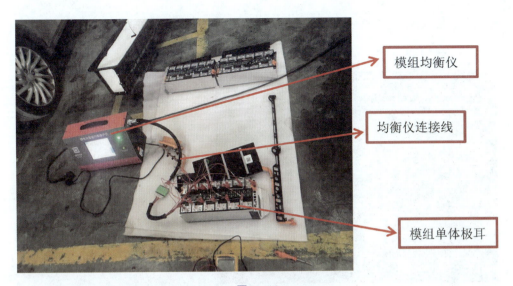

模组均衡仪

均衡仪连接线

模组单体极耳

图15-16

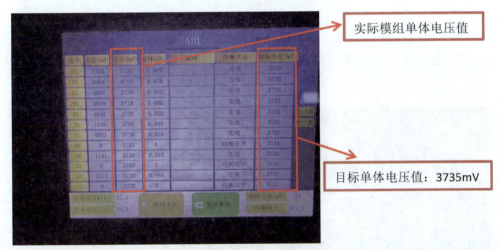

实际模组单体电压值

目标单体电压值：3735mV

图15-17

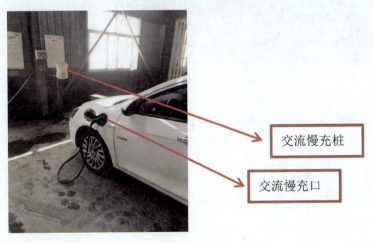

交流慢充桩

交流慢充口

图15-18

充电时，一定要注意仪表提示，当仪表提示充电时间为0时，这个时候也不要拔枪，如图15-19所示。

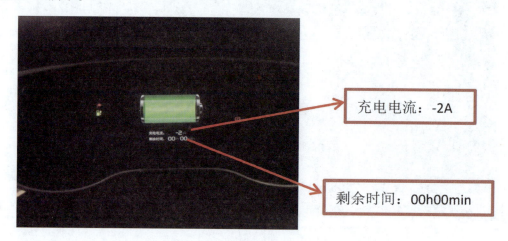

充电电流：-2A

剩余时间：00h00min

图15-19

虽然时间显示0，动力电池也显示满电状态，但充电电流还剩2A，说明动力电池还在充电。当仪表上充电电流也变为0，并且仪表再无电池图标后，再次检查仪表显示，如图15-20所示。

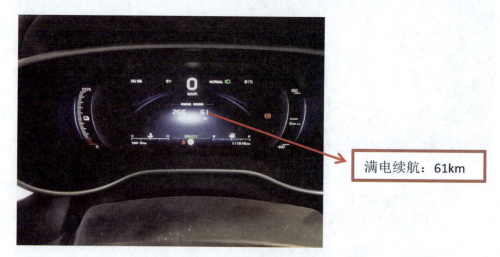

满电续航：61km

图15-20

仪表显示满电续航61km，询问客户，原来车辆从来没有达到这个充电数据，大部分都在55km左右。将车辆交于客户，几天后进行回访，车辆故障现象消失，故障排除。

故障总结：在维修动力电池时，安全是第一要务，每一步操作都需要小心谨慎，切勿强拆强卸，此案例均衡电压虽然不是最佳点，但在静放8h后，单体电芯的真实电压也能说明电芯的性能。

第十六章
宾利车系

2023年宾利添越混动版发动机冷却系统报警

车型： 宾利添越混动版。

行驶里程： 40000km。

故障现象： 发动机故障灯报警，散热风扇高速旋转，仪表发动机温度不显示。

故障诊断： 读取地址001发动机控制模块1内故障码为P218100冷却系统中的故障，P308100发动机温度过低，P2C7200混合动力/高压冷却系统冷却能力不足，P1BB500发动机缸体温度过低。

读取地址00C5热管理系统内故障码为P2C7200混合动力/高压冷却系统冷却能力不足。

此车有两套散热系统，一套用于发动机散热冷却，一套用于高压电池、驱动电机和暖风加热系统，两套系统彼此隔离，但是共用一套散热风扇。检查发动机水壶和高压系统的水壶液位正常。此车发动机水温传感器有3个，G62、G82、G83。G62安装在缸盖上检测发动机缸盖的冷却液温度；G82安装在缸体上检测缸体的水温；G83安装在水箱底部检测水箱的温度。

执行GFF故障引导，检查G62水温传感器的线束正常，端子插针测试无松旷现象，检查G82传感器线束端子，正常无松旷的感觉。分别断开G62、G82水温传感器的线束，故障无法重现，说明故障不是传感器及线束端子所引起的。为了判断是高压系统引起的故障，充电测试车辆，纯电方式行驶40km后故障未出现，继续使用燃油模式测试，行驶15km后故障重现，发动机风扇高速旋转，说明故障出现在发动机的冷却系统。读取数据流，发动机水温传感器1的水温最高84℃，发动机水温传感器2的水温最高为89℃，明显偏低，风扇还高速旋转，造成温度进一步降低，因此怀疑节温器常开。使用水管截流工具将水管的管路变窄，测试一切正常。拆解检查节温器，发现节温器常开，造成冷却系统一直处于大循环状态，水温上升过慢，发动机控制单元通过逻辑时间对比，发动机水温在规定的时间内无法达到正常的温度，因此报警水温过低。更换节温器后故障排除。

387